不可視の性暴力

性風俗従事者と被害の序列

田中麻子
Asako Tanaka

大月書店

まえがき

近年、性暴力被害者支援が注目を浴びるようになり、被害者のための支援制度や関連法が整備されつつある。性暴力が社会問題化され、被害者の置かれた状況や性暴力の身体的・精神的被害の大きさが理解されるようになってきているが、性暴力はいまだに暗数の多い犯罪といわれており、被害を訴えたり支援を求めたりすることのできない被害者が多く存在する。

筆者は二〇〇九年頃から被害者支援に携わっている。支援機関の窓口で相談を受けることはもちろん、筆者が被害者支援に携わっていることを知り、支援機関以外の場で被害について相談してくる人もいる。相談の内容は多岐にわたるが、どの相談からも被害者がいろいろな局面で闘いを強いられていることがわかる。性暴力に遭ったことに対する衝撃や混乱、妊娠の不安やこれからどうなってしまうのかという恐怖に圧倒されることもあるし、誰に・どこに相談すればよいのかわからず、ただ時間だけが過ぎていくこともあるだろう。警察に届け出る方法がわからなかったり、弁護士と話をするのも気後れすると感じられたり、経済的に裁判を起こせないこともある。家族にうまく説明できなかったり、友人から責められたりして、自分で自分を守るしかない場合もある。被害者と支援者がうまく結びつけば、被害者が一人で闘わなくて済む可能性が広がるが、被害に遭った状況や被害者と加害者の関係、被害者が支援的なネットワークや人間関係を有しているか否か、被害者の経済的状況やこれまでに身につけた価値観などの多様な理由から、被害者は被害について語ることを躊躇し、支援者は十分な支援を提供できないという状況が生まれてしまう。

そのような状況を少しでも改善し、支援が行き届く範囲を広げるには、被害者が被害を訴えたくても訴えられないのはなぜなのかを理解し、そこで障害となっているものを一つ一つ取り除いていく必要がある。そのことを本書では「性暴力の可視化」と呼び、改善の糸口を探る。

結論を先に述べれば、性暴力を可視化するために不可欠なのは、性暴力被害者の「語る力」と周囲の人々の性暴力被害を「聴く力」だ。それは、ある人が助けを求め、別のある人がそれを受け止めるというシンプルなものだ。しかし現実には、被害者はさまざまな理由で助けを求めることを恐れ、周囲の人々は助けを求める声に気づかず素通りしたり、自分に理解できる範囲で解釈して被害者を否定したりする。そのため、被害者が語るためには何を乗り越えていく必要があるのか、周囲の人々が被害を聴き入れるためにはどんな方法や気づきが必要なのかを考察して提示することで、本書が「語られない性暴力」を明るみに出し、被害者が必要なときに必要な支援を受けられるような環境を整える礎となればよいと考える。

ただし本論に入る前に、性暴力を可視化するのに不可欠な「語る力」と「聴く力」についての本書の立場を明示しておきたい。

性暴力被害についての語りが性暴力を問題化する力をもっているとき、被害を語ることが強要されたり、あるいは被害について傾聴することが強要されたりする危険性がある。しかし、それは筆者が意図するところではない。被害者は語りたくないものは語らなくてよいし、語れないものを無理に吐き出す必要はない。被害者が雄弁に被害を語る必要もない。語るタイミングも被害者が決めることだ。

また、本書で目指しているものは、性暴力被害者の語りをつねに聴き入れ、被害者の望むように返答し、被害者の語りを否定も歪曲もしない「完璧な聴き手」の構築でもない。他者の苦しみに向き合うのは容易ではない。語り手が気づかない「痛み」を聴き手が抱えていることもあるだろう。他者の語りを聴くことで自分の傷がうずき、「苦しいのはあなただけじゃない」といった聴き手の葛藤が被害者の語りを拒否するかもしれないし、「被害者が怒りをぶつけるのは私であるべきではない」と、聴き手が憤りを感じることもあるかもしれない。そうした聴き手に性暴力被害についての語りをつねに聴き入れることを求めるのは難しいし、それを強要することはできない。

ただ、被害者が語りたいと思ったときに助けを求める声が通りのよいものになればよいと思うし、被害を語ったときにその語りが安全に真摯に受け止められる環境は整えられるべきだろう。聴き手が自分自身の苦しみや葛藤と闘うときには他者の語りを聴くことを止めたいと申し出ることができ、しかし、語りが否定されたり歪曲されたりせずに生き延びる空間が尊重され、語りが言語の形をとらなくとも被害者の「沈黙」に誰かが気づいて被害者に何があったのかを尋ねたり、「語られないもの」が存在することが信じられたりするような語りのための空間や選択肢が広がる環境を本書で模索したいと考えている。

不可視の性暴力　目次

凡　例

一、本文中、典拠とした文献を示す際は、（著者名　出版年：該当ページ）の形で表記する。英語文献で訳書が存在するものについては、（著者名　原書出版年＝訳書出版年：訳書該当ページ）とする。該当ページを提示する必要がない場合はこれを省く。

一、先行文献を引用する際、補足説明が必要な場合は〔　〕内に表記する。また、英語文献を筆者が翻訳して引用し、原典の英単語を合わせて記載する場合にも〔　〕を使用する。そのほか、引用文を省略した場合に〔中略〕などと表記する。

一、本書で使用する用語に関し、さまざまな呼び名があるもの（強姦、レイプ、性的トラウマなど）について先行文献を引用する場合は、初出時にその文献での表現を「　」付きで示し、先行文献の引用とわかる範囲において、それ以降は「　」を外す。

一、本書で使用する用語や関連法などについては巻末の「資料」を、性暴力被害者のための支援制度・支援機関については「付録」を参照されたい。

不可視の性暴力

性風俗従事者と被害の序列

序　章　性暴力はなぜ語られにくいのか

本書では「性暴力の可視化」について論じるが、その前に、性暴力とは何を指しているのか、その影響はどんなものか、そして、なぜそれは見えにくいのかといった背景を明らかにしておかなければならない。ここでは、本書の前提となる問題意識や本書で使用していく概念を確認しておきたい。

一　「性暴力」とは何か

日本の刑法において、「性犯罪」は「性的自由を侵害する犯罪」と「性的表現の犯罪」とに大きく分けられる。「性的自由」とは性的な事柄を自己決定する自由であり、その侵害は強姦罪や強制わいせつ罪など個人的法益に対する罪となる。一方、性的表現の犯罪は、公然わいせつ罪やわいせつ物頒布等の罪など社会的法益に対する罪を指す。

本書では主に前者を取り上げるが、刑法で想定される「性犯罪」は、比較的狭い範囲の「暴力」を対象としている。例えば、刑法第一七七条では、強姦は「暴行又は脅迫を用いて十三歳以上の女子を姦淫」することと定義されており（強姦罪）、男性から女性への性器挿入に限定されるため、男性への性的侵害に強姦罪は適用されない。また、被害者が一三歳未満の場合は、加害者による「暴行又は脅迫」がなく被害者の同意があっても強姦罪が適用されるが、被害者が一三歳以上の場合は、脅迫や身体致傷を伴うような暴行がない限り、その犯罪性は認められにくい(1)。そのため、強姦罪よりも強制わいせつ罪の適用範囲が広くなっている。強制わいせつ罪は「十三歳以上の男女に対し、暴行又は脅迫を用いてわいせつな行為をした者」に適用されるもので（刑法第一七六条）、男性の被害が認められ、行為も性交に限定されない。しかし、強姦罪と同様、暴行や脅迫が犯罪の構成要件となっている。

それに対して「性暴力」は、法律用語ではないが、出来事についての被害者の見解が重視されるほか（江原編 1995; 宮地 2008）、被害として認められる内容も性器挿入の有無や性別に限定されず幅広い（Gartner 2001＝2005）。「暴力」の範囲も、行為そのものだけでなくその影響まで含み、広い意味で使用される。

国連は、「暴力」を身体的暴力、経済的暴力、心理的暴力、性暴力の四つに分類している。身体的暴力は殴る・蹴るなどの身体に直接傷害をもたらすものであり、経済的暴力は被害者の経済的ネットワークや資本を加害者が管理・支配し、被害者を経済的に孤立させて損害を与えるものである。また、

（1）二〇一六年六月一六日の法制審議会刑事法（性犯罪関係）部会第七回会議にて、性犯罪の改正要綱案がまとめられた。要綱では、現強姦罪における「姦淫」を「性交、肛門性交又は口腔性交」とし、男性被害者への強姦罪の適用を認めている。また、刑の厳罰化、非親告罪化も盛り込まれており、二〇一七年の通常国会に提出される予定となっている（法制審議会刑事法（性犯罪関係）部会 2016）。ただし、「十三歳」以上の者に対する「暴行又は脅迫」は引き続き犯罪の構成要件である。なお、厳罰化および非親告罪化については、本書第五章と終章で詳述する。

心理的暴力はネグレクトや言葉による暴力など、加害者が被害者を心理的にコントロールし精神的な傷害を与えるものであり、性暴力はセクシュアリティ／ジェンダーを利用した暴力である（UNIFEM et al. 2005; UNSD 2010）。しかし実際には、身体的暴力が殴る・蹴るといった暴行による損傷だけでなく、恐怖心や不安感、絶望感などの多くの感情を被害者に与えるように、暴力の種類を明瞭に区別することは難しい。

性暴力に伴う身体的暴力には、性暴力を遂行する際に行使される殴る・蹴るといった暴行だけでなく、加害者の性器や異物の挿入による性器の損傷や、性器の損傷による生殖機能の損失といった被害が含まれる。性暴力はしばしば「望まない性的行為の強要」と定義され、本書でも便宜上そのように表現する部分があるが、性暴力がいかに身体的暴力と結びついているかを考えれば、性暴力を性的な要素など微塵も含まない「暴力」そのものであると感じる被害者が多いことは想像に難くないだろう(2)。また、セクシュアリティ／ジェンダーを利用した暴力には、性暴力に伴う妊娠・中絶、性感染症罹患（沼崎 1997; 小宅 2007; 森岡 2008）(3)、被害者のセクシュアリティや性的指向に対する攻撃、被害者のセクシュアリティ／ジェンダーに対する性暴力の影響（例えば、同性から被害に遭った人が自分は同性愛者なのではないかと悩んだり、加害者と同性の人たちへの対人恐怖が生まれたりする）などを挙げることができる。さらに、心理的暴力については、性暴力を受けた後のPTSD（心的外傷後ストレス障害）をはじめとする精神疾患の発症率が高いことが指摘されているし（Herman 1997＝1999; 宮地 2005, 2008）、経済的支配・管理が性暴力を行使するのに利用されることもある。このように「性暴力」は、あらゆる暴力を含む複雑な概念であり、その衝撃や負担、複雑さゆえに語られにくい。

近年、刑法上の定義に限定されない、さまざまな種類の性暴力や性暴力が与える影響が可視化されている（性暴力禁止法をつくろうネットワーク・ウェブサイト）。例えば、職場における性暴力は「セクシュアル・ハラスメント」と呼ばれ、「環境型セクシュアル・ハラスメント」と「対価型セクシュアル・ハラスメント」に大別されている。環境型セクシュアル・ハラスメントは、職場に性的なポスターを貼ったり、同僚や上司・部下に性的な発言や身体接触を行ったりすることで被害者の性的自由や労働環境を侵害するものであり、対価型セクシュアル・ハラスメントは、昇進や給与の増減、解雇などを理由に性的行為を要求するものである。非接触の行為や性暴力が行使される（までの）文脈が「性暴力」に含まれたことや、セクシュアル・ハラスメントが暴力やセクシュアリティの問題としてだけでなく「労働環境」の点からも問題化されたことは、職場での性暴力を可視化しやすくした要因だといわれている（江原 2000; 晴野 2001; 宮地 2007）。

また、森田成也は、ポルノグラフィにかかわる被害を「制作被害」「消費被害」「流通被害」「存在被害」「社会的被害」の五つに分類している。「制作被害」にはポルノグラフィへの出演の強要やポルノグラフィの制作過程で起こる身体的暴力・性暴力、盗撮されたものをポルノグラフィとして販売されることや、性的な画像や動画を送るよう強要されることが、「消費被害」にはポルノグラフィ視聴の強要や「ポルノと同じ行為を強制されること」が含まれる。また、「流通被害」は、「撮影時点では

（2）一方で、性暴力に遭ったときに、女性被害者がオーガズムを感じたり、男性被害者が射精に至ったりすることもある。それは身体的・生理的反応であり、性的行為への同意や快楽を意味するものではないが、被害者の「同意の証」として加害者に利用されたり、被害者が自身の生理的反応を理由に「自分も望んでいたのではないか」と混乱したり自分を責めたりしてしまうこともある（宮地 2013: 144-145）。

（3）沼崎一郎は、妊娠・中絶、性感染症罹患の危険を伴う避妊拒否は「性暴力」であるとしている（沼崎 1997）。

同意していた」が、その後、画像や動画が「同意なしに流通」すること、「存在被害」は同意していない画像や動画が流通したり利用されたりすることへの恐怖を被害として概念化したものである。そして「社会的被害」は、「暴力的なポルノ」を目にすることで精神的苦痛を受けたり、ポルノグラフィの普及によって女性差別が強化されたりすることを指す（以上、森田 2010: 47）。この分類で重要なのは、「性暴力」における加害者と被害者の時間的な関係性を可視化したことである。つまり、制作被害に見られるような単回の性暴力だけでなく、性暴力の画像や動画を加害者が保持し、それを脅迫の材料にすることが「性暴力」とされているのであり、被害者の恐怖や不安そのものが「性暴力（被害）」として捉えられている。(4)

さらに、加害者から被害者へ行使される一次的な性暴力だけでなく、被害者が性暴力を相談した際に第三者から受ける被害の否定的解釈や被害者に対する否定的反応についても「二次加害」(5)として概念化され始めている。二次加害には、第三者が被害者に被害を忘れるよう諭したり、「被害者に落ち度があった」と被害者を責めたりすることや、不必要に被害時の様子を聞き出したりするようなことが挙げられる（第一章にて詳述する）。

これらの経緯を踏まえ、本書で使用する「性暴力」について次のように定義したい。まず本書では、「性暴力」を広く「性的権利の侵害」とする。性暴力は被害者の性的行為についての選択や決定の自由を奪うだけでなく、被害者の安全に生きる権利や身体をコントロールする権利、人格権を奪うものともなりうるため、本書では性的自由を性的権利に含み、性暴力を権利侵害の観点から考えたい。「性的権利」、すなわち「性にかかわる権利」には、年齢やジェンダーにかかわらず、自分の性行動や性意識をみずから決定する権利や性的指向の自由を含む。また、性暴力の内容には、身体に直接接触する接触型の性暴力と、性的な風評被害や強姦教唆、視姦や性的画像・動画を使った脅迫といった非接触型の性暴力の双方を含む。被害後の身体的・精神的影響についても、個人の安全や生活、心身が侵害されるという観点から性暴力と考える。さらに本書では二次加害も分析するが、起きた出来事を「二次的性暴力」とし、その出来事に対する第三者の否定的判断や反応を「二次的性暴力」と捉えて一次的な性暴力とは区別する。

なお、「性暴力」の類似語として「性被害」がある。性暴力と同じく法律用語ではないが、「性犯罪」や「性暴力」が被害者－加害者間の暴力を想起させるのに対し、性被害は被害者に焦点化され加害者が見えにくい。このような理由から本書では、被害者の性別や年齢、暴力の影響などを限定せず、そして暴力の責任を被害者に向けないよう、「性暴力」という用語を使用したい。

ところで、性暴力被害者を「サバイバー〔Survivor〕」や「スライバー〔Thriver〕」と呼ぶ動きがある。「被害者／犠牲者〔Victim〕」(6)といった言葉が性暴力を受けた側の無力さや「害を被る」という否定的な意味をもつのに対し、サバイバーは性暴力やその影響と闘う人たちを、スライバーは性暴力の影響

(4)　近年、交際時に撮影した被害者の性的な画像や動画を公開することで被害者を脅したり、被害者を脅して関係の修復を迫ったりする行為が「リベンジポルノ」として問題になっている。従来そのような犯罪に対しては、刑法二三〇条の名誉棄損罪や刑法二四九条の恐喝罪、および被害者が一八歳未満の場合は児童買春・ポルノ禁止法（「児童買春、児童ポルノに係る行為等の規制及び処罰並びに児童の保護等に関する法律」）が適用されてきたが、二〇一四年一一月にリベンジポルノに特化した「私事性的画像記録の提供等による被害の防止に関する法律」、すなわち「リベンジポルノ防止法」が成立し、施行された（資料1を参照のこと）。

(5)　性暴力被害者が社会や周囲の人々の偏見・無理解によって非難されたり差別されたりすることを「二次被害」や「セカンドレイプ」などというが、本書では、加害者の行為と責任を可視化すべきとの立場から「二次加害」という表現を使用する。

から距離をおいて生活を送る人々を指し、どちらも性暴力に遭った人たちの生き抜く力に着眼した言葉だ。本書では、被害者に付与される否定的意味を変革することを目指すこのような試みの意義を認めつつも、サバイバーとスライバーの区別を第三者が行うことには限界（と危険性）があるため、また、第五章で見るように「サバイブ」という言葉をより広い意味で使用していきたいというねらいがあるため、混乱を避け、「被害者」を使用することとする。

二　性暴力の可視化と不可視化

「まえがき」で述べたように、性暴力は暗数の多い犯罪だといわれている（小林 2010; 内閣府男女共同参画局 2011）。内閣府男女共同参画局による全国調査では、「異性から無理やりに性交された経験」のある女性は一八一一名中、六・五％で、うち、誰にも被害を相談しなかった人は六七・五％に及ぶ（内閣府男女共同参画局 2015: 61）。また、内閣府によれば、二〇〇七〜二〇一一年の五年間の犯罪被害申告率（警察に被害届を出す割合）は「強盗等」が四五・〇％、「個人に対する窃盗」が三四・八％、「暴行・脅迫」が二一・六％であるのに対し、「性的事件」すなわち「強姦・強姦未遂・強制わいせつ・痴漢やセクハラなどの不快な行為」は一八・五％であり、他の犯罪被害に比べて低い申告率となっている（内閣府 2013: 83）。ドメスティック・バイオレンス（以下、ＤＶ）と性暴力の被害者のために設置されたホットラインへの相談内訳を分析した内閣府男女共同参画局の調査でも、過去に強姦または強制わいせつの被害を同ホットライン以外に相談したことがある人は、二二・四％にとどまっている（内閣府男女共同参画局 2011: 36）。つまり、性暴力被害者は被害について語ることができず、あるいは語ろうとせず（Dussich et al. 1996）、必要な支援を受けられないままになっているといえるが、それはなぜなのか。

性暴力被害が語られにくい背景には、前節に見たような性暴力が与える身体的・精神的衝撃といった負担や加害者に対する恐怖に加え、被害者に対する偏見や無理解が挙げられる。例えば、先に挙げた内閣府男女共同参画局の調査において、「異性から無理やりに性交された経験」をもつ性暴力被害者が被害を誰にも相談しない理由として、「恥ずかしくてだれにも言えなかったから」（三八・〇％）、「世間体が悪いと思ったから」（六・三％）など、性暴力を受けることを「恥」や「悪いこと」と見なす社会認識に対する不安が挙げられている（内閣府男女共同参画局 2015: 68）。性暴力が暴力の一形態というより「性的なもの」として考えられたり、一般的にプライベートなものだと考えられている身体部位への攻撃が被害者の恥を引き起こしたりすることから、第三者に相談したり公的機関に訴えたりすることが難しく、また、偏見や無理解によるさらなる差別と暴力を受けることを避けるために、被害者は性暴力被害を訴えることを躊躇してしまう。被害者が、出来事を性暴力だと断定するのを躊躇していたり、性暴力の原因や責任が誰にあるのかを明確にできなかったりすると、被害者の自責や社会の偏見・無理解が強まることもあるだろう。さらに、被害者が性暴力を訴えても被害の重さや被害の影響が十分に理解されず、第三者によって性暴力がなかったことにされてしまうこともある。

このような被害の語られにくさについて、宮地尚子は、トラウマについての発話可能性とその条件

（6）　米国では「Victim/Survivor」などと表記されることもあるほか、「Victim」は性暴力によって死に至った人々（性暴力に伴う身体的暴行によって殺された人や性暴力の影響から自死した人など）を指す言葉として使われることもある。

図1　環状島

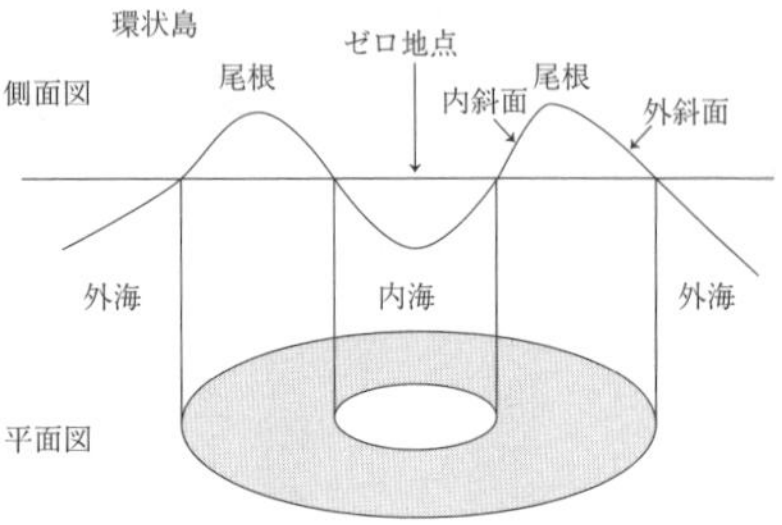

出典）宮地（2007: 10）より転載

を図式化した「環状島モデル」を提出している（図1）。トラウマの発話可能性については、環状島の内側（「内海」）にトラウマを語ることのできない人々が存在し、島の内斜面から頂上へ行けば行くほどトラウマから距離をおいたり、トラウマについて発言したりすることが可能になると説明されている。そして、トラウマを語るための条件については、環状島の「重力」「水位」「風」というメタファーが使用され、説明されている。環状島の「重力」は「トラウマがもつ持続的な影響力」で、トラウマによって被害者にもたらされる身体的・精神的負担であり、「風」は被害者と周囲の人々（被害者同士や被害者と家族・支援者など）との間で起こる「対人関係の混乱や葛藤などの力動」、「水位」は「トラウマに対する社会の否認や無理解の程度」である。環状島の内海（水面下）には亡くなった人や被害を語れない（語らない）人が位置しているが、重力が強ければ強いほど被害者は論理的に語る術や時間、労力をもつのが困難となり、また、水位が低ければ低いほど被害者が被害を語りうる環境が整うことになる（以上、宮地 2007: 27–32）。

この環状島モデルを参考にすると、性暴力の可視化（性暴力被害を「語れない」状況を「語れる」状況に変えていくこと）について三段階の過程を考えることができる。

「性暴力」の概念化

一つは、「性暴力」の概念化である。それまでは個人の不快や単なる性的行為として、あるいは社会や家の恥としてしか取り上げられなかった出来事が「性暴力」という暴力の一形態や権利侵害として概念化されたり、重大な課題として問題化されたりすることによって、人は自分に起きた出来事を「性暴力」と呼び、自身の権利を回復したり、権利が侵害されていることに異議を唱えたりすることができる。性暴力が「暴力」として概念化されていない状況では、被害者は出来事を言語化するための適切な言葉をもたず沈黙するしかないかもしれないし、ぎこちない言葉でしか説明できず第三者の理解を得られないかもしれない。つまり、性暴力の概念化とは、出来事そのものが表面化されず、性暴力が起きたことやそこに被害者がいたことが可視化されていない状態から、「性暴力」への気づきが生まれる過程である（宮地 2007; 小林 2008）。

性暴力被害について語るための概念や言葉がない段階、あるいは被害者が個々の被害を語ることができない状況にあるとき、概念化や「代弁」が秘める力は大きい。ある人が、その人や他者の経験を何かしらの権利侵害や暴力被害だと考えそれを問題化することによって、そこに賛同者が生まれ、「性暴力」概念が形成される。まずは出来事を「問題」として可視化できる人が可視化することで、同じような経験をした人たちも語る力をもったり、自分に起こった出来事と今の自分に起こっている身体的・精神的負担を結びつけて経験を語るための方法を得たりすることができる。また、被害者が生存していない場合、被害者の経験や被った痛みは代弁によって生き返る。性暴力被害者の遺族は被害者について語ることで、被害者が生きた証（存在していた証）を提示しようとする（宮本 2007）。

また、個人の不快や単なる性的行為と考えられてきた出来事が「暴力」の一つとして概念化されれば、さらにそれに「DV」や「セクハラ」といった名付けを行うことで「性暴力」の種類が明確になったり、反対に、ある出来事が「これも性暴力なのではないか」という気づきによって「暴力」に組み込まれたりして、性暴力概念が精緻化される。

こうした概念化の動きとして、日本における近年の法整備や性暴力被害者支援の拡充を挙げられるだろう。一九九九年には「児童買春・ポルノ禁止法」(「児童買春、児童ポルノに係る行為等の規制及び処罰並びに児童の保護等に関する法律」)、二〇〇〇年には「ストーカー規制法」(「ストーカー行為等の規制等に関する法律」)、二〇〇一年には「DV防止法」(「配偶者からの暴力の防止及び被害者の保護等に関する法律」)、二〇〇四年には犯罪被害者の保護や支援を目的とした「犯罪被害者等基本法」が制定されるなど、性暴力被害者の保護にかかわる法・支援制度の整備が進められてきた(資料1と付録1を参照のこと)。

このような法整備と並行して、性暴力被害者に対して医療や法的支援、自助グループなどのさまざまな支援を迅速に提供するために、警察や弁護士、ソーシャルワーカーや医師などが提携したワンストップセンターやレイプクライシスセンターも全国に次々と設立され始め(付録2を参照のこと)、二〇一一年には「第二次犯罪被害者等基本計画」において性暴力被害者のためのワンストップセンター設立を進める方針が明文化された(警察庁 2011; 田中 2011a)。

さらに近年では、性暴力被害者やその近親者による手記が出版されたり(板谷 1998; 川平 2005; 大藪 2007; 宮本 2007; 小林 2008, 2010)、メディアによる報道特集が組まれたりするなど(NHKウェブサイト 2006–2012; 読売新聞大阪本社社会部 2011)、性暴力をめぐる問題を可視化していく動きが見られ、性暴力被害の実態調査も広がりを見せつつある(小西 1996; 笹川ほか 1998; 小西 2001a, 2001b; NHK「日本人の性」プロジェクト編 2002; 野坂 2004; 本田ほか 2009; 内閣府男女共同参画局 2011, 2015)。「性暴力」が社会問題化される中で、被害者の「個人的な不快」と見なされてきたものは「暴力」の一形態と考えられるようになり、「性暴力」という問題が存在することや、性暴力被害者の身体的・精神的負担が明らかにされつつある。

「性暴力被害者」への同一化

しかし、性暴力が概念化されただけでは個々の性暴力被害は可視化されない。ある人が自分に起きた出来事を「性暴力」だと考え、自分を「性暴力被害者」だと認識していく過程、つまり被害者自身の認知が必要なのである。

自分に起きた出来事を性暴力として可視化していくためには被害者が生存していることが第一条件だが (宮地 2007)、被害者が生存している場合も、自分に起きた出来事を性暴力と認識しない限り、やはり性暴力は可視化されにくい。例えば、被害者が幼く、自分に起きていることが何なのかよくわからなかったり、性暴力が長期に及んだためにそれを「性暴力」ではなく「愛情」や「やさしさ」などと考えていたり、あまりの苦痛を避けるために被害の記憶をもたなかったりして、自分に起きた出来事を性暴力と認識できない場合もある (Herman 1997＝1999)。

宮地は、個人があるカテゴリーに同一化する選択を「投企」と呼び、そのカテゴリーを「投企的カテゴリー」と呼んでいるが (宮地 2007: 113–114)、「性暴力被害者」という投企的カテゴリーに自分を同一化しなければ、個人的な経験は「性暴力」としては可視化されにくいといえる。

最後に、他者への開示の過程がある。周囲の人との認識の違いや摩擦が少なければ、被害者は他者への被害の開示を考えるかもしれないし、他者に開示した内容が他者に共感されたり受け入れられたりする経験を通して性暴力の可視化が広がるかもしれない。あるいは、被害者が自分自身を「性暴力被害者」に同一化していない段階での他者への開示が、同一化を促す場合もあるだろう。例えば、性暴力を受けたという認識がないまま語られた語りが、他者の気づき（概念化）によって「性暴力被害の語り」に変わることがある。「○○されて嫌だった」という語りに対して、聴き手がその内容を「性暴力」ではないかと疑い語り手に伝えるとき、語り手は「○○されて嫌だった」経験を「性暴力」だったかもしれないと考え始め、自分を「性暴力被害者」に同一化する可能性を得る。また、不可解な不眠やフラッシュバックを訴える人に対して、カウンセラーや被害者支援の専門家がその原因を過去の性暴力と結びつけることで、語り手が現在の身体的・精神的負担を「性暴力による影響」と認識し、経験を語り直すこともあるだろう。こうした概念化や他者への開示と同一化の相互関係は、人と人との直接的な会話の中だけでなく、書籍やインターネット、メディアの情報を通して生まれることもある（Plummer 1994=1998）。

また、「語りえないもの」に「内海」という名前を与えたり、「トラウマ」という名前を与えたりすることで、「語りえないもの」の存在を言語的に伝える方法もある（モーリス＝スズキ 2005; 西山 2006; 宮地 2007）。「語りえないもの」、あるいは「語りえない」と表現することも、そこに言葉で表せない何かがあることを示唆するし、語りえない人が「言葉からの追放者」（モーリス＝スズキ 2005: 312）になっていることを明らかにする。言語以外の表現、例えば沈黙やアートによる性暴力の可視化[7]は、それが性暴力被害者によるものであるという認識や性暴力被害者が存在すること、性暴力が被害者にどんな影響を与えるのかといった知識がなければ、何を表しているのか、何を伝えようとしているのかがわかりにくく（モーリス＝スズキ 2005）、表現が抽象的で言語で語りえないものの余白が広ければ広いほど誤解が生まれる余地もあるが、他者が被害者のサインに気づき、耳を傾けることで性暴力が可視化されることもあるだろう。

可視化の危険性

性暴力の概念化や性暴力被害者への同一化、他者への開示の過程において、語ることができない人たちのために「共通課題」を設定する「代弁」の可能性は、しかし、被害者を名指ししたり「ドミナントストーリー[8]」を形成したりする危険性を伴っている。例えば、被害者の遺族や知人の代弁が、被害者が見せたくなかったものを明らかにしてしまうことがある。また、牧野雅子によると、代弁者が性暴力被害者の潔白性を主張することで、固定的な被害者像を構築し、他の被害者（像）が不可視化されてしまうこともある（牧野 2013）。「〇〇の被害にあって、△△のようになり、そこから□□のよ

（7）近年では、戦争や暴力など「語りえないもの」を抽象絵画や写真といった言語以外の形態で伝える試みがなされている（モーリス＝スズキ 2005: 294）。性暴力についても、例えばメッセージや絵を描いたTシャツを展示する「クローズライン・プロジェクト」が試みられている（Lehman 2005=2009）。

（8）ドミナントストーリーとは、あるコミュニティに対する一般的な知、あるいはコミュニティにおける知であり、社会規範やイデオロギーを具現する語りである（山本 2008）。なお、ドミナントストーリーからの脱却は、ナラティブセラピーをはじめとする治療の場でも活用されている。

うに回復した」という被害やその影響の内容と回復のプロット（物語）が、性暴力被害を語るための後押しになる可能性と、そのプロットから外れる人をまた（環状島の）水面下に落とす危険性とは紙一重なのだ。

性暴力が概念化される過程はときに政治的である。「性暴力」という現象が何かしらの問題として認識されていない状態から、それを問題化するということは、それは誰にとっての「問題」なのかを明らかにすることを意味する。誰かにとっての「問題」を「共通課題」として議論の俎上に載せるとき、他の社会問題や犯罪群と比べた性暴力のもつ問題の大きさが強調されることもあるだろう。性暴力がいかに重大な問題であるかといった性暴力の社会的位置づけを獲得するために、自分を「被害者」だと考えない人が巻き込まれたり、「共通課題」の中にある差異が見えにくくなってしまったりすることもある（上野 2002; 上野編 2005）。

たとえ「性暴力」が概念化され、これまで「暴力」として体系化されてこなかった出来事が可視化されたとしても、それを自分の経験と結びつけない人々はたくさんいる。上野千鶴子は、「当事者」を「第一次的なニーズの帰属する主体」と定義し、それには「ニーズの帰属先」と「それに対する主体化の契機」という意味が含まれるとしている。つまり「当事者」は、何かしらのニーズを抱えている人、すなわち「問題を抱えた個人」というような受動的な存在であるだけでなく、ある社会的地位やカテゴリー（「位置 position」）に「能動的な「同一化 identification」」を果たして、その人の「ニーズを顕在化させた」ときに初めて「当事者になる」のだという（上野 2011: 79）。

このとき、「あなたは性暴力被害者だ」と個人を名指したり、「あなたは性暴力被害者ではない」と個人を判定したりすることの危険性は明らかである。ある人は「性暴力被害者」と名指されることで、自分自身をそのカテゴリーに同一化する前に「性暴力という問題を抱えた個人」として位置づけられ、名指す人に従属させられる（Butler 1997＝2004）。性暴力被害者は弱者や無力な人と見なされ、「問題を抱えているが自分の言葉では語ることができない人」として対等な対話者の位置から引きずり下ろされてしまうかもしれないし、「性暴力被害者」として雄弁に語り性暴力と闘うことを求められてしまうかもしれない。あるいは、ある人は「性暴力被害者ではない」と考えられ、その人が特定のカテゴリーに同一化する権利を否定されてしまうかもしれない。

性暴力被害者が、概念化された「性暴力被害者」というカテゴリーに自分自身を同一化するまでの葛藤をその人の内部で経験した後に、みずからを「性暴力被害者」として他者に開示する不安は、被害者と他者の「当事者性」の位置（position）の相違から生じるともいえる。性暴力被害者にとって、他者が自分を「性暴力被害者」に位置づけるか否かは明瞭ではない。他者が考える「性暴力被害者像」と、被害者の考える「性暴力被害者像」や被害者の向き合う現実が異なる可能性もあるし、その差異を被害者がうまく伝えられるかどうか、他者がその差異の修正を聴き入れてくれるかどうかの確証もないのである。(9)

（9）　このような性暴力の可視性・不可視性と他者による性暴力の解釈との関係は、被害者と他者の関係性によっても異なる。性暴力被害者はすべての人に被害を可視化することを目指しはしない。「内海」に沈み続けることを選択することは、余計な傷つきから自分自身を守る語り手（被害者）の力であるし、被害者に「この人になら理解してもらえるかもしれない」と思わせるのは聴き手の力でもある。

三　語られない性暴力

「当事者性」のポジショナリティ、すなわち、ある人が自分を性暴力被害者（ではない）と位置づけたり、第三者がある人を性暴力被害者（ではない）と位置づけたりするときに参照されるのが「性暴力被害者像」や性暴力に付与されている「象徴的意味」（宮地 2005: 189）である。[10]

被害者が経験した性暴力と第三者のイメージする性暴力像や被害者像が異なれば、被害者は非難や無理解を避けるために被害について沈黙してしまうだろう。例えば、性暴力被害者は女性であるという認識が強い日本では、男性被害者専門の支援機関は存在しない。男性も性暴力に遭いうることが十分に認識されていない状況で、かつ男性に「力強さ」や「性に積極的」といったイメージが付与されていれば、「性暴力被害者は女性である」「弱いから被害に遭う」といった被害者像と男性イメージが矛盾することで、男性の性暴力被害は理解されにくく、男性は被害を語りづらくなる。[11] また、DVについては社会的な認知が広がりつつあるが、夫婦間の性暴力については刑事事件になることはほとんどない（海渡 2012; 性犯罪の罰則に関する検討会 2015）。それは、性暴力を立証する際に「それがいかに合意の性的行為ではなく暴力だったか」が問われるにもかかわらず、夫婦という関係性が加害者と被害者の性的関係を示唆するからである。特に、性暴力が「性を利用した暴力」ではなく「単なる性的行為」と考えられているときには、たとえ加害者が被害者の避妊要求を無視して性的行為を強要していても、女性が妊娠・出産を繰り返していることが性生活を含む夫婦関係が良好な証であるかのように考えられ、夫婦間の性暴力が不可視化されてしまうことがある。さらに、刑法の強姦罪の定義に「暴行又は脅迫を用いて」という条件があるために、裁判では被害者が加害者に抵抗しなかったことを理由に無罪判決が出ることも少なくない（角田 2001; 牧野 2013）。性暴力被害者の多くは、何が起こっているのかわからず混乱したり、これから自分はどうなるのかという恐怖や不安でいっぱいになったりして、逃げたり加害者に抵抗したりできずにその場で固まってしまうことが多い。しかし、それが理解

(10) 宮地尚子は、性暴力が心的外傷を引き起こすメカニズムを「恐怖」「象徴的意味」「カテゴリーの混乱」に分類して考察している。恐怖とは被害者の暴力に対する生物学的な反応であるが、性暴力が性的なものと想像されやすいため、性暴力の恐怖は第三者に認められにくく、恐怖が被害後も長期的に持続することも理解されづらいという。また、象徴的意味は、性暴力を行使する加害者が被害者に対して暴力の意味づけを行ったり、被害者や第三者が性暴力について屈辱的、脆弱的といった意味づけを行ったりすることで生じるものであり、さらに性についてのさまざまな社会的意味が性暴力の意味づけを複雑にするという。そして、カテゴリーの混乱とは安全だと信じていたものが裏切られたり、性的関係をもつはずがないと考えていた「友人」「父」といったカテゴリー区分が性暴力によって崩されたりすることを意味しており、生活するうえでもっている「参照枠組み」が崩壊することだという（以上、宮地 2005: 178, 189, 193）。本書の「性暴力被害者像」は、宮地の象徴的意味とカテゴリーの混乱の双方に含まれる概念といえるが、象徴的意味とカテゴリーの混乱のメカニズムを明らかにするため、二つの概念から「性暴力被害者像」を抽出して議論していきたい。

(11) 例えば、国内外を問わず、フェミニズムの影響を受けて展開された性暴力被害者支援において、活動の名称に「女たちの」「女のための」といった修飾語が付くことがあるが、そこでは男性の性暴力被害者が被害を語る資格はほとんど認められていない（田中 2011a）。「女性の」と付いているだけで、そうした機関へ相談することを躊躇してしまう男性被害者が多いことは注目されるべきだろう。支援制度が少ないことに加え、存在する支援制度の多くが自分に適用されないことに対する衝撃は大きい。欧米を中心とした海外では、男性被害者専門のレイプクライシスセンターが設立され始めている。日本に男性被害者専門のセンターはないが、男性被害者のためのカウンセリングや相談窓口は広がりつつある。

とされず、無抵抗が性的行為への同意と見なされてしまう。また、「性暴力は見知らぬ人から被る」といった性暴力についてのイメージも、親類や知人からの性暴力を語りにくくする。[12] それは、加害者が知人である場合は「被害者は性暴力を防げたのではないか」と第三者が考えたり、近親姦の場合は「実父がそんなことをするはずがない」といった疑念を第三者に抱かせたりするからである。さらに性暴力被害者の支援者が、同性から性暴力を受けた被害者を同性愛者だと考えたり、男性は性暴力を受けてもその影響が女性よりも小さいなどと考えたりするような偏見や誤った被害者像をもっていることもあり、二次加害も生まれてしまう（Gartner 2001＝2005; 田中 2011a）。

そうした性暴力像や被害者像のずれに加え、性暴力に遭うことが被害者の「脆弱性」や「屈服」、「穢れ」や「恥」といった象徴的意味を表すと考えられている場合、被害者はそのような否定的意味づけを避けるために被害を語ることを躊躇するかもしれないし、あるいは支援者や周囲の人から「守らなくてはならない存在」「助けなくてはならない存在」などと無力化され、被害者がもつ権利や主体性を奪われてしまうかもしれない（これを指摘したものとして、宮地 2005; 青山 2007; 矢野 2007）。つまり、第三者の性暴力や被害者に対するイメージと被害者の現実とにずれがあるときには、性暴力が起こったことが認められにくいうえに、実際に性暴力に遭ったことが認められても、そのことによって被害者が否定的な評価を受けてしまうということである。

だが、そのような性暴力被害者像と現実のずれや、性暴力と性暴力被害者に付与される象徴的意味は、被害者が誰なのかによっても変化し、被害者を沈黙に追いやっていく。例えば、被害者が未成年ではなく成人女性である場合や、被害時に「派手な格好」をしていた場合、加害者ではなく被害者に性暴力の責任が問われ、被害者が非難されやすいといわれている（加納 1996; 牧野 2013）。また、性暴力被害者が被害に遭う前から「不道徳な人間」と考えられているような場合、性暴力の信憑性（被害者が本当に性暴力を受けたのか否か）が疑われやすくなることが指摘されている（宮地 2008; 稲本・クスマノ 2009）。さらにいくつかの先行調査からは、被害者が同時期に複数人と交際している場合や被害者が男性である場合、被害者が性風俗にかかわっていた場合、あるいは被害者が薬物使用者や精神障害者である場合、性暴力の信憑性が疑われやすく、被害者が非難されやすいことも明らかになっている（Jordan 2004; Monto & Julka 2009; Page 2010; Farley et al. 2011）。つまり、人種や性別、職業といった、被害者がもともと属している社会的カテゴリーと性暴力被害者像や象徴的意味は不可分であり、語られにくい性暴力の中にさらに語られにくい性暴力があるといえる。

性暴力被害者をさまざまな次元で支援していくためには、性暴力被害の語りづらさや被害者に対する偏見・無理解のメカニズムを理解し、被害者が被害を訴えやすく、支援を求めやすい環境を模索していく必要がある。そこで本書では、性暴力被害の中でも語られにくく、かつ問題とされづらい「性風俗従事者に対する性暴力」に着目し、被害者が属す社会的カテゴリーと性暴力不可視化の関係を考察したい。

性風俗従事者に対する性暴力は注目を浴びにくい。しかしそれは、性風俗従事者に対する性暴力が起きていないということを意味するものではない。むしろ、「性風俗従事者に対する性暴力」を語る

（12）例えば、性暴力被害経験をもつ一六八名の日本人女性（大学生）を対象に性暴力とその開示の関係について分析した宇治雅代らの報告によれば、加害者が見知らぬ人である場合、六八％の女性が被害について誰かに相談していたが、加害者が実父や兄弟といった知り合いである場合、被害開示は二八・六％にとどまっている（Uji et al. 2007: 235）。

困難や、性暴力被害が語られてもその語りが注目を浴びないといった性暴力の不可視化と被害者の属す社会的カテゴリーの地位との強い関係性を示唆している。

「性暴力」は長い間「個人の問題」や「女性の問題」などとされ、「社会問題」としては捉えられてこなかったし、公的機関が介入するほどのことではないと考えられてきた[13]。また、牧野雅子によると、性暴力加害者が注目されることも少なく、性暴力は「女性」の責任とされてきた（牧野 2013）。その中でも性風俗従事者が抱える問題は周縁化され、性風俗従事者が日々受けうる暴力は、それが殺害に至る場合でさえも世間に注目されることは少ない（これを指摘したものとして、Pheterson 1988＝1993; 加納 1996; 須藤・宮本 2013）。性風俗従事者に対する性暴力は理論上存在しないと考えられたり[14]、存在しても重要な問題ではないと見なされたりしている。

例えば、一九八七年に起きた「池袋買春男性死亡事件」の裁判では、性風俗利用者の身体的暴力と性暴力に抵抗するために利用者を刺殺した性風俗従事者が、「性風俗従事者」であったために実刑判決を下された[15]。この裁判では、性風俗従事者は性風俗に携わった時点である程度の危険が伴うことを理解していたなどといった前提のうえで、性風俗従事者は性暴力に対して一般女性よりも免疫があると判断され、性風俗従事者の正当防衛が認められなかったほか、性風俗従事者は周囲からの支援もほとんど得られなかったという（川畑 1995; 宮 1998; 角田 1999）。

また、性風俗や性暴力についての議論では、性風俗が性暴力防止の要として議論されることも少なくない[16]。それは、性風俗従事者たちの性や身体が非性風俗従事者たちのそれよりも軽んじられ、「性暴力を受けることに耐えうる身体」であるか、「性暴力を受けても問題のない身体」であるかのように考えられているということであり、そこに「問題化される性暴力（被害）」の序列があるのは明らかである。つまり、「性風俗従事者に対する性暴力」は、被害者の属す社会的カテゴリーに対する偏見や無理解と、性暴力被害者像や象徴的意味が交差することによって、不可視の性暴力のいっそう深い地点に置かれているといえる。

そのため、性暴力が解釈される際に参照される社会的通念や社会認識、性暴力の真偽が問われるときに表れる被害者への偏見や被害者を判定する規範、性暴力の不可視化と被害者の属する社会的カテゴリーとの関係を明らかにすることで、性風俗従事者がその社会的カテゴリーを理由にさまざまな支援から疎外されることのない環境を整えることができ、さらに、性風俗従事者に限らず、性暴力被害者がかかわる社会的カテゴリーゆえに性暴力を不可視化されたり是認されたりすることのない環境を模索することが可能となるはずである。

（13）この傾向はいまだ健在だ。「第二次犯罪被害者等基本計画」（警察庁 2011）および「性犯罪・性暴力被害者のためのワンストップ支援センター開設・運営の手引」（内閣府犯罪被害者等施策推進室 2012）では、性暴力被害者支援のためのワンストップセンターを設立する主体が国ではなく地方公共団体や民間団体になっており、国が被害者支援を主導するものでないことが日本弁護士連合会により批判された（日本弁護士連合会 2013）。なお、二〇一六年四月には「第三次犯罪被害者等基本計画」が策定され、内容に大きな変更はないものの、主に警察庁や地方公共団体における支援の強化や具体的施策が盛り込まれている（警察庁 2016）。

（14）性風俗従事者についての性風俗利用者の意識調査では、「性風俗従事者に対する性暴力は〔理論上〕ありえない」と答えた性風俗利用者が一二％、「レイプという概念は性風俗に従事している女性に対しては適用されない」と答えた性風俗利用者が一〇％いたことがわかっている（Farley et al. 2011: 6）。

（15）この事件では、性風俗従事者の女性（「ホテトル嬢」）がホテルに派遣された後、性風俗利用者から殴りつけられ、利用者がもっていたナイフで傷害を負い、性的行為を強要されており、強姦罪の成立要件である「暴行又は脅迫」を伴うものだった。

（16）性風俗が性犯罪を防止すると考える議論は明治半ば頃から存在する（赤川 1995）。

四　「性風俗」と「性風俗従事者」

すでに「性風俗従事者」と「性風俗利用者」について触れたが、性風俗とは何を指し、性風俗従事者や性風俗利用者とは誰なのかをここで明らかにしておきたい。

日本における「性風俗」は、主に「売春防止法」と「風俗営業等の規制及び業務の適正化等に関する法律」（以下、風営法）によって規制されている。そのほか、性風俗従事者が一八歳未満の場合、児童福祉法や労働基準法、青少年保護育成条例などが適用されることもあるが、ここでは売春防止法と風営法について見ていく（資料1を参照のこと）。

売春防止法における「売春」の定義は、「対償を受け、又は受ける約束で、不特定の相手方と性交すること」とされている。ここでの「性交」は男女間の行為に限定され、性交を含まない性的行為（性交類似行為）は売春防止法では規制されない。売春防止法では、売春することやその相手となることを禁止しているが、特定の相手との売春や「公衆の目」に触れない男女間の自由意思による売春は処罰されない。その代わり、売春を斡旋したり売春する場所を提供したりする行為が処罰対象となっている。また、性風俗従事者は「勧誘」規定（同法第五条）によって処罰・保護・更生の対象となる。

性風俗の営業時間や営業区域などの営業方法については、風営法によって規制されている。風営法では風俗営業と性風俗関連特殊営業（以下、性風俗営業）の二つを規制しており、風俗営業にはパチンコ店やキャバクラなどがあり、性風俗営業（店舗型性風俗特殊営業、無店舗型性風俗特殊営業、映像送信型性風俗特殊営業、店舗型電話異性紹介営業および無店舗型電話異性紹介営業が含まれる）には、ソープランドやファッションヘルス、テレクラ（テレフォンクラブ）やポルノグラフィなど、「性的好奇心」を満たすことを目的としたものがある（表1・2を参照のこと）。性風俗営業には店舗を構える店舗型と、性風俗従事者がホテルや性風俗利用者の自宅に赴く無店舗型があるが、一九九〇年代後半からは店舗型よりも無店舗型が主流になっている。また、二法の目的を比較すると、売春防止法は売春を「人としての尊厳」「性道徳」「社会の善良の風俗」を害すものとして禁止することを目的とし、風営法は「善良の風俗と清浄な風俗環境」を保持することと「少年の健全な育成」を阻害しないことを目的としている。

本書では、性暴力被害者の属する社会的カテゴリーと性暴力の不可視化との関係を考察するために、「性風俗従事者」という社会的カテゴリーに付随するイメージや「性風俗に従事する」という経験の社会的意味づけを分析する。さらに、近年、援助交際や出会い系サイトを利用した個人の性風俗と性風俗営業とのボーダレス化も指摘されていることから（東 2012）、売春防止法で定義される「売春」や風営法で規制される「性風俗営業」をまったく別の個々の現象として分析するのではなく、より広範囲の現象として捉える必要がある。そこで、売春防止法で定義されるような「性交」という条件や性交する主体のジェンダーを定めたり、その定義に道徳的な価値基準を含めたりせず、また、分析対象を風営法の「性風俗営業」に限定せず、「対価の授受をもって不特定多数と性的行為に及ぶこと、およびその場」を「性風俗」として考察していく。ここでの対価には、現金・物品だけでなく、宿泊場所や精神的な居場所なども含むものとする。

以上に従って、援助交際から風営法で規定される性風俗営業までさまざまな形態を分析していく。また、戦後、占領軍人を相手とした「パンパン」と呼ばれた女性たちから、現在の「神待ち」[17]と呼ばれる性風俗まで、時間軸としても長いスパンを分析対象とする（資料2を参照のこと）。それによって、

表1　性風俗の形態

	場所	形態	業種例
店舗型	店舗内個室	店舗	ファッションヘルス（ヘルス） イメージクラブ（イメクラ） SMクラブ
	店舗内個室 （浴場付）	個室付浴場	ソープランド ※性風俗従事者は個人事業主の扱い
	店舗内座席	飲み屋	ピンクサロン（ピンサロ）
	劇場内	ステージ	ストリップ
無店舗型	ホテル 性風俗利用者宅	出張 派遣	デリバリーヘルス（デリヘル） ホテルヘルス（ホテヘル）
		街娼 ストリート	街娼
		自営 登録	援助交際 神待ち ウリ 出会い系
映像送信型	スタジオ ホテル 性風俗従事者宅	映像	ポルノグラフィ チャットレディ
電話異性 紹介営業	店舗 ホテル	店舗 店舗外	テレフォンクラブ（テレクラ）

出典）要・水島（2005: 281–282）を参考に筆者作成

表２　性風俗営業・風俗営業の業種と内容

業種	内容
パンパン	・主に第二次世界大戦後の占領軍人を相手とする性風俗従事者
街娼／ストリート	・路上で交渉する性風俗
トルコ風呂／ソープランド	・トルコ風呂は性交を含む性的行為を行うもので，現在のソープランドに当たる ・どちらも個室に浴室がある
料理店	・料理屋や小料理屋などを装い，２階で性的行為を行うもの
ステッキガール	・小料理屋や料亭などに派遣される性風俗従事者
キャバレー	・ダンスを中心としたパフォーマンス用のステージを併設したクラブ
パンマ	・「パンパン」と「アンマ」の合成語 ・あんま師としてホテルや性風俗利用者宅に行き，性的行為を行うもの
愛人バンク／デートクラブ／交際クラブ	・男性に女性を紹介し，交渉次第で性的行為を行うもの ・基本的に登録制や会員制
ノーパン喫茶	・ウェイトレスが下着を着けないで接客する喫茶店
ストリップ	・ステージ上で裸で踊るショー ・ステージの上で性風俗利用者と性的行為に及ぶものは「まないたショー」と呼ばれた
テレクラ	・店舗などで女性からの電話を待ち，会話するもの ・交渉次第で性的行為を行う
ブルセラ	・ブルマとセーラー（服）の合成語で，それらをブルセラショップや通販で売買するもの
エステ系／マッサージ系	・通常のマッサージを伴って性的行為を行うもの
個室ヌード／のぞき部屋	・マジックミラー越しのパフォーマンスを見ながら個室でマスターベーションするもの
ヘルス系	・個室で性的行為を行うもの ・浴室はないがシャワー室がある場合もある
ピンサロ系	・個室ではなく間仕切りされたブースで性的行為を行うもの
デリヘル／出張ヘルス／ホテトル	・性風俗利用者の希望する場所（ホテルや利用者宅）に出張して性的行為を行うもの
イメクラ	・コスチュームを着用して性的行為を行うもの
SM クラブ	・サディズム／マゾヒズムの役割で性的行為を行うもの
チャットレディ	・ライブチャットを通して音声・画像・動画で会話するもの ・性的な画像・動画のやりとりがある
ポルノグラフィ／アダルトビデオ	・性的行為の映像
援助交際	・出会い系サイトや路上での交渉を通して性的行為を行うもの
キャバクラ／スナック／ホストクラブ	・風営法の風俗営業に属し，飲食するもの ・基本的に性的行為はないが，営業活動として行われている場合もある

注）性風俗形態の変遷については資料２を参照のこと

出典）筆者作成

「性風俗」や「性風俗従事者」という社会的カテゴリーに付随する歴史的・文化的通念や意味づけの変遷が明らかになるだろう。

ここで、なぜ「性風俗」という用語を使用するのかについても説明しておきたい。本書では、どんな行為が「性風俗」として名指されるのか、そして、名指された「性風俗」にどんな意味づけがあるために性暴力が不可視化されるのかを分析することも課題の一つである。そのため、性風俗やそれにかかわる人々について、すでに否定的な社会的意味や政治的立場を含む呼び名を使用することは適切ではないと考える。

例えば、性風俗全般を指す言葉として従来から使われている「売春」「買春」「買売春」という言葉は、「春」が行為内容を抽象化し、強制的に性風俗に従事させられる人たちの現実を表現するには不適切であるといった批判から、代わりに「性取引」という用語や、「性売・性買」といった造語が使用されることがある（中里見 2007; 須藤・宮本 2013）。また、性風俗に携わる人々の間では、「性風俗」に当たる言葉として「ウリ（売り）」「ワリキリ」[18]「サービス」「援助」「仕事」が使用されることもある。特に売春防止法の影響から、「売春」とは性交を伴う違法行為であるといったイメージが強いため、風営法に規定される業種に従事する人たちの中にはみずからの行為を「売春」と呼ぶことに違和感を覚える人たちも多い（要・水島 2005）。「サービス」や「援助」、「仕事」は、日常においてもその内容を特定されないため、性風俗にかかわる人々が使いやすい言葉でもある。[19] しかし、性風俗に携わることを強要されたり性風俗において暴力をふるわれたりするとき、それは「サービス」や「仕事」ではなく「暴力」であるし、そのような出来事が「サービス」の一環として不可視化されてきたことはこれから見ていく通りであり、これらの言葉を本書で使用するのは適切でない。

また、日本における性風俗の「春」や「サービス」を提供する側の名称は、「娼婦」「売春婦」「風俗嬢」「セックスワーカー」などさまざまに変遷しており、それぞれの時代の性風俗に対する侮蔑意識とそれを打開するための方法に密接にかかわっている。例えば、一九九〇年代半ばから使用されるようになった「風俗嬢」は、自分の行為を「売春」とは考えない人々や、風営法の性風俗営業に規定される業種に従事する人々にとって親近感をもてる言葉だ（要・水島 2005）。また、同じく九〇年代には、人身取引や管理売春といった犯罪や暴力を想起させる「売春」イメージを打開することや性風俗

(17)「神待ち」は、主にインターネット掲示板を利用して性的行為の代わりに宿泊先や食事を提供してくれる相手を探す家出少女たちやその行動を指す。ここでの「神」は、少女たちが必要とするものを提供し少女たちを助けるという意味で、「提供者」を指す言葉として使われている。

(18)「ワリキリ」は、主に出会い系サイトを利用した性風俗において使用される言葉で、出会い系サイトでの出会いが必ずしも性的行為に至るわけではないのに対し、「ワリキリ」という表現は性的行為を目的とした出会いであることを明示する隠語として使用されている（荻上 2012）。

(19)キャサリン・キャンベルは、性風俗にかかわる人々は性風俗の内容を隠したり性風俗から距離をおいたりするために、「セックスワーク」ではなく単に「仕事（ワーク）」と表現する傾向があるとしている（Campbell 2003）。

(20)性風俗には、性風俗従事者が身体的な「サービス」を提供しないものもある。例えば、「オナニークラブ（オナクラ）」では、性風俗利用者が性風俗従事者の前でマスターベーションすることで性的好奇心を満たすことを目的としており、性風俗従事者は基本的には性風俗利用者の身体に接触しない。

(21)本書で扱う性風俗従事者のほとんどは女性だが、男性の性風俗従事者がいないわけではない。男性従事者には「ボーイ」や「ウリ（売り）専」と呼ばれる主に男性利用者向けの性風俗従事者や、「出張ホスト」と呼ばれる女性利用者向けの性風俗従事者が存在する（松倉 2006; 内藤 2007; 一條 2011）。また、ポルノグラフィの男優も性風俗従事者に含まれる。

を労働と認めることが目指され、行為者の自由意思や主体性、労働の権利を主張するために、「セックスワーク」または「セックスワーカー」という言葉が使われ始めた。このように、性風俗の「サービス」提供者を指す用語は、性風俗にかかわる人が自分たちの従事する性風俗形態を的確に示したり、性風俗に従事する人々に対する蔑視を回避したりするために多様に存在する。

一方、性風俗の「サービス」や「春」を受ける側を指す言葉として従来使用されてきた呼び名は「買春者」だが、この言葉は一九七〇年代に日本人が団体ツアーの一環として海外の性風俗を利用する「買春ツアー」[22]が問題視された際に浸透し、性風俗を従事者の人権侵害と考える点で用語自体に性風俗に対する批判的なニュアンスが含まれている。一九九〇年代には、性風俗を利用することに対する価値中立的な議論が生まれ、性風俗の研究や議論において、「買春者」の代わりに「性風俗利用者」「利用男性」といった言葉が使用されるようになった（多田 2007）。また、性風俗従事者からは「お客さん」「オヤジ」「神」などとも呼ばれている。

こうした経緯に鑑み、本書では、言葉そのものに批判的なニュアンスを含む「買売春」や「性売」、合意の性的行為と暴力の区別を困難にする「サービス」といった表現を避け、「性風俗」という言葉を使う。また、特定の形態や立場を示唆する言葉を避けて、性風俗の提供者を「性風俗従事者」、需要者を「性風俗利用者」とする。そして、性風俗の斡旋や性風俗の場所貸し、店舗の管理や性風俗従事者のシフトの手配など、性風俗の経営・運営・管理を行う人を「性風俗従業員」と呼ぶこととする。[23]ただし、「私は何者なのか」という個々人のアイデンティティとその定義づけや選択を尊重するため、個々の事例を引用して考察する場合や身分が明らかな場合は、その人が使用している名称を明記することとする。

(22)　一九七〇年代、性風俗を利用する目的で韓国を訪れる日本人ツアー（「買春ツアー」）が問題となり、「キーセン観光反対運動」が起こった。木下直子によると、キーセン（妓生）は本来、韓国宮中の宴会で技芸を披露する女性を指すが、一九七〇年代には、日本人男性が妓生を装った韓国人女性に接待を受け、その後性的行為に及ぶ「キーセン観光」が行われるようになり、これに対して一九七三年に韓国基督女性連合会から抗議が起こった（木下 2013: 103）。

(23)　「性風俗従業員」と「性風俗従事者」の関係は多様である。性風俗従業員が暴力団の一員として性風俗を斡旋したり、ホストとして働くかたわら自分の顧客を増やすために性風俗従事者と擬似恋愛関係を結んだりするもの、知人や友人を性風俗に従事させるもの、「ヒモ」（人から金品を巻き上げて生活する者）となって性風俗従事者の収入を管理するもの、本来は性的サービスを提供しない風俗営業のスタッフが性風俗を斡旋するものなどがある。また、「ホームレス」の女性が路上で性暴力に遭わないよう「ホームレス」の男性とペアになり、性風俗で生計を立てることもある（宮下 2008）。さらに、性風俗従事者が他の性風俗従事者や性風俗従業員に勧誘されて性風俗従業員になる場合もある（Raphael & Myers-Powell 2010）。

第一章　性暴力被害者の苦悩

序章で述べたように、本書では、性暴力被害者の属す社会的カテゴリーについての偏見や無理解が被害者の抱える苦悩に加わることで、被害が語られにくくなることを見ていくが、本章ではまず、性暴力や被害者に対する第三者のイメージと被害者の現実とにずれがあるときに生じる被害者非難や、実際に性暴力に遭ったことが認められてもそのことによって被害者が否定的な評価を受けてしまうような社会認識（性暴力や被害者に付与されている否定的な象徴的意味）を考察していく。

一　レイプ神話と被害者非難

性暴力が概念化され、性暴力が社会問題であるという認識が広がっても、被害者が「性暴力被害者」というカテゴリーに同一化したり、他者に被害を開示したりするのが困難なことがある。

序章で見た内閣府男女共同参画局の調査では、異性からの性交強要を誰にも相談しなかった理由として、「自分にも悪いところがあると思ったから」（二七・八％）、「相談してもむだだと思ったから」

（二〇・三％）、「世間体が悪いと思ったから」（六・三％）、「相談相手の言動によって不快な思いをさせられると思ったから」（二・五％）なども挙げられており（内閣府男女共同参画局 2015: 68）、被害者の自責や他者から非難されることへの不安、性暴力被害者に対する社会の偏見や無理解によって、被害者は性暴力被害を他者に開示することを躊躇していることがわかる。

レイプ神話

性暴力被害者が被害を他者に開示する際の障害になる「世間体」や「偏見」は、「レイプ神話〔Rape Myth〕」と呼ばれている。[1] レイプ神話とは性暴力やその加害者・被害者にまつわる社会通念のことであり、一般的にもたれている性暴力のイメージや被害者像、加害者像であるといえる。レイプ神話には、例えば「性暴力は夜道で起こる」「性暴力は知人間では起こらない」といった性暴力についての神話や、「被害者が加害者を誘った」「被害者は加害者を貶めるために被害を訴えている」などの

（1）「神話」という言葉には、それが真実でないというニュアンスがある。例えばマーサ・バートはその初期の研究において、レイプ神話を「レイプ、レイプ被害者および加害者に関する偏見やステレオタイプに満ちた、あるいは誤った通念」と定義している（Burt 1980: 217）。しかし、レイプ神話を「誤った」確信や通念として限定する必要はないと指摘するものもある（Gerger et al. 2007; 稲本・クスマノ 2009）。レイプ神話をすべて「間違ったもの」としてしまえば、性暴力についての不当な解釈を回避する方法は「神話は間違っている」ことを論証することにつながりやすく、「女性は性暴力を防ぐ責任がある、ない」といった水かけ論に陥りやすい。また、「性欲を抑えられない加害者が性暴力を起こす」といった神話の虚偽を明らかにするために、「性暴力は実は男性が女性を支配するために起きる」といった新たな神話が再生産され、どちらの現象が正しいのかが争点になる。そして性暴力の原因や動機が固定され、そこから外れる性暴力がまた議論からこぼれ落ちることになる。

表3　バートによる神話カテゴリー

神話カテゴリー	例
何も起きなかった 〔Nothing happened〕	・被害者は偽って性暴力を訴える（28） ・「性暴力」は被害者のファンタジーや願望だった（28）
害はなかった 〔No harm was done〕	・処女でもない限り，性的行為は害にならない（29） ・強制や有害性はなく，合意の上の性的行為だった（29）
彼女がそれを望んだ 〔She wanted it〕	・彼女が男性を誘ったのだ（30）
彼女がそれを受けるのは当然だ 〔She deserved it〕	・彼女が性暴力を誘発した，自業自得な行為をとった（ヒッチハイクや男性をからかうなど）（31–32）

注）表中の数字は Burt（1991）の引用ページを示す
出典）Burt（1991）をもとに筆者作成

被害者についての神話、「加害者は性欲を抑えられなかった」「加害者は異常な性癖をもっている」といった加害者についての神話がある（杉田 2001, 2003）。

レイプ神話研究の第一人者であるマーサ・バートは、レイプ神話を「性暴力を〝本物のレイプ〟〔Real Rape〕というカテゴリーから排除するのを正当化するために人々が使うメカニズム」だと指摘している（Burt 1991: 27）。つまり、受けた性暴力被害の内容や被害に遭った状況がレイプ神話の「本物の性暴力」像に準ずるものであればあるほどその被害が第三者に理解されやすく、そこから外れれば外れるほど第三者に「性暴力に遭ったこと」が認められにくい。

バートは、女性被害者に限定したものではあるが、性暴力被害者についてのレイプ神話を四つに分類している（表3を参照のこと）。すなわち、性暴力を「何も起きなかった〔Nothing happened〕」「害はなかった〔No harm was done〕」「彼女がそれを望んだ〔She wanted it〕」「彼女がそれを受けるのは当然だ〔She deserved it〕」のいずれかに変換することで、「それは性暴力ではない」という判断を正当化するメカニズムである（Ibid.: 28–32）[2]。

「何も起きなかった」に分類される神話は、ある行為が「合意の性的行為」と見なされようが性暴力と見なされようが、その行為そのものを否定するものである。例えば、加害者が被害者と接点がないことを主張したり、「被害者は加害者を陥れるために虚偽の性暴力を語っている」と主張したりするもので、このカテゴリーに分類される神話は、出来事そのものや被害者と加害者の関係をなかったことにしたり、被害者が「虚偽の申告」をしたことを主張しそれを非難したりする（Ibid.: 28）[(3)]。

一方、「害はなかった」に分類される神話は、被害者と加害者の間に何かしらの性的行為があったことは認めるものの、その行為に「強制や有害性」がなかったことを主張して損害や被害の影響を無

（2）　バートはレイプ神話の受容度を測るための尺度ＲＭＡＳ（Rape Myth Acceptance Scale）を作成しており（Burt 1980）、これは他のレイプ神話調査でもたびたび使用されている。しかし、キンバリー・ロンズウェイとルイス・フィッツジェラルドは、バートがレイプ神話の事例について説明する際に「いいカモ〔Fair Game〕（例えばパーティで、ある女性がある男性と性的行為に及んだ場合、その場にいる他の男性が該当女性と性的関係に発展することを期待するのは当然であるといった神話）」といった抽象的な表現や、反対に、一般化しにくい例を使用していることを挙げ、読み手のさまざまな解釈を不必要に可能にしてしまう危険性への配慮が不十分であることを指摘している（Lonsway & Fitzgerald 1994: 157）。しかしそれらの問題点を考慮しても、バートの四つの分類は性暴力が不可視化される文脈を整理している点で有益である。

（3）　日本におけるレイプ神話についての調査が少ないため古い資料になるが、大学生を対象にレイプ神話の容認態度を調査した大淵憲一らは、被害者と加害者が顔見知りであったり、被害者と加害者が過去に恋愛関係や性的関係にあったりする場合、出来事が性暴力であると第三者に考えられにくいことを明らかにしている。この調査では、性暴力は復讐のために捏造されたという神話を支持する人（男性二七・五％、女性二六・四％）や、妊娠をごまかすために捏造されたという神話を支持する人（男性三四・六％、女性二六・四％）が調査協力者の四分の一を超え、恋愛のもつれが被害者に「性暴力の捏造」を動機づけるといった認識が強いことが明らかになっている（大淵ほか 1986: 4）。

化するものである。このカテゴリーに分類される神話は、被害者の語った性暴力の内容や性暴力による影響を矮小化することで、起こった出来事を「暴力」ではなく「合意の性的行為」に変換する(Ibid.: 1991: 29–30)。

また、「彼女がそれを望んだ」に分類される神話は、被害者の方が性的行為を望んだり性的行為をほのめかしたりしたのだと主張することで、出来事が暴力であったことを否定するものである。これも「害はなかった」と同じく、「性暴力」を「合意の性的行為」に変換する神話であるといえるが、「害はなかった」に分類される神話が被害者に行為の責任を直接求めないのに対し、「彼女がそれを望んだ」に分類される神話は性暴力が起こった要因を被害者に帰す(Ibid.: 30–31)。

最後に、「彼女がそれを受けるのは当然だ」に分類される神話は、ヒッチハイクをしたり加害者をからかったりといった被害者の言動が性暴力の引き金になったと考え、被害者が性暴力を受けたことを当然(起こるべくして起こった)と見なすものである(Ibid.: 31–32)。これは「彼女がそれを望んだ」に分類される神話と同じく、性暴力が起こった要因を被害者に帰す。しかし、「彼女がそれを望んだ」に分類される神話が起こった出来事を「暴力」ではなく「合意の性的行為」に変換するのに対し、「彼女がそれを受けるのは当然だ」に分類される神話は、起こった出来事を「性的行為」としてではなく「制裁」や「教訓」、あるいは「しつけ」として、それが被害者に向けられることを正当化する。

ここには性暴力の信憑性の問題と性暴力の責任の所在の問題がある。そしてどのカテゴリーにおいても、ある出来事が現象的に「性暴力ではない」と判断されてしまう。これら四つのカテゴリーとその機能を整理すると、性暴力や被害者についてのイメージと被害者の現実が異なることで性暴力が不可視化されるとき、あるいは、性暴力や被害者についてのイメージが被害者の現実と異なることを加害者や第三者が利用して性暴力を不可視化しようとするとき、そこでは、①出来事の無化、②出来事とその影響の矮小化、③被害者の願望化、④被害者に対する制裁・教訓の正当化が行われているといえる。では、このようなレイプ神話は誰から誰に向けられ、性暴力を不可視化するのか。

パトリシア・パトレティック＝ジャクソンらによると、ＤＶや性暴力に共通する暴力の非難は大きく「被害者非難〔Victim blame〕」「加害者非難〔Perpetrator blame〕」「状況非難〔Situational blame〕」「社会非難〔Societal blame〕」に分類される（Petretic-Jackson et al. 1994; Jackson et al. 2001）。順に見ていこう。

被害者非難と自責

被害者非難とは、暴力の原因や責任が被害者にあると考え、被害者を非難することで暴力の信憑性や責任を不可視化するものだ。被害者非難についての先行研究を整理したポール・ポラードによると、「性暴力被害者の落ち度」は「被害者の性質、被害者と加害者の親密度、被害者の抵抗度、被害者の服装、被害者が性暴力に遭う前の行動」によって判断されやすく（Pollard 1992: 307）、それらにかかわるレイプ神話が被害者非難に利用されるといえる。

しかし、レイプ神話は性暴力加害者や第三者のみが保有するものではない。つまり、性暴力被害者自身もレイプ神話をもち、自分自身の言動を非難し、自分を責めてしまうことがある。

ロニー・ジャノフ＝バルマンによると、自責には「行動を責めるもの〔Behavioral Self-blame〕」と「性格や性質を責めるもの〔Characterological Self-blame〕」がある。性暴力被害を例にすると、行動を問う自責は、性暴力被害者が性暴力の原因を自分自身の行動や管理力に帰すものであり、「夜道を一人で歩くべきではなかった」「あの人をアパートに入れるべきではなかった」と性暴力が起きたときの自分自身の行動を回顧し、後悔したり罪意識を感じたりするものである。性格や性質を問う自責は、性暴力被害者が性暴力の責任を自分自身の性質に見出すものであり、「私は弱い」から被害に遭った、というように、自分自身の性格や人格を否定的に意味づけるものであるという（以上、Janoff-Bulman 1979: 1798-1799）。一般的に、行動を問う自責はその人の将来の行動を変える（例えば、再被害を防ぐため被害に遭ったときと同じ行動をとらないようになる）ことにつながるというある種肯定的な側面をもっているが、性格や性質を問う自責はその人に無価値感や恥辱が暴かれるような感覚を引き起こし、否定的な影響を与えやすい（Tangney et al. 1992; Tilghman-Osborne 2007）。性格や性質を問う自責は、行動を問う自責よりもうつ病に結びつきやすく、当人の孤独感や不安、自己評価の低さと有意な関係があることもわかっている（Janoff-Bulman 1979; Graham & Juvonen 1998）。

性暴力に関しては、行動を問う自責と性格や性質を問う自責の強い関係性も指摘されている（Breitenbecher 2006; Kelly 2009）。自責とは否定的結果や否定的な出来事に対する「責任の感覚〔Sense of responsibility〕」（Tilghman-Osborne 2007: 3）、あるいは、責任の所在についての自問である。自責によって被害者が出来事の責任を一手に引き受けることで、加害者の責任が覆い隠され、性暴力が被害者自身によって不可視化されてしまうといえる（Arata 1999）。

加害者非難

加害者非難は、「暴力をふるう加害者は病的だ」「心理的に問題がある」などと加害者の特質を性暴力の原因だと考え、加害者を非難するものだが（Burt 1991; Petretic-Jackson et al. 1994）、先に見た被害者についてのレイプ神話と同様に、加害者が非難される場合にも加害者に対する社会通念（「本物の性暴力」

像）が適用される。加害者についてのレイプ神話には、性暴力の原因を「性的欲求不満」や「衝動的行動」などと加害者の性欲に結びつけるものや、社会的に抑圧された男性が性暴力を行使することで女性に対する支配力を回復したり女性に怒りをぶつけたりするといった「傷つけられた男性性」に性暴力の原因を結びつけるもの、そして加害者を「異常者」や「逸脱者」と考えるものなどがある。[4]

　性暴力被害者についての神話は被害者に性暴力の責任を課すよう作用するが、性暴力加害者についての神話は加害者の免責に利用されやすい。例えば、性欲を「抑えられないもの」や「コントロールできないもの」と考え性暴力と性欲を結びつけることは、加害者を「自分の行動を抑制できない人間」としてある種の弱者の立場に置く。[5]「傷つけられた男性性」についても同様に、社会的な抑圧の中で行き場を失った加害者が仕方なく見つけた解放の手段として性暴力が位置づけられることで加害者は免責される。さらに、加害者を「異常者」や「逸脱者」だと考える神話は、「正常」に見える加害者からの性暴力を不可視化する。[6]

　このように加害者に関するレイプ神話が加害者の免責につながるのは、加害者についてのレイプ神

（4）性暴力加害者の犯行動機については多くの議論があり、加害者についてのレイプ神話も犯行動機を中心に展開されている。加害者についてのレイプ神話の変遷や議論については、杉田（2003）に詳しい。

（5）福島県男女共生センターの調査では、「女性には強姦されたいという願望がある」を肯定した男性調査協力者は一五・三％で、否定派が圧倒的多数であったものの、「男性には強姦したいという願望がある」を肯定した人は五〇・九％にのぼり、僅差ではあるが否定派（四六・五％）を上回る結果が出ている（福島県男女共生センター 2005: 135-136）。女性は性暴力など望んでいないことを理解している一方で男性の強姦欲求が肯定されているということは、欲望ゆえに性暴力が起きることが正当化される環境（これは「レイプカルチャー」と呼ばれる）が存在しているということである。

話がセクシュアリティやジェンダーに関する規範によっても支えられているからである。[7] 江原由美子は「他者あるいは自己の性行為に関して妥当であると裁定あるいは選択する「解釈」を産出する」ものを「解釈装置」と呼び、性的行為に関する規範が性暴力の同意／強制を判断するときの枠組みとなっていると指摘する（江原 2000: 186）。

例えば、「男性は性的行為に積極的だが、女性は性的行為に受動的だ」といった性規範が存在するとき、女性が経験した不当な「性的行為」を「性暴力」だと証明することは、その女性の受動的な行動（例えば被害時の沈黙）が「男女の自然な性的行為」と解釈されることで困難になる。つまり、被害者は「抵抗しなければ同意した」と見なされ、加害者は「抑えられない性欲をもつことはある程度自然なことだ」と考えられて免責されてしまうのだ。一方、男性が性暴力に遭い、「性暴力被害者」であることを証明しようとするときには、リチャード・ガートナーが指摘するように、「男性は抑制できない性欲をもつ」といった神話や「男性は強くあるべきだ」といった規範があるために、男性被害者は性暴力の「被害者」ではなく性欲を解消することができた「幸運な者」に仕立て上げられたり、抵抗しなかったことで「男らしさ」から排除されたりし、それゆえに加害者の存在が見えにくくなる（Gartner 2001＝2005）。ミシェル・デイヴィスらは、性暴力を受けた男性被害者は、彼らが加害者と闘わなかったり逃れられなかったりした場合、闘った被害者よりも非難されやすいだけでなく、闘わなかったことが「本物の男」として行動することに失敗したと見なされ、男性性が欠如していると第三者に考えられやすいことを指摘している（Davies et al. 2012: 2808–2809）。

加害者非難は一見、性暴力の原因や責任を正当な方向へ向けるものであるように思われるが、それが性規範とも結びついているために、加害者の免責につながる要素を含んでいることには意識的であるべきだろう。

状況非難

状況非難とは暴力が起きた文脈や状況を非難するものであり、例えば飲酒や薬物摂取などが性暴力を引き起こしたと考えるものである（Petretic-Jackson et al. 1994）。

ハイケ・ゲルガーらは、性差別性が明らかな従来のレイプ神話と現代の規範や社会通念に潜むレイプ神話との齟齬を指摘したうえで、新しいレイプ神話を検討している（Gerger et al. 2007. 表4を参照のこと）。ゲルガーらの「問題の範囲の否定」は性暴力の無化や矮小化に、「性暴力の影響を軽減するための政策に対する支持の欠如」と「被害者の需要や要求に対する反感（被害者の要求を不当とする）」は性暴力の矮小化に、「男性からの強制は性的関係の自然な本分であるという通念」は先の加害者神話に対応している。ゲルガーらもやはり女性被害者を想定しているが、彼らが「被害者や状況を非難して、

（6）例えば、性暴力加害者が教師や牧師といった指導的立場にある人や、企業の重役や政治家といった社会的地位のある人の場合、一般的に世間に衝撃を与えやすい。しかし、性暴力が加害者と被害者のあらゆる権力差を利用して行使されることを考慮すれば、社会的地位のある加害者が性暴力を行使する可能性は十分にあるし、加害者が権力をもっているほど被害者が被害を訴えることは困難になる。また、加害者が既婚者で「良い父親」「良い夫」などと評価されている場合は、「被害者が加害者を誘惑した」といったレイプ神話が利用されることで、加害者に対する肯定的評価は維持される一方、被害者に対する非難は深まってしまう。

（7）ここでいうセクシュアリティやジェンダーについて、伏見憲明は男性／女性が社会的構築物（ジェンダー）であることを説明するために「男制／女制」という言葉を発案しているが（伏見 1991）、宮地尚子はその考えを用いて「男制中心主義」＝「ジェンダーとしての男性を優位におき、その視点から世界を捉える見方」からの脱却を提案している（宮地 2008: 23-25）。

表4　ゲルガーらによる神話カテゴリー

神話カテゴリー	例
問題の範囲の否定 〔Denial of the scope of the problem〕	・多くの被害者は善意の行為を「性暴力〔Sexual assault〕」だと間違って解釈しがちだ（425）
被害者の需要や要求に対する反感（被害者の要求を不当とする） 〔Antagonism toward victim's demands〕	・凶器をもった強盗の前では被害者は命の危険を恐れるが，彼らは性暴力被害者に比べて心理的な支援を要求しない（つまり，性暴力被害者は支援を求めすぎだ）（425）
性暴力の影響を軽減するための政策に対する支持の欠如 〔Lack of support for policies designed to help alleviate the effects of sexual violence〕	・性暴力被害者はシェルターやセラピー，サポートグループなど多岐にわたる十分な支援を受けている（としてこれ以上の支援を不要と考える）（425）
男性からの強制は性的関係の自然な本分であるという通念 〔Beliefs that male coercion forms a natural part of sexual relationships〕	・女性が男性と関係をもち始めたら，男性は性的行為に至る権利を主張するだろうことに女性は意識的でなければならない（425）
被害者や状況を非難して，男性加害者を免責する信念 〔Beliefs that exonerate male perpetrators by blaming the victim or the circumstances〕	・男性が性暴力を行使するとき，問題の（本当の）原因はしばしばアルコールだ（425）

注）表中の数字は Gerger et al.（2007）の引用ページを示す
出典）稲本・クスマノ（2009: 35-37）を参考に筆者作成

男性加害者を免責する信念」といった状況非難に当たる神話を指摘していることは注目に値する。性暴力の原因が飲酒や薬物摂取などの状況に向けられることで、加害者は「性暴力の本当の原因ではない」ことが強調され、加害者が免責される危険性があるという（Ibid: 425）。

状況非難では、性暴力が生じた文脈に注目が集まるため、加害者個人の犯行動機や意思への関心が下がり、加害者の行動に対する非難が分散されてしまう危険性がある。また、状況非難では、第三者は「状況への対処可能性」（被害を避けるための行動をとれたか否か）を検討するため、被害者が「なすべきことをしなかった場合」は被害者への非難や責任帰属が生じやすい（小俣 2014: 85–86）。

社会非難

社会非難は、暴力の原因を社会認識や価値観、風土や習慣などに見出すもので、社会の性暴力許容やメディアの影響などを非難するものである（Petretic-Jackson et al. 1994）。社会非難は性暴力を是認するような社会的価値観を非難するが、性暴力の原因を社会や社会意識に向けるため、状況非難と同様に、結果として個々の性暴力加害者の免責につながってしまうことがある。また、加害者が性暴力を不可視化するために状況非難や社会非難を利用することもある（Beneke 1982=1988）。

状況非難や社会非難が加害者の免責や被害者非難につながってしまう要因の一つに、「公正世界信念〔Belief in Just World〕」が挙げられる（Lerner & Miller 1978; Lerner 1980; Luginbuhl & Mullin 1981; 小俣 2013）。「公正世界信念」とは、メルヴィン・ラーナーによって提唱された概念で、「世界は公正な場所であり、良いことをすれば良いことが起き、悪いことをすれば悪いことが起きる」と考える信念であり（Lerner 1980）、村山綾と三浦麻子によると、公正世界信念には「内在的公正世界信念〔Belief in Immanent Justice〕」（ある出来事が起こった原因を過去の行いによるものと信じる傾向）と「究極的公正世界信念〔Belief in Ultimate Justice〕」（不公正によって受けた損失が将来的に埋め合わされると信じる傾向）があるという（村山・三浦 2015: 2)。

内在的公正世界信念は、「悪いことをした加害者を厳しく処罰するのが筋だ」というように加害者の厳罰化に働く傾向があり、究極的公正世界信念は、「被害者は将来的に回復する（権利がある）」というように被害者の支持に働く場合もあるが、被害者と第三者に類似点がある場合、第三者は自身の公正世界信念を維持するために被害者の行動を非難する傾向もある（村山・三浦 2015)。また、第三者が犯罪加害者と同じ状況になる可能性が高いと考える場合（状況的関連性が高い場合）には、非難を回避する心理が働き、加害者に対する非難が弱まることも指摘されている（小俣 2010)。

第三者による女性性暴力被害者への非難について調査したテレサ・ケリーによると、調査協力者（二次的性暴力の第三者）は、「女性はどのように行動すべきか」という信念に従って被害者を判断しているという。そして、被害者と加害者が知り合いの場合は加害者の責任が低く見積もられ、被害時に被害者が飲酒していることで被害者がより責められるなど、被害者の「自主規制」の欠落によって被害者非難が導かれることを明らかにしている（Kelly 2009: 77–78)。ベティーナ・フレーゼらの調査でも、知人から性暴力を受けた場合は見知らぬ人から性暴力を受けた場合よりも被害者が非難されやすく、また、加害者が最も非難されにくいのは知人間の性暴力においてであることがわかっている（Frese et al. 2004: 155)。

さらに、ケリーの調査では、被害者と加害者が知人であったり、被害者が飲酒していたりする場合、男性調査協力者よりも女性調査協力者の方が女性被害者の責任を問うことが明らかになっている。つまり、女性調査協力者は被害者と同じ「女性」である自分たちが性暴力の対象とされることを恐れ、「被害者は正しく行動していれば性暴力には遭わなかったのだ」と性暴力の原因を被害者の性別ではなく被害者の行動に帰すことで、みずからの自主規制（性暴力に遭わないための正しい行動、公正世界信念）を支持しているのである（Kelly 2009: 78–79）。

調査協力者が考える自主規制は、「自分だったらどうするか」という各々の主観的な判断であり、命の危険にさらされない状態でイメージされるもので、「私だったら一度会っただけの人を家には招かない」「私は露出の多い服装で夜道を歩かない」など、個々人が考える暴力回避行動に基づいている。第三者が思い描く「自主規制」から外れる行動を性暴力被害者がとるとき、被害者は性暴力を防ぐことを放棄したと見なされ、性暴力は加害者の責任ではなく「被害者の失敗」だと考えられてしまう（Alicke 2000; Miller et al. 2007）。

性暴力の原因を個人に帰さない状況非難や社会非難は、性暴力を許容するような価値観や風潮、被害者や加害者が置かれた社会的弱者性を指摘する際には有効だ。しかし、第三者のもつ公正世界信念の強さや状況的関連性・対処可能性に関する考えによっては被害者非難につながり、個々の性暴力の責任を見えにくくする点で性暴力を不可視化する危険性をもっている。

二　象徴的意味とスティグマ

ここまで、性暴力が不可視化されるときに使われる通念やその矛先を見てきた。これは、人々（ときには被害者自身も含む）が性暴力や性暴力被害者についてもっているイメージと性暴力被害者の行動や性暴力の原因を照らし合わせ、性暴力を「なかったこと」や「ではなかったもの」として扱うものだ。しかし、「性暴力被害に遭ったこと」が第三者に認められさえすれば被害者非難や被害を開示する苦悩が消えるというわけではない。性暴力被害に遭ったことやその影響を疑問視されるのとは異なり、「性暴力被害者である」と知られることに付随する苦悩があるのである。本節では、性暴力や被害者についてのイメージと現実のずれから生じる苦悩とは異なる、「性暴力被害者であることの苦悩」を明らかにするために、性暴力（被害者）のスティグマについて考察していきたい。

スティグマとは何か

ある現象の社会的意味づけや、ある人の社会的カテゴリーに対する差別や暴力についての研究に、「スティグマ」研究がある。「スティグマ」という概念を用いた研究は、特に社会学や心理学、医学の領域において深化してきたが、理論のみならず国連などの政策の場においても重要概念として認められている。

アーヴィング・ゴッフマンによると、スティグマとは「それさえなければ問題なく通常の社会的交渉で受け容れられるはずの個人に出会う者の注意を否応なく惹いて顔をそむけさせ、彼にある他の好ましい属性を無視させるような」性質のものであり、スティグマには大きく分けて、「肉体のもつさまざまの醜態」（肉体上の奇形）、「個人の性格上の欠点」（意志薄弱や不正直などと人々に知覚される精神疾患や依存症など）、「集団に帰属されるもの」（人種、民族、宗教など）に付与されるものがあるという（Goffman 1963=2001: 18–19）。

しかし、「スティグマのある者」や「常人」などというものが歴然と存在するのではなく、両者は

「視角」によって区別される（Ibid.: 231）。つまり、「肉体の醜態」や「個人の性格上の欠点」、「集団に帰属される」好ましくない性質があるからといって、その人がつねに人々から「顔をそむけ」られるわけではないし、何を「欠点」と考えるかは、スティグマ化されうる人とスティグマ化しうる人の関係性や文脈の中で生まれるのである。また、ある個人がスティグマ化されうる社会的カテゴリーにいくつも属していたり、そのような身体的・性格上の特徴をいくつももっていたりして、複合的にスティグマ化されることもあるだろう。

スティグマの定義はこれまでさまざまに議論されてきたが、スティグマを実体とは見なさず、スティグマをスティグマたらしめる視点や関係性に注目する見解は共有されている。例えば、グレゴリー・エリオットらはスティグマと対話の関係性に注目し、個人の能力や行動に照らし合わせてその人を対話不能者と見なす（対話から排除する）ものをスティグマと呼んだ（Elliott et al. 1982）。エドワード・ジョーンズらは、社会規範から逸脱する徴《しるし》がその徴の担い手の信用を傷つけるような性質をもつときにその人はスティグマ化され、ひとたび逸脱の徴が付くと、その人の言動はその人の個性そのものではなくスティグマ化された性質に従って解釈されると考え、その機能に注目した（Jones et al. 1984）。ジェニファー・クロッカーらは、スティグマ化されうる人々は、特定の社会的文脈の中で格下げされた社会的アイデンティティを示すような性質をもっているとしている（Crocker et al. 1998）。

ブルース・リンクとジョー・フェランは「スティグマ」を定義することを試み、「スティグマ」が生まれる文脈を説明している。すなわち、「人々は差異を認識し、ある人をラベリング」し、「支配的・文化的信念が強く影響してラベリングされた人々を望ましくない特性に関連づけ」、「ラベリングされた人や集団を自分たちとは異なるカテゴリーに位置づけることで、「私たち」から「彼ら」を切り離し」」、その結果、「ラベリングされた人は、さまざまな不平等によって地位の喪失と差別を経験する」(Link & Phelan 2001: 367)。そして、そのさまざまな不平等の結果は、それを経験する人がスティグマを保持しているからこそ起きたものと考えられ、スティグマ化された人が不平等を被ることが是認されてしまう。

スティグマに類似する概念には、「ステレオタイプ」「偏見」「差別」などがある。ステレオタイプとは「〔ある〕カテゴリーに含まれる人が共通してもっていると信じられている特徴のこと」であり(上瀬 2002: 2)、国籍や人種、性別や職業などさまざまな社会的カテゴリーと結びついた固定観念である。ある状況をいち早く把握するためには、集団のアイデンティティを単純化して分類することが必要な場合もあることから、ステレオタイプは必ずしも否定的なものではなく、イメージの集合体を指す言葉であると考えられる(McGarry et al. 2002=2007)。上瀬由美子は、ステレオタイプを上位概念とし、ステレオタイプに含まれる否定的な評価や感情を伴うイメージが「偏見〔Prejudice〕」であると説明する。また、「差別〔Discrimination〕」は偏見やステレオタイプが具体的に否定的な行動となったものであるという(上瀬 2002: 7, 9)。

こうした類似概念と比較すると、「スティグマ」が特異なのは、差別や暴力を是認し、スティグマ化された人をコミュニティや対話から排除する根拠になるというメカニズムを含んでいる点においてである。これまで、性暴力の否定的な意味づけ、例えば「性暴力被害者」が「脆弱で無力だ」などと見なされることを「象徴的意味」と表現してきたが、スティグマは、性暴力や性暴力被害者に付与される象徴的意味そのもの(Stigma＝名詞としてのスティグマ)と、その象徴的意味を性暴力被害者が対話から排除される根拠とする機能(Stigmatize＝動詞としてのスティグマ化)を、同時に指し示す概念だといえる。

つまり、スティグマ化とは、特定の社会的文脈の中で、ある社会的カテゴリーが否定的な意味を象徴するものだと考えられたり、そのカテゴリーに属す人々の行為や思想、その人が何者であるかといったその人のアイデンティティまでもが象徴的意味／スティグマによってすべて説明しうるものと見なされたりして（原因帰属され）、その人に対して差別や暴力を向けることがその象徴的意味／スティグマゆえに是認されるメカニズムのことである。これに従えば、「性暴力被害者である」ことが「脆弱」「無力」「恥」といった否定的な意味を象徴するものと見なされるとき、性暴力被害者は性暴力被害に遭ったという事実をもって「触れてはいけないもの」や「対話不能者」、あるいは、それだけで説明できるものと考えられてしまうといえる。そのうえ、このような象徴的意味／スティグマは支配的・文化的信念によって構築されるために、「性暴力被害者」という社会的カテゴリーがこのようなスティグマと結びつくときにはすでに、「性暴力被害者である」ことは象徴的意味／スティグマゆえに他者から差異化されているように見え、象徴的意味／スティグマゆえに性暴力被害者をコミュニティや対話から排除することが是認（スティグマ化）されてしまう。

セルフ・スティグマ

しかし、スティグマは、スティグマ化されうる人と他者とのやりとりの中だけで生まれるものではない。スティグマによってその人のすべてを説明しうると考える原因帰属は、スティグマ化された個人の内部にも生まれる（Vogel et al. 2013）。

スティグマ化された人がそのスティグマをもって自分自身を捉え、語るような現象は、「内面化されたスティグマ〔Internalized stigma〕」や「セルフ・スティグマ〔Self-stigma〕」などと呼ばれている。スティグマとは、そもそも誰から見ても「スティグマ」だとわかるような実体として存在しているわけではなく、スティグマなる実体を自分の中に取り込んだりそれだけを排除したりすることができるような類のものではないことを加味するならば、スティグマ化されうる人がもちうるスティグマにも、名詞としてのスティグマ（Self-stigma＝セルフ・スティグマ）と、動詞としてのスティグマ化（Internalize stigma＝スティグマの内面化）があるといえるだろう。つまり前者は、スティグマ化された社会的カテゴリーが象徴すると考えられている意味づけに全面的に同一化することである。例えば、「性暴力被害者」という社会的カテゴリーが「汚れている」などという象徴的意味と結びついているとき、被害者が自分自身を「汚れている」と表現することである。そして後者は、スティグマの機能を指すもので、スティグマ化された人が、スティグマゆえに社会から排除されることを「仕方ない」とあきらめたり当然視したりすることだといえるだろう。

性暴力被害後に「汚染感」を語る性暴力被害者は多い。例えば、強姦被害にあった小林美佳は、「事件後は自分が汚れてしまった」「みんなが私のことを汚いと思って見てる」と感じ、まるで自分が「社会の異物」や「社会の邪魔者」のように感じられたと語っている（小林 2010: 10, 22）。このような汚染感は、特に性暴力被害者に顕著であることもこれまでの研究で明らかになっており（Fairbrother & Rachman 2004; 石川 2012b; Badour et al. 2014）、性暴力被害者のスティグマ化（第三者による被害者のスティグマ化と被害者自身のセルフ・スティグマ／スティグマの内面化）が実際に被害者を苦しめ、被害者を社会から排除しているといえる。

セルフ・スティグマ／スティグマの内面化は、スティグマ化されうる社会的カテゴリーに属する

表5　ブルアールとウィルズによるスティグマの内面化の助長・抑制因子

因子	指標	例
社会的因子	ジェンダー構造	HIV／エイズ感染者のジェンダーと社会意識
	ホモフォビア	同性愛嫌悪の有無
	無罪と有罪の判断基準	感染に関する罪意識や善悪につながる神話など
	人種と階級	感染者の人種や社会的階級
文脈的因子	支援的環境	支援的なネットワークや公的支援へのアクセスの有無
	力関係	感染者とその家族との力関係があるか否か
	生活環境	感染者の経済状況や家族への経済的依存度
個的因子	健康状態	健康状態はどの程度深刻な状態か
	自己受容	感染者である自己を受容できているか否か
	意味システム	感染という経験をどのように意味づけしているか
	教育レベル	感染者の教育レベルや感染症に関する知識
	レジリエンス	困難なことに対する感染者の対処能力

注）ホモフォビア：同性愛や同性愛者を嫌悪したり恐れたりすること
出典）Brouard & Wills（2006）をもとに筆者作成

人々が置かれた社会的環境や文脈、人々がもともともっている資質によって助長されたり抑制されたりすることがわかっている。

ＨＩＶ／エイズ感染者のセルフ・スティグマについて分析しているピエール・ブルアールとキャロライン・ウィルズは、ＨＩＶ／エイズ感染者がスティグマを内面化するとき、「社会的因子〔Social factors〕」「文脈的因子〔Contextual factors〕」「個的因子〔Self factors〕」の三つの次元の因子が影響するとしている（Brouard & Wills 2006. これをまとめたものとして、表5を参照のこと）。ブルアールとウィルズによると、社会的因子にはジェンダーや有罪・無罪の判断基準（善悪の価値基準）、人種・階級などが含まれ、歴史や法制度、ジェンダー構造など個人がすでに置かれている状況を指す。文脈的因子には支援制度や支援的環境などが含まれ、個人と他者（周囲の人々）との関係によって構成される。個的因子には、個人の健康状態や自己受容度、個人の精神世界や教育レベルなどが含まれ、個人の資質を指す（Ibid.: 6）。

ここで、社会的因子や文脈的因子、個的因子が相互にかかわっている点には注目すべきだ。例えば、内閣府男女共同参画局の調査では、性交を強要された後に「生活上の変化」があったという女性被害者は五九・八％で、「心身に不調をきたした」（二四・八％）だけでなく、「異性と会うのが怖くなった」（一六・二％）という対人恐怖、「夜、眠れなくなった」（一四・五％）、「外出するのが怖くなった」（八・五％）といった生活への影響、仕事や学校を休んだり転居したりといった生活様式の変化（一二％）が報告されている（内閣府男女共同参画局 2015: 65）。性暴力の心身への影響が二次的に被害者の生活リズムを変えたり、行動範囲を制限したりしているのであり、それが被害者と他者の支援的関係を希薄化し、セルフ・スティグマ／スティグマの内面化を助長してしまう。

また、性暴力は被害者の他者への信頼や他者との恋愛関係・性的関係の構築に大きな影響を及ぼすこともある。例えば、警察官であった板谷利加子は、性暴力被害者との手紙のやりとりの中で被害者が愛について次のように語ったことを記している。

> 性というのは、愛と一番近い場所にあります。〔中略〕その「愛」から遠ざけられるのではないか、これからは無縁なまま一生をおくらなくてはいけないのではないか。愛そのものを憎むようになるのではないかとの不安、こう思わざるをえないことがレイプ被害者のほかの犯罪、事故との大きな違いなのです。
>
> （板谷 1998: 148）

性的行為は「愛情」をはじめ、さまざまな象徴的意味と結びついている。そのため、性が暴力に利用されるとき、性暴力被害者がもっている性をめぐるさまざまな価値観や意味システムも一緒に変えられてしまう危険性がある。性暴力が被害者の幼少期に起こったり、性暴力が長期間に及んだりするときには、性暴力が愛情表現の一部だと被害者に認識されていることもあるだろう（板谷 1998; 内閣府男女共同参画局 2015）。また、対人恐怖や被害のフラッシュバックが大切な人と性的関係を構築することを不安にさせたり、実際に性的行為を中断させたりすることもあるだろう。前例の中に「〔愛に〕無縁なまま一生をおくらなくてはいけないのではないか」という記述があったように、性暴力被害者は社会から外れる孤立感とも闘わなくてはならないことがある。「愛し合っていれば性的関係に発展するのは必然だ」という一般的な社会認識に従えないもどかしさや、これから恋愛や結婚ができないのではないか、私には人を愛する資格がないのではないかという不安、希望しているのに将来子どもをもたないまま老いていくのではないかという恐怖など、社会の「あたりまえ」（社会的因子）と自分の状況との乖離が、「私だけおいてけぼりにされる」という不安や孤立感を高めることもある。(8)

性暴力被害者の苦悩を理解していくためには、このようなスティグマとその内面化の相互関係やそれが広範囲に及ぼす影響にセンシティブであるべきだろう。

（8）このような心身の負担や生活・価値観への影響から回復するための手段として、自傷行為やアルコール摂取を日常にしている被害者も存在する。性暴力被害者のアルコール依存や薬物依存の割合が高いことも指摘されており（Kilpatrick & Aciemo 2003）、性暴力の影響がそれだけ苦しく長期に及ぶ可能性があることを示唆している。

三　性暴力の概念化と被害者のスティグマ化

先に見たセルフ・スティグマ／スティグマの内面化を助長したり抑制したりする社会的・文脈的・個的因子は、表5に挙げたもの以外にも多様に考えられるだろう。そのため、ある人のスティグマ化とその人に対する性暴力の不可視化との関係を考えるとき、スティグマ化されうる人とスティグマを付与しうる人の相対的な関係性に十分に注意を払うべきだ。「スティグマ」が実体ではなく人々の関係性の中で生まれるものならば、「性暴力被害者」という社会的カテゴリーや「性暴力に遭った」という経験そのものがつねに「恥」や「無力」なものとして他者から差異化されるわけではないし、誰もが「性暴力被害者」をスティグマ化するわけではない。この「スティグマの相対性」に着目すれば、性暴力被害者をスティグマ化したり、スティグマによって性暴力を不可視化したりすることのないような人々の関係性を模索し、提案することも可能なはずである。

本節では、本章第一節・第二節で検討した性暴力の不可視化のメカニズムを踏まえ、性暴力の概念化とスティグマ化、そしてスティグマ化の打開の歴史を辿ってみたい。歴史を追う過程では、そもそも「性暴力という問題」が存在しなかった時代や、社会の「性暴力像」と被害者の現実が異なるために被害者が声を上げられなかった時代、そして、性暴力の象徴的意味／スティグマの大きさに被害者が圧倒されてきた時代が見えるだろう。それと同時に、「性暴力という問題」を浮かび上がらせ、被害者の置かれた状況を明らかにしようとした実践も見えてくるだろう。

性暴力や性暴力被害者のイメージ、性暴力の象徴的意味や被害者のスティグマ化の変遷について歴史を追うことで、「性暴力被害者である」ことが象徴する意味とは何か、それはどのような支配的・文化的信念に依拠しているのか、そして、それは今も維持されているのかを考察し、過去と現在の性暴力被害者の苦悩を明らかにしたい。

「社会的法益」あるいは「私有財産の侵害」としての性犯罪

性暴力が被害者の視点で語られるようになったのは近年のことである（宮地 2008）。では、それ以前はどんな視点から性暴力が語られていたのかというと、性暴力が起きることで名誉や地位が傷つけられると考えられた国家や社会一般の「風紀・風俗」、そして被害者の家族の視点である。

例えば、刑法の強姦罪の保護法益は今でこそ「被害者の性的自由」だと考えられているが、戦前は「社会的法益」に重きがおかれていた。すなわち、性犯罪は個人に向けられる暴力ではあるものの、社会の秩序や風俗を乱すもの（だから罪）だとも考えられていたのである。

高島智世は、戦前の学説において「夫婦間に強姦罪は成立しない」と考えられた背景を分析し、戦前の「性犯罪」概念には、性犯罪を「暴力」としてではなく「逸脱」として処罰対象とするまなざしがあったと指摘する。つまり刑法の「性犯罪」は、生殖を基盤とする男女の性交を「正常な性的行為」としたために夫婦間の強姦罪を原則認めず、それ以外の性的行為を「逸脱」として抑制するような効力をもっていたのであり、被害者個人に対する暴力の影響や個人の権利への侵害だけでなく、「異常な性的行為」をも規制していたという（高島 1998: 191）。例えば、女性の婚外交渉（姦通罪[9]）や未成年との性的行為（旧刑法では、一二歳未満との性的行為は本人の同意があっても強姦罪が適用された）は「異常な性的行為」に分類され、処罰の対象になった。また、刑法に規定されてはいないが、当時、性犯罪を社会的法益に対する罪とする思想・信念があったことも明らかである。例えば、第二次世界大戦中に日本女性の「集団自決(強制集団死)」が起きた原因の一つには敵国の軍人による性暴力を恐れたことが挙げられるが、そこには個人に対する身体的・精神的暴力や性暴力への恐怖だけでなく、国家の名誉を遵守する意識と国や社会単位の恥意識があったことも示唆されている(坂元 2005; 謝花 2008)。

このような国家的法益あるいは社会的法益に対する罪としての性犯罪は、戦後もしばらくの間は被害者の苦悩や被害者の権利侵害としては十分に認められなかった。戦後は刑法が性的逸脱を規制するという側面は薄れていくものの、公私分離が確立される中で「家庭への公権力の不介入」(高島 1998: 193)という論理が導き出されたために、性犯罪は国家や社会ではなく、父や夫である「家父長」の「私有財産である娘・妻に対する権利」の侵害と考えられた(中里見 2000: 27)。つまり、性犯罪は家を治める男性たちがその私有財産である女性たちを守ることができなかったという面目や名誉の問題だった。まさに同じ理由で、家庭内の暴力は、長年「政治的問題」とは見なされず、「夫婦間強姦は成立しないし、夫婦間暴力も犯罪ではない」と考えられてきたという(同前: 27)。付け加えるならば、近親姦が長らく問題にならなかったのも、彼女たちが家父長の「私有財産」と考えられていたからだといえる。

この公私分離(公私二元論)、すなわち、「公権力は私的領域に介入すべきではないし、そこに公権力が介入するほどの政治的問題は存在しない」という考えに異議を申し立て、従来の「性犯罪」を被害者視点の「性暴力」へと概念化していったのが一九七〇年代に広がったウーマン・リブやフェミニズムの運動である。これらの運動が「性暴力」を概念化していく過程にはいくつかの戦略があるため、以下、必ずしも時系列ではないが、その時々に使用されたキーワードとともに議論を整理していこう。

「女性に対する差別」と「女性に対する暴力」

ウーマン・リブやフェミニズムという言葉からもわかるように、これらの運動の根底にあったのは、女性たちが経験している問題が重要な（政治的な）問題とは見なされないこと、あるいは、問題となるときは名誉や恥の問題であることが強調されることに対する批判である（江原 1985）。つまり、女性たちが抱える問題が「たわいもないもの」や「些細なこと」として公の下に私を配置する構図の中で不可視化されていることや、自分たちの問題を自分たちの言葉で訴えることができない状況を問題化したのである。フェミニズム運動において使用された「個人的なことは政治的なこと」というフレーズは、女性たちが日常的に抱えていた些細な疑問や苦悩を個々の経験としてではなく「女性たちが抱える共通課題」として浮かび上がらせることを意味している。そして、その共通課題を私的領域にとどめて不可視化することなく、女性の人権を認め、公と私の領域のつながりを明らかにすることを目指した。

「女性たちが抱える共通課題」を「女性に対する差別」と世界的に明文化したのは、一九七九年に第三四回国連総会で採択された「女子に対するあらゆる形態の差別の撤廃に関する条約〔Convention on the Elimination of All Forms of Discrimination against Women〕」＝「女子差別撤廃条約」である（一九八一年発効、

（9）一八八二年に旧刑法にて施行された刑罰で、既婚女性が配偶者以外の男性と性的行為に及ぶことを禁止し懲役を科すものだが、既婚男性が配偶者以外の女性と性的行為に及ぶ場合には適用されなかった（一九四七年に廃止）。

一九八五年日本批准)。女子差別撤廃条約制定の前後では、「機能平等論」の克服が運動の目標に掲げられた(辻村・金城 1992)。機能平等論とは男女の特性を前提とした平等論で、「女性は弱いから守らなくてはならない」などと女性を保護対象としたり、「女性は感情的だから政治には向かない」などと男女の特性を前提として性別役割を固定したりして、性別による役割分担こそが平等であるとするものである(金城 2011)。「家事は女性がすべきものだ」「出産・育児は女性の問題」といった性別役割が与えられることで、「女性」は「母性」や「愛」といった特性をもつものとして構築され、労働や出産についての自己決定権を剝奪されてきた。それを「性差別」として批判し、性別に固定された特性(ジェンダー)や性別役割からの解放が求められた。

日本において、機能平等論の克服を目指す際の中心的課題となったのは「労働」と「生殖」である(あるいは「生殖」も「家事労働」の下位概念であったといえるだろう)。ウーマン・リブやフェミニズムは、女性に課された「妻」や「母」としての役割を疑問視し、「愛」の名の下に強いられる家事や性的行為を女性への「抑圧」として問題化した(田中 2007: 100)。女性は家庭に居座るべきものとする性別役割を批判し、女性の労働する権利と、家事を「労働」と見なすことを主張すると同時に、女性が公的領域に進出する際に問題となる「(いつ)子どもを産むのか(産まないのか)」という生殖の管理と、夫婦であれば「当然の義務」と考えられていた夫婦間の性的行為のあり方を問題提起したのである。

日本のウーマン・リブは、女性たちの共通課題である「性差別」を可視化する中で、一方的に快楽を求められるだけの性と「子ども生産機」としての生殖のどちらも批判し、それに代わるものとして「コミュニケーション」としての性的行為を主張した(同前: 99)。今となっては、日本のウーマン・リブは性別役割から解放されるという意識改革に重点を置き、具体的に何がコミュニケーションとしての性的行為なのかを示してこなかったことで、「ロマンチックラブ・イデオロギー」に回収されうる危険性を孕んでいたことが批判されている（同前：104）。しかし、性的行為に「コミュニケーション」という意味をもちこむことで、性的行為が行為主体の対等な関係をもって行われるべきだという考えが生まれたことは、すなわち対等ではない性的行為を「暴力」として概念化する背景になったといえるだろう。

性役割や性差別といった女性たちが抱える構造的な問題が議論される中で、「女性に対する暴力」の具体的な内容も議論されるようになる。夫婦間の性暴力やＤＶ、セクシュアル・ハラスメントや近親姦など、それまで暴力と考えられてこなかった出来事についても、個々の経験が「女性に対する暴力」として問題化され、一九九三年の第四八回国連総会では、「女性に対する暴力の撤廃に関する宣言」が採択された[10]。この頃から「性暴力」という用語も普及し始め、「性暴力問題」への関心も高まっていく（田中 2011b）。国際的な会議の場において、女性に対する暴力は、長い間「公」の政治的問題としては扱われてこなかったが（クープ 2012）、土佐弘之が指摘するように、一九七〇年代に広がった「公私二項対立の脱構築」というウーマン・リブやフェミニズムの思想が「暴力の問題にも適用され」、制度や意識の変革につながったといえる（土佐 1999: 76）。

（10）「女性に対する暴力の撤廃に関する宣言」では「ジェンダーに基づく暴力〔Gender-based Violence〕」という用語も使用された（UNIFEM et al. 2005）。同宣言において「女性に対する暴力」とは、身体的・性的・心理的苦痛となる暴力やその強制であり、それらが公私のどちらで起こるかを問わないとされている。

女性に対する差別や女性に対する暴力が可視化された一九七九年の女子差別撤廃条約から一九九四年のカイロ国際人口開発会議（International Conference on Population and Development）までの期間にさかんに議論されるようになった概念に、「リプロダクティブ・ヘルス／ライツ」がある。[11] リプロダクティブ・ヘルス／ライツは「性と生殖に関する健康・権利」とも訳され、もともとは生殖をめぐる権利の獲得を目指すものだったが、それが性にまつわる事柄に関する権利へと拡大され、[12] 性的行為における主体の平等と、性行動や性意識に関する自己決定のあり方を問いかけたことは重要である。

これまでに見てきた通り、性暴力は性差別の一形態として認識され、特に「女性」という性に向けられる暴力（ジェンダーに基づく暴力）として概念化されてきた。リプロダクティブ・ヘルス／ライツという概念の導入により、性暴力が個人の権利の視点から捉え直されることで、被害者の「同意」の有無や「性的行為を断る権利」のあり方が議論されるようになった。これによって、リプロダクティブ・ヘルス／ライツ、すなわち性と生殖に関する自己決定権という概念は、「女性に対する暴力」を加害者視点の「暴力的な性的行為」から被害者視点の「暴力そのもの」へとパラダイム転換したのである。

例えば、嶋津格は、一九九五年に沖縄で起きた米軍人たちによる少女集団強姦事件[13]をめぐる米軍司令官や日本の報道機関の反応には、性暴力を加害者の「暴力的な性的行為」とする解釈があったことを指摘している。この事件を聞いた米軍の司令官は、加害者たちが犯罪にレンタカーを利用したことから、その費用を「買春」に利用すればよかった（買春すれば被害を防げた）といった旨の発言をし辞任に追い込まれたが、それに対する日本の報道は、司令官が「買春」を容認したことに対する批判と、「買春でレイプが防げるという理解が、事実認識として誤り」であることを指摘するものに集中し、的外れな議論を展開したという。つまり日本の報道機関は、少女の性的権利が侵害されたという重大な事件が、加害者の性的行動の一つとして「買春」と同列に扱われたことについては十分に批判しなかったのである（以上、嶋津 1998: 132）。

この点を補足するものとして、高島智世の指摘は示唆に富んでいる。高島は、刑法の性犯罪が加害者の性的意図を犯罪要件とする傾向犯と考えられてきたことを理由に、刑法の解釈枠組みにおいて、強姦と強制わいせつは「被害者側の性的自由を侵害する「暴力の下位カテゴリー」としてではなく、加害者側の「性的欲望」が基準とされることで、「性的行為の下位カテゴリー」として解釈され」て

（11）それ以前にも、リプロダクティブ・ヘルス／ライツの基盤となる概念はいくつか存在している。一九六〇年代後半には「女性の健康」運動が始まり、一九六八年の第一回国際人権会議で「リプロダクティブ・ライツ」が採択されている（JICA 2004: 4）。また、生殖を中心とした女性の性的自己決定権を求める「リプロダクティブ・フリーダム」という概念もあり、リプロダクティブ・ヘルス／ライツの基礎概念となっている（拓殖 2000）。

（12）リプロダクティブ・ヘルス／ライツには、生殖にかかわる権利だけでなく、身体や性器を管理する権利、「セクシュアリティを保全し選択する権利」、「性行動を選択し決定する権利」などのセクシュアル・ライツも含まれる（浅井 2000: 74–76）。ただし、リプロダクティブ・ヘルス／ライツについては、国や宗教によって「優生思想や中絶」につながることへの懸念や同性愛者に対する見解の相違があり、概念の解釈をめぐる議論が続いている（JICA 2004: 2）。

（13）沖縄県に駐留していた三名の米軍人が当時一二歳だった少女を拉致し、集団で強姦した事件で、日米地位協定の下、実行犯である米軍人の日本への身柄引き渡しが断念されたため、地位協定のあり方が疑問視され、大きな抗議運動につながった（高良 2007）。

いると指摘する（高島 1998: 180）。つまり、加害者の性的欲望が犯罪要件の軸となる限り、「性的行為のカテゴリー」の中に「違法ではない性的行為」と「違法となる「性犯罪のカテゴリー」」が位置づけられるにすぎず（同前：180）、被害者の視点は失われてしまうのである。

このような加害者視点の性犯罪解釈に対して個人の「性的自己決定権」という考えが取り入れられたことで、性暴力は社会一般の「風俗を乱すもの」でも、規範から「逸脱する恥」でも、社会や家系に泥を塗った「被害者の落ち度」でもなく、被害者の人権の問題として考えられるようになったといえる。しかし、被害者の性的自己決定権は、性暴力の所在（それが性暴力であったか否かと、性暴力の責任）を被害者の意思にゆだねるという意味においては「被害者の落ち度」や責任を追及するものとしても利用される危険性があり、次に見るように慎重に議論されるべきものである。

まず、性的自己決定権が性的行為の主体の関係性にかかわらず、性的行為のつど発生する権利であるという考えが十分に浸透しなければならない。そうでなければ、過去に一度性的行為の対象として自己決定した相手とのすべての性的行為が、自己決定した主体の責任に帰される危険性がある。例えば、夫婦間の性暴力は、「自己決定で夫婦になった」ことと「夫婦間においては性的行為があることが通常である」という通念ゆえに「暴力」と認められにくく、法的な処罰対象とするか否かが争点になりえてしまう（高島 1998; 性犯罪の罰則に関する検討会 2015）。これはつまり、結婚後の夫婦間の性的行為が「結婚する」という自己決定の下位に位置づけられていることを意味する。そのため、DVの被害者や夫婦間の性暴力について、「なぜ結婚したのか」「なぜ離婚しないのか」といった被害者の結婚に対する自己決定権（もっと正確にいえば、結婚相手を自己決定する能力や責任）が問われてしまうのである。

そして、性的自己決定権が慎重に扱われなくてはならないもう一つの理由に、自己決定する主体の能力や権利ばかりが強調される中で、その決定権がどこまで認められるのか（認められたのか）についての議論がおろそかになる危険性が挙げられる。決定権を与えるということは決定した主体に決定の責任を求めることでもあるが、江原由美子が指摘したように、その「決定」がどのように解釈されたのかに留意しなければ、被害者の同意の有無にのみ性暴力の所在がゆだねられてしまう（江原 2000）。「被害者が同意すれば和姦、拒否すれば暴力」という判断基準は一見シンプルで、被害者の立場に寄り添った考え方だと思われる。しかし、その「同意」と「拒否」がどのような形で認定されているのかを問わなくては、被害者に不利益となる解釈が「事実」として認識されてしまう。例えば、性暴力被害者が被害後に「沈黙」することはこれまで、性的行為に「同意」したものと見なされてきた。「暴行又は脅迫」が証明できない限り、そして被害者が加害者に十分に抵抗しない限り、さらには、それを被害者が訴えない限り、出来事は性暴力ではなく被害者の「決定」や「同意」によるものと考えられてしまう危険性がある。性的行為に「被害者が同意しなかった」ことを示すのは意外にも困難なのである。加害者は、例えば「被害者は妻だったから同意したと考えた」「被害者がホテルに一緒に入ったので同意だと考えた」というふうに、被害者と加害者の関係や被害者の行動についての加害者の解釈に触れながら出来事の「性暴力性」を否定する。そして、その解釈が社会一般の性的行為に関する通念やレイプ神話に一致すればするほど、それは「性暴力」として認識されにくい。

高島は、自己決定権をすでに意味づけられた枠組みの中でしか発動できないとき、それは単に「自己選択権」にすぎないとして、「自己定義権」を含めて自己決定権を解釈する必要があると指摘する（高島 1998: 197）。例えば、結婚するか否かを決めるだけではなく、結婚とは何なのか（夫婦間の性暴力に焦点化すれば、婚姻関係に性的行為を含むのか否か、いつ性的行為を行うのかなど）を個人が定義する権利である。自己定義権という考え方は、第三者が社会通念に大きく影響されて性暴力を不可視化するとき、それを第三者による二次加害として、その解釈そのものを「暴力」の一つに組み込むことを意味している。すなわち、第三者が性暴力を「些細なこと」や「大したことではない」と定義づけることを被害者の定義権の侵害と捉えて「性暴力」とするとき、性暴力被害者は、自身に起きた「性暴力」とその影響を定義し、回復までの時間や道のりをどう生きるのかを決める権利を獲得できるのである。

「被害者の苦悩」としての性暴力

ここまで、性暴力が被害者の権利侵害として位置づけられるようになった過程を見てきたが、性的自己決定権の主張だけでは性暴力を「暴力」ではなく「暴力的な性的行為」と認識するような解釈からは解放されえない。なぜなら、権利を主張することはつねに支配－被支配関係の被支配者に求められ、被害者は不平等な立場にあるにもかかわらず、被害者が権利を権利として主張し、暴力を暴力だったと論理的に証明しなくてはならないからである。被害者は被支配者でありながら差別や暴力を告発し続けなくてはならないという、それ自体が不平等な構造へと追いやられやすく、また、被害者への差別や暴力が不可視化されていたり当然視されていたりする場では、江原が述べるように、暴力を告発する際に加害者側に暴力性を見出す被害者の恣意性が問われ、被害者は告発の責任を背負わざるをえない（江原 1985）。

ここで求められているのは「被害者の立場」への視点ではなく、「被害者の苦悩」への視点である。性暴力が論理的に語ることのできる程度のものとしか位置づけられないときには、被害者の決定権だけでなく、決定を困難にするほどの性暴力の重さや衝撃が問われなくてはならないし、性暴力を論理的に語ることができるのであれば被害は大したことはなかったか被害者は完全に回復したなどと考えられてしまうときにも、被害者がどれだけの苦悩を乗り越えてきたのかが注目されなくてはならない。

例えば、性暴力が「大したことではない」「よくあること」などと扱われてきたのは、被害者の定義権が侵害されていたからだけでなく、ときには死にも至るようなその暴力性や影響が認識されてこなかったからである。[14] 強姦や強制わいせつとして告訴されるものは氷山の一角にすぎないといわれるが（稲本・クスマノ 2009）、それでも日本において、わかっているだけで年に約六〇〇人もの人が強姦致死傷または強制わいせつ致死傷を被っている（法務省 2014）。被害の影響で自死する人もいる。宮地尚子は、性暴力被害者の自己決定権とともに「生存権」への注目を促しているが（宮地 2008: 40）、それは被害者の「権利」を叫ぶ力さえ奪うような性暴力のもつ力（影響）を可視化するためである。

被害者の苦悩を明らかにすることで性暴力を「合意の性的行為」ではなく「暴力」として位置づける言説的試みに、「人格」をめぐるレトリックが挙げられる。性暴力を「魂の殺人」や「社会的な死」と表現し、性暴力は被害者の人格を傷つける行為であることを主張し、被害者が受けうる精神的衝撃や被害者の生活へ及ぼす影響の大きさを明らかにする「性＝人格論」と（杉田 2003）、「人格」という概念を引き合いに出すことで、ともすれば「被害者は傷ものになる」「一生立ち直れない」と被害者を弱者化して被害者の回復する力を無化してしまうことを危惧し、性を人格の中心として捉える見方を批判する脱「性＝人格論」が存在する（松浦 1995; 上野 1998）。喜多加実代によると、「性＝人格論」

(14)　宮地尚子は、「暴力性」という言葉が「身体的苦痛」を想像させ、「殴られたり刺されたりという「痛そうな」被害だとその悲惨さが認識されやすい」ことを指摘したうえで、これまで性暴力における「恐怖」などの精神的苦痛が語られることが少なかったことを問題提起している（宮地 2005: 180）。

の支持派と反対派の双方が、性暴力被害者は身体のみならず精神的なダメージを受けうることを前提としながら、支持派は人格を「受けたダメージを正当に認定する論拠」と考えるのに対し、反対派は「〔性暴力の〕ダメージを被害者が受けねばならない理不尽さ」に問題意識を置くという（喜多 2005: 14）。脱「性＝人格論」の考え方は、「性＝人格論」が陥りやすい被害者の弱者化や無力化を回避し、「性暴力を受ければ傷ものになる」といった性暴力被害者のスティグマ化を拒絶するという点では重要なものである。しかし、性暴力によって受けうるダメージや被害者のスティグマ化を拒絶する脱「性＝人格論」は、個人が人格と性を切り離したり結びつけたりすることや、レイプ神話を管理することで性暴力の暴力性を回避できるといった議論にもつながりやすい。性の意味づけや人格の管理は整然と行われるものではない。「あれは性暴力だった」と論理的に説明することはさまざまな苦悩の克服の上に成り立つことが十分に理解されて初めて、定義権を含む被害者の権利が効力を発揮するのである。

以上見てきたように、性暴力や被害者に結びつけられたスティグマはさまざまな運動によって問題化され、変革が試みられてきた。こうした試みが性暴力被害者の周囲の人々に十分に浸透しておらず被害者が二次加害を受けるような状況はいまだ存在するが、性暴力の解釈や被害者の権利についての議論が発展してきたことは確かだ。しかし、「性暴力被害者」は一枚岩ではない。次章では性風俗従事者に着目し、性暴力被害者の中にある差異と序列を踏まえて性暴力の不可視化のメカニズムを検討していきたい。

第二章　性暴力被害者の差異と序列

性暴力が可視化されるためにはいくつかの段階が必要であるし、性暴力が不可視化される背景には被害者非難や性暴力被害者のスティグマ化、被害者自身による自責もある。しかし、そこで語られる「被害者」は一枚岩だ。第一章では、あえて「性暴力被害者」というカテゴリーを単純化した形で性暴力の不可視化と被害者の苦悩との関係を考察したが、本章では性暴力の不可視化と被害者がさまざまに属す社会的カテゴリーとの関係を整理することで、「性暴力被害者」の中にある差異と序列について考えたい。

一　社会的尊敬度と性暴力の不可視化

これまで見てきたレイプ神話や被害者非難についての先行調査からは、性暴力被害者がもちうる性質や被害者の属するある種の社会的カテゴリーが性暴力の不可視化に密接にかかわっていることが明らかになっている。

例えば、第三者により性暴力の信憑性が問われるとき、被害者の被害時や普段の外見が影響することがわかっている（Frese et al. 2004）。「性暴力」という言葉がまだ浸透していなかった一九八〇年代の調査では、男性を性的に刺激する服装をして出かける女性は「みずから災難を招くようなものだ」と考える男性は六一・四%、女性は六三・〇%も存在している（大淵ほか 1986: 4）。また、二〇〇〇年代に入ってもなお、「レイプされる女性は、服装や行動に何らかの問題がある」を支持する回答は一九・〇%存在する（福富 2000: 212）。

さらに、新聞・雑誌などのメディアによる「強姦事件」の描き方を分析した四方由美は、強姦事件の記事には「〔被害者は事件の〕①落度を問われる、②〔被害者の〕容姿に言及される、③〔被害者の〕生活の様子、男性関係、交友関係に言及される」という三点の特徴があり、被害者の異性関係や素行が被害者の「落度」を判断するものとして利用されやすいことを指摘し、被害者の外見や行動の派手さが強調されることで被害者が「裁かれる側に転じてしまう」ことを問題提起している（四方 2011: 56, 60）。つまり、性暴力事件についての記事は、被害者の外見や素行を（それが重大な秘密であったかのように）暴露し、それによって出来事が真に「性暴力」であるか否かを読者に問いかけているのである。

性暴力の不可視化や被害者非難と被害者の社会的カテゴリーとの関係については、「社会的尊敬度」という概念を軸にした研究も進められている。[(1)] 社会的尊敬度とは、個人の属す社会的カテゴリーや性格・言動などの性質がどれだけ尊敬されているかの度合いであり、一般的に、被害者の社会的尊敬度が低ければ低いほど性暴力の原因や責任が被害者に向けられやすい（レイプ神話・被害者非難が機能しやすい）ことが明らかになっている。

例えば、ジェームス・ルジンブールとコートニー・マリンは「夫と暮らすソーシャルワーカー」

（高い尊敬度）と「ヘロイン所持の罪から保釈されたトップレスダンサー」（低い尊敬度）について、それぞれを性暴力被害者に見立てたシナリオに対する第三者の評価を調査している（こうしたシナリオを用いた調査を以下「シナリオ調査」と表記する）。同調査において、加害者の処罰について尋ねられた調査協力者は、女性調査協力者の場合は被害者の尊敬度にかかわりなく加害者の懲役を決めたが、男性調査協力者の場合は尊敬度の低い被害者に対する犯罪の懲役（一七・六年）よりも尊敬度の高い被害者に対する犯罪の懲役（五三・七年）を長く求める傾向が見られた（Luginbuhl & Mullin 1981: 552）。スレシュ・カネカルとベナパニ・セクサリアの調査でも、コールガール（日本の「デリヘル嬢」に当たる）と学校教師を性暴力被害者に見立てたシナリオ調査で、被害者がコールガールである場合（一七・〇〇年）は、被害者が学校教師である場合（二一・四七年）よりも加害者の懲役が短く見積もられることが明らかになっている（Kanekar & Seksaria 1993: 488–489）。また同調査では、社会的尊敬度が高い被害者は尊敬度の低い被害者よりも性暴力による心理的ダメージが大きく見積もられることもわかっている（Ibid.: 553）。さらに小俣謙二は、被害者を「一般の女子学生」と「キャバクラアルバイト学生」に見立ててシナリオ調査を行い、キャバクラに勤めているという想定の学生の方が性暴力による心理的ダメージが低く見積もられ、より非難されることを明らかにしている（小俣 2013: 6）。

これら社会的尊敬度の調査の中には、尊敬度と被害者非難の間に有意の関係は見られないことを報

（1）　これは被害者の「尊敬度［Respectability］」と被害者非難との関係を分析する研究で、海外の調査では単に「尊敬度」と表記されるが、小俣謙二は「世間的価値観からみて行動や職業がその人の地位や属性に相応しい程度、あるいは尊敬される度合い」という意味を含めるために「社会的尊敬度」と訳している（小俣 2013: 2）。

告するものもある（小俣 2013）。ただし、被害者についての情報が多く、それがレイプ神話にかかわるほど被害者非難が強くなることが指摘されており（Luginbuhl & Mullin 1981）、これを踏まえれば、社会的尊敬度が文脈依存的に生成されていることがわかる。

社会的尊敬度とスティグマは相互に関係している。社会的尊敬度とは、つまり、どれだけ「対等な相手」「尊く、話を聞くべき相手」と考えられるかの程度だとも換言できるが、社会的尊敬度が低い社会的カテゴリーほどスティグマ化されやすく（スティグマ化とは対象者を「対等な対話者」の位置から引きずり下ろす機能のことであった）、スティグマ化されている性質や社会的カテゴリーは社会的尊敬度が低いと考えられやすいといえる。では、社会的尊敬度／スティグマ化の度合いはいかに決定され、なぜある外見や行動、性質や社会的カテゴリーはその社会的尊敬度が低いと考えられるのか。

スティグマがどのように生まれ、そして、どの程度助長・強化されるのかについては、エドワード・ジョーンズらの指摘が示唆的である。ジョーンズらは、ゴッフマンのスティグマについての考察をもとにスティグマ化されうる人とスティグマ化しうる人との関係性に注目し、スティグマが生まれる文脈やその強度を左右するものとして六つの「次元／因子〔Dimensions/Factors〕」、すなわち、「隠蔽性」「原因」「経過」「阻害性」「美醜の度合い」「危険性」を挙げている（Jones et al. 1984: 24–25）。

ジョーンズらによると、「隠蔽性」とは、スティグマ化されうる性質や経験をどれだけ隠すことができるかということである（Ibid.: 24）。例えば、スティグマ化されうる身体的な特徴や、服装で判断できる宗教、性別などは隠蔽可能性が低いが、経験や職業といった性質や社会的カテゴリーは、誰に知らせ、誰に知らせないかを管理・操作することがある程度可能である（Goffman 1963=2001）。

「原因」とは、スティグマ化されうる性質や社会的カテゴリーをどのように備えるようになったかということだが（Jones et al. 1984: 57）、その原因をスティグマ化されうる当事者が引き起こした場合や第三者にそのように判断される場合、その個人に対するスティグマ化が強くなる（Scambler 1984）。例えば、性別などの生得的な性質はそれを個人が変えたり選んだりすることは容易ではないが、職業や宗教、服装などはそれを変えたり選択したりする権限が個人にある程度備わっていると考えられている。そのため、社会的尊敬度が低いと見なされる社会的カテゴリーを個人が選択するとき、その選択の責任、すなわちスティグマ化されうる責任が個人の選択・決定に帰されやすいといえる。

「経過」とは、スティグマ化されうる性質や社会的カテゴリーがどれくらい不変的なものと考えられるかということである。例えばジョーンズらによると、今「歩けない」人が一生歩けないのか、あるいは一時的に歩けないのかによって、その「歩けない」という事実に対する人々の反応（「歩けない」という事実をどれほど不変的で他者との重要な差異だと受け止めるか）は変わってくる（Ibid.: 37）(2)。

「阻害性」とは、スティグマ化されうる性質や社会的カテゴリーが、対話やコミュニケーションに際して障害になるか否かということである。例えば、目に障害のある人がアイコンタクトをとれなかったり、異なる言語を話す人々が集まったりする際に、阻害性が生まれることがある（Ibid.: 45-47）。

「美醜の度合い」とは、スティグマ化されうる性質や社会的カテゴリーが快／不快をもよおす程度、あるいは美しいと考えられるか醜いと考えられるかということだ（Ibid.: 49）。例えば、身体的な傷やあざが人々の恐怖や顔を背けたい気持ちを引き起こしたり（西倉 2009）、性風俗がかつて「賤業」など

（2）ジョーンズらによると、「経過」は「原因」と密接にかかわっている。この「歩けない」人の例を使えば、「その人がどんな理由によって歩けなくなったのか」という「原因」によって、その人が今「歩けない」という事実の重みを人々がどう判断するかが変わってくるという（Jones et al. 1984: 37）。

と呼ばれたように不快や卑しさを人々に感じさせたりするとき、スティグマ化が強く働くといえる。

そして「危険性」とは、スティグマ化されうる性質や社会的カテゴリーがどれくらい危険なものだと人々に判断されるかということだが、そのスティグマ化がどれくらい他者にも起こりうるかということも危険度に大きくかかわっている（Jones et al. 1984: 65）。例えばＨＩＶ／エイズは他者に感染するため、その感染経路について間違った情報が浸透することでＨＩＶ／エイズ患者との身体接触を不快に感じたり恐れたりする人もいるが、これはＨＩＶ／エイズの危険性が人々の不快・恐怖に結びつき、スティグマ化を助長しているといえる。

これらを踏まえ、「問題化される性暴力」の序列について図を描いてみると、図2のようになる。ある人が性暴力に遭ったとき、これまでに見てきたように、「本物の性暴力」像に準ずる性暴力は「暴力」と認められやすく、その人が「性暴力被害者」だと同一化したり他者から理解されたりし、可視化されやすいといえる。反対に、「本物の性暴力」像から外れる被害は、社会の性暴力・被害者像と被害者の現実とのずれを生み、不可視化されやすい。

さらに、「本物の性暴力」像から外れる被害の中でも、例えば被害者が男性であるといった生得的な性質をもつ場合、「男性も性暴力被害に遭いうる」ということが広く認識されるようになればその性暴力被害を可視化できるが、性暴力が起きたときの被害者の行動や外見、加害者との関係など被害者がある程度管理できたのではないかと第三者に予測されるようなものは、被害者が非難されたり責任を問われたりして不可視化されやすい。性暴力被害者が性暴力に遭う前からスティグマ化されうる社会的カテゴリーにかかわっているときには、被害者はそのスティグマの機能によって信用を傷つけられ、対等な対話者の地位から外される可能性があるため（Elliott et al. 1982; Jones et al. 1984）、性暴力が

図2　「問題化される性暴力」の序列

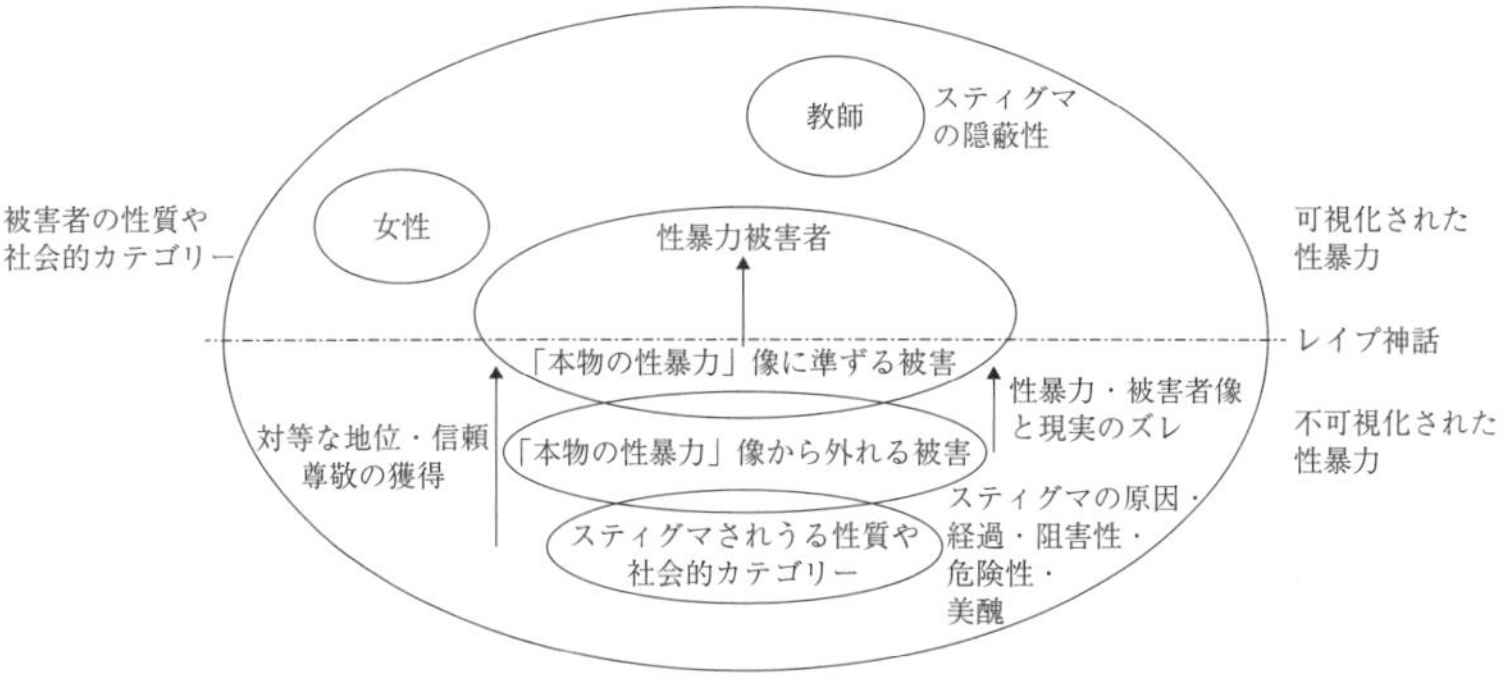

出典）筆者作成

真実であることを伝えるためには、スティグマ化されうる性質や社会的カテゴリーを隠蔽したり、自身の属する社会的カテゴリーのスティグマ化に異議を唱え、社会的な信頼や尊敬、対等な地位を獲得したりしなくてはならない。

個人は、身体的特徴や性格上の性質、人種や職業といった社会的カテゴリーなど、さまざまなアイデンティティをもっている。図2の「女性」や「教師」、「性暴力被害者」は、個人がもつそのような性質や社会的カテゴリーである。それぞれの性質や社会的カテゴリーが何かしらスティグマ化されており、個人がスティグマ化された性質・社会的カテゴリーにいくつもかかわっていることもあるが、性暴力を可視化する際に開示が必要な性質・社会的カテゴリーとそうでないものを区別して考える必要があるだろう。例えば、性暴力被害者が教師である場合は社会的尊敬度が高いため被害が認められやすく、被害者が性風俗従事者である場合は被害が認められにくいことは先に見たが、性風俗や従事者に対するスティグマがあるとき、性風俗において起きた性暴力は可視化されえない。なぜなら、性暴力を可視化する際に、それがどこでどんなふうに起きたかを明かさなくてはならなくなる可能性が高く、それが被害者の属するスティグマ化されうる社会的カテゴリーの隠蔽可能性を下げるからだ。

このようなスティグマ化されうる性質や社会的カテゴリーと性暴力の不可視化（無化、矮小化、願望化、制裁・教訓の正当化）の関係について、以下、性風俗についての議論と歴史を追って考察してみたい。性風俗従事者に対する性暴力がどのように問題化されてきたのかを追うことで、「問題化される性暴力」の序列が存在することが見えてくるだろう。

一方で、社会的尊敬度の低い職業に属する被害者やスティグマ化されうる性質をもつ被害者に対する性暴力は不可視化されやすいという序列に目を向けるのと同時に、スティグマ化と性暴力の不可視化の関係を絶対的なものとは考えない試みも必要である。そのような視点をもたなければ、スティグマを自明のものとし、スティグマ化されうる人に対する性暴力を是認し、レイプ神話やスティグマの再生産の波にのまれてしまう[3]。そのため、本章の後半では、性風俗のスティグマ化を回避する運動にも触れ、性風俗従事者に対するスティグマと性暴力不可視化の関係の相対性を明らかにしてみたい。

二　「問題化される性暴力」と「性風俗従事者に対する性暴力」

性風俗の研究においては、性風俗従事者に対する偏見や差別、暴力がこれまでも議論されてきた。例えば、性風俗従事者がみずからの「職業」や「仕事」内容について語ることはめったになく、性風俗に従事していることやその経験があることを語ることはタブー視されていることが指摘されている（Goffman 1963=2001; Arnold & Barling 2003; Tomura 2009）。また、性風俗に従事した経験があることを理由に学校入学を拒否された性風俗従事者や、性風俗のタブー視から結婚の破談を恐れるような性風俗従事者の例も知られている（新吉原女子保健組合 1990）。あるいは、性風俗従事者たちは性風俗に従事したことを理由に家族から絶縁されたり、性風俗従事者たちの娘までもが結婚の資格がないと見なされたり、学校でいじめられたりするといった差別を受けていることもわかっている（Cornish 2006）。

しかし、性風俗従事者に対する性暴力が問題化され始めたのは近年のことであり、その過程にはさまざまな障害もあった。その一つは、性風俗が偏見や差別の対象になっている社会において、性風俗の中に「性暴力」という別の問題を組み込むことの難しさである。例えば、性風俗がすでに社会的に「問題」と考えられているとき、性風俗で起こりうる「性暴力」という問題は、性風俗の是非を主張する材料になってしまう。性風俗従事者に対する性暴力が横行しているのであれば、「性風俗は危険な場所であり性風俗従事者は今すぐ性風俗から足を洗うべきだ」と性風俗そのものを批判したり、性風俗従事者を「救済」する根拠として利用されたりしてしまう（そのような性風俗についての議論を批判したものとして、宮 1998; スタジオ・ポット編 2000; 松沢 2002, 2003; 松沢編 2003; 要・水島 2005）。

前章で考察した性暴力の概念化や被害者の苦悩への気づきが「性風俗従事者に対する性暴力」や「性風俗における性暴力」を明らかにしていく基盤になったことは間違いない。しかし、性暴力の議論と性風俗の議論が重なり合う際には、議論が性風俗従事者に対するスティグマを含んでいたために、

（3）　田中理絵は、「スティグマの存在を指摘するだけで当事者の解釈を含んだ具体的な研究がなされないとき、「スティグマを負う者（the stigmatized）が抑圧を受け、差別／排除されるのは、そのスティグマゆえである」というトートロジーに陥り〔中略〕スティグマを負う者への差別性を正当化することに繋がりかねない」と指摘する（田中 1998: 200）。

「性暴力被害者」の中の差異と序列が不可視化される危険を孕んだ。性風俗についての議論は、社会学や犯罪学、フェミニズムなど、多角的な立場から展開されており、その内容は一様ではないが、以下、議論の変遷を整理して考察していきたい。

性風俗の「社会的有益性」と「社会的有害性」を支える女性の二分化

性風俗の歴史は古くにさかのぼるが、江戸・明治時代の性風俗で特徴的なのは遊郭に見る公娼制度である（中野 1981）。遊郭では身売りをはじめとする人身取引が横行し、性風俗従事者は多額の借金を課せられて強制的に囲い込まれ、外出許可も与えられないほど生活を厳しく管理されていた（吉田 2000; 小谷野 2007）。

このような公娼制度をめぐっては、明治二〇年代以降、公娼制度を廃止しようとする廃娼派と公娼制度を温存しようとする在娼派（公娼派）が存在した。赤川学によると、廃娼派と在娼派の対立の争点は、公娼制度が「衛生上・風紀上の観点からみて国家・社会にとって有益なのか有害なのか」にあった（赤川 1995: 158）。在娼派が公娼制度の温存を主張する根拠には、制御不可能な性欲処理のために性風俗は不可欠であると主張する性風俗利用者の「性欲＝本能論」と、公娼制度が性犯罪を防止しているといった性風俗の存在意義が挙げられた。一方、廃娼派の根拠としては、身売りを中心とする公娼制度の支配性や公娼制度が性感染症の温床となっているという考え、社会の風紀を守るために性欲を制御すべきといった性風俗の有害性が主張された（赤川 1995; 藤目 1997; 嶺山 2012b）。性風俗従事者は、在娼派においては性風俗利用者の性欲を解消し性犯罪を防止する「功労者」として存在し、廃娼派においては奴隷制度の「被害者」として更生・救済の対象となるか、性感染症を蔓延させ風紀を乱す者として存在したといえる。

第二次世界大戦後、公娼制度は廃止されたが、日本政府は旧吉原遊郭の代表らとともに特殊慰安施設協会ＲＡＡ（Recreation & Amusement Association）を結成し、占領軍専用の「慰安所」を設立した（小谷野 2007: 176）。一九四六年には、性感染症の蔓延を恐れた連合国軍最高司令官総司令部（General Headquarters, the Supreme Commander for the Allied Powers: GHQ/SCAP）がオフリミッツ（立ち入り禁止令）を通達し、占領軍専用の「慰安」施設のほとんどが閉鎖され、日本人向けの性風俗店につくり替えられた（吉田 2000）。また、公娼制度廃止後も赤線地区での性風俗が事実上容認された（資料2を参照のこと）。

戦後から売春防止法制定（一九五六年）前後までの性風俗に関しては、廃娼派・在娼派どちらの流れを汲むものにも、運動や議論の基盤に「一般女性」と「性風俗従事者」の二分化があった。性風俗を性犯罪防止に位置づけるような「社会的有益性」を主張する際にも、性風俗を風紀や貞操の乱れ、奴隷制と考えて「社会的有害性」を主張する際にも、性風俗従事者が非性風俗従事者から差異化されていたことは明らかである。例えば、占領軍専用の「慰安所」設立の建前は「「慰安婦」[(4)]を提供し、以て「良家の子女」の「貞操防波堤」」とすることであり（藤目 2006: 7）、在娼派が主張していた性風俗の社会的有益性を支持する考えが基盤となっている。また、廃娼派の流れを汲む市民団体によって赤

（4）「慰安婦」あるいは「従軍慰安婦」は、第二次世界大戦時に日本軍の性的相手となった女性たちを指すもので、アジアを中心とした外国人女性が注目されることが多いが、日本人「慰安婦」も存在する（木下 2013）。なお、被害者心理を考えると「慰安」という言葉は不適切な表現であるため、近年「　」付きで表記されることが多く、また、海外では「Sex Slave（性奴隷）」と表現されることもあるため、これを踏まえ、本書では「　」付きで表記することとする。

線廃止を求める運動が展開され、性風俗従事者を「被害者」として救済・更生することが目指されたが[5]、赤線廃止運動に対する性風俗従事者たちの困惑や反対運動も生まれ、活動家と当事者の間に見解の相違があったといえる（藤目 1997）[6]。

また、「パンパン」と呼ばれる占領軍相手の性風俗従事者たち（街娼・私娼）の存在も性風俗従事者と非性風俗従事者の二分化を象徴している。吉田秀弘によると、パンパンと呼ばれる性風俗従事者は「国の恥」や「裏切り者」と見なされ、戦前の公娼時代に貧困を理由に身売りした性風俗従事者たちと比較して、「一般からの同情など買わなかった」という（吉田 2000: 157–159）。実際には、戦後のパンパンの多くは公娼制度や「慰安所」の廃止によって街にあぶれた女性たちと戦後の貧困に苦しむ女性たちで構成されていたが、そのような現実とは裏腹にパンパンに対する「同情」が薄かった背景には、占領国に対する人種的な羨望と敗戦のトラウマ、パンパンたちが手にした一時的であっても当時としては裕福な生活への羨望があったと考えられる[7]。

茶園敏美は、パンパンの存在が当時の一部の女性たちにとって「家父長制の規範を崩せるかもしれない期待」や「経済的な貧しさから解放されるかもしれないという希望」といった憧れや羨望の対象でもあったことを指摘しているが（茶園 2002: 94）、世の女性たちがパンパンを通して見ていた新しい時代への期待や希望は、パンパンたちの身体が「管理すべきもの」や「悪」と見なされる中で抑圧されていく。一九四六年には風紀や貞操の乱れを防ぐために街娼などを対象とした全国一斉検挙、いわゆる「パンパン狩り」が行われ、同年、公娼制度廃止後の街娼や赤線地区以外の無許可営業の増加に伴って「警察の取締り強化」や「子女に対する純潔教育推進」の方針が打ち出された（藤目 2006: 10）。こうして、「秩序に従わないときに発生するリスク」が女性たちに見せつけられたのである（茶園

2002: 102）。また、藤目ゆきによると、この検挙は夜に一人で街に立っていただけというようなパンパンの「疑い」だけで検挙され、「処女」だと判明した場合でもない限り「疑い」は晴らし得ないものであり、女性の人権侵害を強行するものであった（藤目 2006: 9）。パンパンに間違われたことを理由に自殺する女性も出たことから、間違った検挙に対する抗議も生まれたが、これはあくまでも性風俗従事者と非性風俗従事者とを正確に区別するよう求めるものであり、性風俗従事者の人権を守ることを訴えるものではなかったという（茶園 2002, 2014; 藤目 2006）。

さらに、角田由紀子は、戦後の米軍駐留時に米軍基地の周りに「売春」地帯ができたことについて、売春禁止を求める日本人女性たちが「あなたの大事な息子を汚すこの女たちを取り締まる必要がある」という思想の下に米軍人の家族と連携したことを指摘している（角田 1999: 124）。これは、性風俗

（5）性風俗従事者が救済や更生の対象とされる一方で、仲介業者などの従業員については、転廃業のために国や地方自治体が経済的な援助をしたり更生させたりする必要はないと考えられていた（内閣府政府広報局 1957）。

（6）一九四六年には「赤線従業員」による「赤線従業員組合」や「全国接客女子組合連盟」が、一九四七年には「性病予防自治会」がつくられており（藤目 1997; 福島県男女共生センター 2005）、売春防止法制定前後には、性風俗従事者や性風俗従業員からの反対運動も起こった（下川 1992b; 藤目 1997）。

（7）パンパンとして性風俗に従事していた城田すず子は、自伝の中で、更生施設の入居者から「赤線出のくせに大きな面をするな」「そのうちにパンパンまる出しになって男でも引っかけに行くだろう」といわれ、ショックと怒りに震えたことを語っている（城田 1971: 156）。城田は借金の肩代わりに一〇代で性風俗に携わり、占領軍人を相手とする性風俗に従事する中で薬物に依存するようになり、自殺未遂に至った後、更生施設に保護された。しかし、そうした壮絶な彼女の人生とは対照的に、彼女の性的な生活は性風俗を辞めた後にも彼女自身の性質として揶揄された。

従事者と非性風俗従事者とが区別され、性風俗従事者は非性風俗従事者たちの家族である性風俗利用者たちを「汚す」存在として位置づけられていたことだけでなく、日米の貞操ある女性たちが、性風俗従事者たちとみずからを差異化することでつながったことを意味している。

こうした女性たちの二分化は、占領軍が日本本土から撤退した一九五二年から沖縄返還（一九七二年）前後に社会問題となった「混血児」についての議論にも内包されている。「混血児」が生まれる背景は年代によってもさまざまだったが、混血児の母親はすべて「パンパン」であるといった誤解や混血児を生んだことに対するバッシングがあったことが指摘されている（波平 1970; 安冨 2001; 恵泉女学園大学平和文化研究所編 2007; 島田編 2009; 石川 2012a; 嶺山 2012a）。混血児問題についての議論の中で、日本人男性の外国人「慰安婦」に対する加害者性や占領軍人の日本人女性に対する性暴力が明らかにされつつも、「闇の女〔性風俗に携わる女性を指す〕の更生」や「純潔教育」との関係で語られたり、混血児の母親の素行が問題となったりしたという（恵泉女学園大学平和文化研究所編 2007; 嶺山 2012a）。

性風俗従事者は、占領軍人の「一般子女」に対する性暴力を防止する「社会的有益」であると考えられた一方で、占領軍人との間に「混血児」を生み、貞操の乱れと国家の恥を象徴する「社会的有害」としてバッシングの対象にもなったことは、性風俗の有益性と有害性を「女性の二分化」が支えていたことを物語っている。つまり、性風俗従事者という存在は、一人の女性の身体が「社会の有害さ」を一手に引き受けることによって、社会にとって有益な存在になる」といった矛盾を抱えていたのである。

「分断される女たち」――「主婦」と「娼婦」の共通課題

一九七〇年代以降、性差別や性別役割分業からの解放を求めたウーマン・リブやフェミニズムの思想は、家庭＝私的領域にとどまる「女」たちだけでなく、公的領域に配置された「女」たちにも向けられた（細谷 2003）。「女から女たちへ」というフレーズに見られるように、男制によって区分けされた「主婦」と「娼婦」という役割への批判的まなざしはウーマン・リブやフェミニズムの活動の中で重要なものとして位置づけられていく。すなわち、ウーマン・リブやフェミニズムは、主婦が妻や母、生殖の象徴として、そして、娼婦が快楽や性欲の象徴として、男性の都合によって女性が「子産み機械」か「性欲処理機」かに区別されてその役割を負わされることに抗議したのである（江原 1985: 118）。女性が「子産み機械」と「性欲処理機」のどちらに配置されるかは「貞淑さ」や「誰に所有されているか」、「性的にアクセス可能なのか」を基準としており、前者は「守られるべき女」へ、後者は「蹂躙してもいい女」へと配置されるという女性の二分化とその解釈（すなわち「家父長制」的解釈）への抵抗であった（千田 2005: 279）。

この「女たちが分断されている」という考えには、「本来は同じ女たち」という前提と、分断された役割は一つの役割やアイデンティティにすぎないという認識がある。そこには「同じ性を持ちながらなぜ女はその性を「子産み機械」か「性欲処理機」かに区分けされねばならないのか」「女は同時に家婦であり娼婦でありうる。すなわち家婦でも娼婦でもありえない、ただ女であるだけではないのか」という問いかけがあった（江原 1985: 118–119）。

ウーマン・リブやフェミニズムは、主婦も「一人の男に身体を売って養ってもらっている」という点では「娼婦」と同じような状況に身を置いているのではないかとの疑問を呈した。主婦と娼婦のどちらになっても女性の生殖や快楽を含めたアイデンティティと権利が侵害されていることを可視化し、女性が一人で生きていけない経済的・社会的な性差別を「おんな」の共通課題として提起したのである（同前：120）。そして、一方的に押し付けられる役割から解放されるために、女性が「主体性」を獲得しなくてはならないことを主張した（細谷 2003: 96）。つまり、女性が性的役割やアイデンティティを誰にも強要されずに自分自身で定義・選択し、押し付けられた役割を拒否する権利を有する主体性を確立しようとしたのである。

宮地尚子は、家父長制下で性暴力が「侮辱」として議論されてきたことで、「父や夫など所有者をもたない女性（娼婦や寡婦など）への性暴力」や「所有者からの性暴力」は性暴力と見なされてこなかったことを指摘している（宮地 2008: 21–22）。中里見博もまた、性風俗従事者たちが家父長制の「「私」的所有に属さない」代わりに「「公」＝男性全体の所有物」と見なされたと同時に、それでも性が私的領域に配置されたことで、公的領域で生じる性暴力（すなわち「性風俗従事者に対する性暴力」）は、公的領域で起きているにもかかわらず公権力不介入の姿勢をとられ、不可視化されてきたことを指摘している（中里見 2000: 27）。

「性暴力」の概念化の過程で見てきた通り、公私分離と公私のヒエラルキーについて異議を申し立て、「女性の共通課題」を浮かび上がらせるというウーマン・リブおよびフェミニズムの思想は、性風俗従事者たちを「他者」としてではなく「同じ女」の異なる境遇として「自分たち」に関連づけ、「女」が「女」を差別することを回避しながら、「男」（あるいは「男制」）の支配と暴力を問題視した。江原由美子は従来の婦人運動と比較して、リブ運動の視点を以下のようにまとめる。

リブ運動は従来の婦人運動においては切り捨てられてきたところの、性的対象としての女の問題に切り込んでいった。「食いっぱぐれたら水商売」。女は誰も自分の性が商品となることを知っている。自分の性を商品とすれば、若くてきれいなうちは確実に「食う」ことができる。女がひとりで生きることを容易には許さない現代社会の裏面で、いかなる形にせよ身体を売りさえすれば楽々食えるというもうひとつの事実が厳としてある。

(江原 1985: 119)

ウーマン・リブやフェミニズムの運動の中で、「同じ女」の「性」が「男／男制」によって搾取されていることが指摘されたことで、女性の「性が商品となる」という現実、「若くてきれい」という基準さえも「男／男制」が決定している現実、「ひとりで生きることを容易に許さない」現実が女性に「いかなる形にせよ身体を売」らせる事実が可視化された。しかし、その「性の売り方」は同じだったとはいえない。身体を売ることを「楽々」といえる人の「性を売る可能性」と、実際に性風俗に従事する人の現実には差異があった。そしてここには、共通の課題を見出しながらも、「娼婦」蔑視や性風俗＝悪という前提があったことも指摘されている。[8]

（8）ウーマン・リブやフェミニズムの運動の中で、「主婦」や「娼婦」の共通項が見出されつつも、実は「娼婦」に対する差別意識があることや、性風俗従事者たちと自分たちを差異化し、性風俗従事者を蔑視したり性風俗従事者たちを不道徳視したりしてみずからの「性道徳に堅く縛り付けられ」るような状況があることに自覚的で、性風俗従事者たちとの差異化を止めない限り女性たちの解放はありえないと考えたフェミニストたちもいる（細谷 2003: 100）。また、浅野千恵は、「セックスワーカー」になることが生きるための現実的な選択肢になる人とそうでない人の違いがきわめて大きく、セックスワークを語る際にはこの差異を「念頭におくだけでなく、そのこと自体を分析の対象」にする必要があると指摘している（浅野 1998: 134）。

女性に対する差別・暴力——性差別、性的搾取、あるいは性奴隷としての性風俗

赤川学は、人権概念が浸透するにつれ、「何をもって人権侵害とするか」という問いが性風俗の議論にも取り込まれたと指摘する（赤川 1995）。性風俗が「人権侵害」か否かを議論する際には、性風俗従事者が自由意思で従事しているのか、強制的に従事させられているのかが無視することのできない重要な基準になっていった。

一九七〇年代から九〇年代にかけて、「慰安婦」や「買春ツアー」、日本へ人身取引されてくる「じゃぱゆきさん」といった性風俗の「強制」性や「搾取」性が問題化された（同前：161）。この流れにおいて、性風俗従事者の殺害や臓器売買、強制売春の中で繰り返される性暴力が明らかにされた（オグレディ 1995; アジアの児童買春阻止を訴える会 1996; ボッツ 1997）。しかし同時に、他国の女性を性的に支配する日本人男性の加害者性や「買春」行為が国の恥として批判される傾向も強く（これを指摘したものとして、吉田 1996; 東野 2005; 木下 2013）、ここで議論される性風俗従事者は「搾取される弱者」や「性差別に抑圧される犠牲者」と考えられる側面もあったといえる。また、このような搾取や奴隷制を背景に、性風俗は何かしらの強制であるとする議論も展開された（それを批判したものとして、スタジオ・ポット編 2000; 菊地 2001）。

一方、性風俗従事者の多くが女性であり、性風俗利用者の多くが男性であるといった性風俗におけるジェンダーの非対称性に注目し、性風俗を性差別の一つの具現と考え、女性が性的に商品化され消費されることを問題とした流れもあった。いわゆる「性の商品化」論は、性風俗やミス・コンテスト、「受付嬢」と呼ばれる企業の受付など、「女性」という性がモノ化され搾取されていることを広範囲に

指摘した。こちらの流れは、「女」というカテゴリーの共通課題に注目した点において、性風俗従事者たちの抱える問題を「女たち」が程度の差こそあれ同じように抱えていることを前提にしたうえで、性風俗以外にも共通する「性の商品化」の是非を問うた。例えば、性を商品化することは「道徳的に問題である」「人格を破壊する」といった商品化の善悪や、性を主体的に売ることは問題ないが強制されれば問題であるといった性の商品化の是非や区分けが議論された（以上、江原編 1995）。

これらの議論は、性風俗を女性全体に対する性差別と考えるか、性風俗従事者の性的搾取と考えるかの違いはあったにせよ、議論の争点が性風俗の是非やその判断基準となる「自由意思か強制か」に集中したことは共通している。その中で、性風俗が「性暴力」と同じ次元で語られたことや、性的自己決定権が性風俗従事者が性風俗に従事する際の選択権を中心に語られたこと、そしてそれが性風俗に従事する「当事者」を含まないまま「女」という共通性をもって語られたことは、自由／強制の枠組みから外れる「性風俗従事者に対する性暴力」を不可視化する危険性を内包していた。

「性暴力」を概念化する過程において、被害者の苦悩や被害の影響を明らかにすることは、被害を暴力ではなくあくまでも合意の性的行為の一つとして位置づけるような社会認識に対する抗議であった。しかし、「性暴力を受けたら人格が崩壊する」「性暴力を受ければ一生立ち直れないほど傷つく」といった性＝人格論のレトリックは、性暴力の被害者自身をその言葉によって傷つけ、被害者を弱者化する危険性があることは先に見てきた通りである。

このレトリックが性風俗についての議論に適用される際に、「性風俗に従事すること」が「性暴力を受けること」と同次元に語られることがあった。すなわち、性風俗従事者は性暴力被害者、性風俗利用者は性暴力加害者と見なされ、性風俗に従事することによって「人格が崩壊する」などと解釈された。あるいは反対に、人格を切り離せば性風俗は問題なく行えるなどとも解釈された。

性風俗の議論では、性風俗に従事するという性風俗従事者の選択が「強制か自由意思によるものか」が議論の争点となり、それに従って「強制であれば性風俗＝非、自由意思であれば性風俗＝是」という図式が成り立っている（江原編 1995; 菊地 2001）。もちろん、性風俗従事者の意思を尊重するという意味では「性風俗従事者の自己決定権」が議論の俎上に載ることは重要であるし、性風俗従事者が性風俗を強制されていると告発するのであれば、それは性風俗従事者に対する性暴力として解決されるべきだろう。しかし、前章での考察と同様、ここでも性的自己決定権が単なる選択権としてのみ機能し、その定義権が阻害されやすいことには留意すべきである。つまり、性風俗従事者が「性風俗とは何か」「何を売るのか」を定義する権利は性風俗の議論の中では十分に認められてこなかったのである。

性風俗に限らず、性暴力を受ける中で人格を奪われ、モノ化され、心を殺され、実際に殺されてしまうことはありえる。性暴力がもつその暴力性はいくら強調してもしきれないが、「こうなる」ということと「こうなりうる」ということとは異なるのであって、「こうなる」と定義づけてしまうことで、そうならない被害者を「異常」と考えたり、「正常な結果」が起こらないことをもって性暴力を矮小化したりしてしまいかねない。また、「何を売るのか」「何に従事するのか」といった性風俗従事者の定義権を認めないまま性風俗従事者の自己決定権を「性風俗に従事するか否か」の選択権としてのみ扱い、性風俗を自由／強制の二分法で把握することは、「性風俗に従事することを自分の意思で決定した」後に起こりうるすべての責任を「性風俗に従事すること」を決定した人に問うということである（これを批判したものとして、鈴木 1997; 桃河 1998; 菊地 2001; 堀田 2007）。前章で夫婦間の性暴力について考察したが、「結婚すること」を決定したことを理由に、家庭内で起こる性暴力の責任を被害者が問われる論理と同じ構図がここにもある。

例えば、次の文章は、性風俗に従事することを「労働」と考え、性風俗を合法化することを目指すセックスワーク論（次項にて詳述）に対する反論であるが、性風俗従事者の定義権が十分に反映されていないことがわかる。さらに、性風俗従事者の「性風俗に従事する」という選択が、それ以後の行為のすべての責任を担うものと見なされてしまう危険性も示唆している。

もしあなた（たとえば男性）が売春をする側になった時、①見ず知らずの人間に、②一方的に性器を肛門に挿入され、③人間としてのコミュニケーションもなく、④その後はまったくの人間関係などない行動が繰り返されるとしたら、それを「セックスワーク」ということで続けていくことが人間の労働として認める立場に立つのであろうか。まさに買春は金銭を介して性行為までもいいなりに支配する性暴力であるというのは言いすぎであろうか。（浅井 2010: 116）[9]

これが性風俗の定義ならば、確かに労働として認められるべきではないだろう。もしも性風俗従事者が性的自己決定権を本来の意味において所有するのであれば、「一方的に性器を肛門に挿入される」

（9）これは、雑誌『季刊セクシュアリティ』四七号（二〇一〇年八月）において、寄稿者たちの意図に沿わない形でセックスワーク論を肯定するような内容が編集・刊行されたとして寄稿者たちから批判が寄せられ、編集委員であった浅井春夫が「補正」として同誌四八号に掲載した文章である（浅井 2010）。その内容は全面的にセックスワーク論や「性の商品化」の流れを批判するものとなっている。

ことは性風俗そのものの定義にはなりえない。つまり、性的自己決定権を有している性風俗従事者が「性器を肛門に挿入される」ことに同意するか否かの決定権をもっているとき、その行為は「一方的に」行われるものではないし、もしそれが「一方的に」行われたのであればその行為は性的権利の侵害であり、「性風俗」ではなく「性暴力」として認識されるべきだからである。これは一例にすぎないが、このように性風俗と性暴力とを混同しながら性風俗の「定義」が語られることで、性風俗の中で起こりうる「一方的に性器を肛門に挿入される」という性暴力の原因と責任が、性風俗従事者の「性風俗に従事することを選択したこと」に帰されてしまうのである。

先に、「同じ女」という仮説と「女の共通課題」の揺れを示したが、これは男性側の意見からも読み取れる。ここで引用した浅井春夫の例は、語り手が男性で呼びかける相手も男性であるが、「女という共通性を軸にした代弁の暴力性」を考えるうえでは興味深い。なぜなら、浅井が男性読者に対して、性風俗従事者として性器を「挿入する」側ではなく「挿入される」側に位置づけるよう呼びかけたことは、「女」の被害者性をもって性風俗の「暴力性」を訴えたことにほかならないからだ。つまり、性風俗を単回の性暴力と同義に扱うことでその暴力性を説明し、性風俗従事者の「被害者性」を喚起しようとしているといえる。男性の性風俗従事者が女性や男性の性風俗利用者に「挿入する」ことを想定して彼の語りを読み換えれば、浅井の定義に基づく性風俗従事者は性暴力加害者として浮かび上がり、「女」たちが抱える性暴力や性差別の被害者性を共有できない。性風俗を性暴力と同じ枠組みで議論するときの限界がここに見える。

このように、性風俗と性暴力の議論は、「性風俗」を「性暴力」や「性差別」と同次元に語ることで性風俗従事者たちに向けられる性暴力を見えにくくし、性風俗従事者に対する性暴力の原因や責任を性風俗従事者たちの「性風俗に従事する選択」に帰す危険性をもっていたといえる。

「労働」概念の導入と「性風俗従事者に対する性暴力」

一九九〇年代になると、先に見た自由／強制の二分法で性風俗の是非を問う議論の中に性風俗差別が含まれていたことや、そこでは当事者の声が聴き入れられず、議論の目的が見えないことが批判され、性風俗の議論に性風俗に従事する当事者たちの声を反映し、性風俗についてのスティグマを払拭することが試みられるようになる。性風俗を労働と考える「セックスワーク論」は、性風俗を「性を売る」「身体を売る」「決定権を売る」などと語ることを批判し、性風俗従事者たちの実状を訴えた。セックスワーク論が主張する性風俗と性暴力の関係をまとめると、①性風俗のすべてが強制というわけではなく、また、性暴力を性風俗に従事することの必然と見なすべきではない、②性風俗で起こっている暴力や差別は、性風俗を「労働」と認め労働環境を改善することで防止される、という二点になる。

前者の主張は、これまでに見てきたような性風俗についての議論に対する反論として生まれている。例えば川畑智子は、性風俗従事者への「強姦」が多いのは、性風俗への差別や無理解があるからであり、それゆえに、被害を訴えることも難しいという状況があることを指摘している（川畑 1995: 148）。また、「元セックスワーカー」の鈴木水南子は、性風俗の議論の中で性風俗がすべて「強制の結果」と見なされ、「人格崩壊」や「自己破壊」を導くものとして語られることについて、その意図するところをある程度理解できると前置きしつつも、人が生き続ける限り人格は崩壊しないことと、ある人を「人格崩壊」だと名指すことの暴力性を指摘している（鈴木 1997: 9）[10]。

後者の主張は、性風俗を労働と考えることで性風俗従事環境を改善することを主張するものだが、正確にはここに二つの主張が含まれている。

一つは、売春防止法の一部削除または法自体の廃止を要求するなど、関連法の改正を主張するものである。例えば、性風俗従事者が処罰・補導されうる売春防止法の「勧誘」規定を削除することで、性風俗従事者を処罰・補導対象から外して「自由意思」による性風俗従事者の「労働」権や安全を確保することを求めたり、[11]「売春」を「人としての尊厳を害するもの」として性風俗従事者や性風俗従業員の人格を否定する売春防止法の根本的見直しを訴えたりした。

もう一つは、性風俗に従事することが「労働」や「職業」と見なされていない状況において、性風俗に「労働」や「職業」という付加価値を与えることを目指すものである。つまり、水島希が指摘するように、「訴えても仕方ない、暴力を受けて当然だ、といった諦観にあるワーカーに対し、私たちには労働者として生活する権利があるのだ」という権利意識をもってもらうような、性風俗従事者自身の意識変革が重要だったのである（水島 2005: 320）。性風俗に「労働」概念をもちこむことで「労働者としての権利要求」が可能になり、「より働きやすい環境や、環境改善のための活動の正当性を保証する基盤」ができるのであり（同前：322-323）、「性風俗は労働である」という認識は、制度の変革だけでなく、性風俗従事者や性風俗従業員といった性風俗の関係者の意識変革を可能にするものとしても獲得しなければならなかったといえる。

このように性風俗に「労働」概念をもちこまなくてはならなかった背景には、「裏の世界」と表象されるような性風俗の社会的地位と差別がある（福島県男女共生センター 2005）。「性風俗」と対比してそれ以外の職業は「昼の仕事」「表の仕事」などと性風俗従事者たち自身にも語られるが（酒井 2001）、この表現からは、性風俗と一般社会や他の職業とが二分化され、さらには、性風俗がその低地位に位置づけられていることがわかる。例えば、一九九七年に起きた「東電ＯＬ殺人事件」がメディアに注目されたのは、「街娼」だった被害者が一流大学を卒業して大手企業の総合職として働いていたからである。[12]つまり、彼女の高学歴や社会的高地位が性風俗のイメージと結びつきにくく、彼女がなぜ性風俗に従事する必要があったのかという衝撃や不可解をもたらしたのである（角田 1999; 佐野 2000, 2001）。この事件に対する注目は、大手企業で働く「昼の顔」と性風俗に従事するという「夜の顔」が相容れない「二面性」として受け止められたことを如実に表している。

このことは、性風俗意識調査における次の男性の発言からも読み取れる。性風俗に従事する人々について問われたこの男性は、性風俗に従事することは「賢い」選択ではなく、できるだけしない方がよいものであるという考えを述べているが、ここからも、性風俗が他の職業から差異化されているこ

（10）青山薫もまた、ジュリア・オコンネル＝デイヴィッドソンが性風俗の分析の中で鍵概念として使用した「社会的な死」という表現（O'Connell Davidson 1998）や、それが性風俗を「奴隷状態」として一般化することに懸念を示している。性風俗従事者たちは経済格差や性差別などのさまざまな理由で性風俗に従事することを強要されていたとしても、性風俗従事者たちとコミュニティとをつなぐ糸を失いはしない。むしろ、性風俗従事者たちは支配や暴力の中で社会的に死なないために抵抗したり回避したりする力をもっているという（以上、青山 2007: 64-66）。

（11）川畑智子は、警察による「売春」のおとり捜査を例に、売春が行われているか否かが不明瞭な行為を「売春」と定義するものは売春防止法の「性交」規定ではなく「勧誘」規定であるとし、売春防止法が「［女性が］性交に至るまでの態度」を規制した法であることを批判している（川畑 1999a: 41）。

（12）一九九七年三月九日に東京電力の女性社員が殺害された事件で、ネパール人男性が逮捕されたが、のちに冤罪が確定し、現在も未解決のままとなっている。

とがわかる。

〔性風俗に従事することについて〕それだったらもっと賢い方法もあると思うんで、稼ぎ方として。家庭教師とかでも稼げるだろうし。自分で会社起こしてもいいだろうし。

（福島県男女共生センター 2005: 215）[13]

「性風俗」が低地位に位置づけられていることは、この男性のインタビューと同じ調査で実施された質問紙調査の結果からも読み取れる。「性風俗で働くのは個人の自由だ」（八一％）と、性風俗に従事することを一般的には肯定する男性が多いものの、恋人や配偶者が性風俗に従事することについては「やめてほしいと思う」（五八・八％）、「別れる」（三二・九％）など否定的な男性が多いことがわかっている（福島県男女共生センター 2005: 98, 117–118）。一般的には性風俗に従事するか否かを決めるのは個人の自由であると考える人が多いが、自分に身近な人が性風俗に従事するとなると、それは個人の自由や権利とは受け止められなくなる。同調査では、身近な人の性風俗従事を否定する理由として、「嫌」「価値観の違い」「常識〔として反対する〕」などが挙げられ、回答者がその理由を論理的に「説明することは困難」であったという（同前：216–217）。身近な人が性風俗に従事することに対する困惑を彼らがうまく説明できないということは、性風俗についての支配的・文化的スティグマの根深さを示唆している。

このように、職業が「昼／夜」や「表／裏」に二分され、性風俗が社会的に低い「職業」に位置づけられたり、「職業」や「労働」と見なされなかったりするのは、性風俗に従事することが「単なる性的行為」だと考えられているからであり、その「性的行為」が「大した仕事ではない」「社会的価値が低い」「労働量が多くない」などと見なされているからである。実際には、性風俗従事者は次章で見るような身体的・精神的負担を抱えているにもかかわらず、それは性風俗従業員からも理解されにくい。

例えば、次の例は性風俗従事者が年末に長時間「働いた」ときの語りだが、従事時間に対する不満よりも、彼女の身体をねぎらう言葉を何一つかけない性風俗従業員に対する不満が語られている。

〔年末に一五時間従事し、これ以上働くのは無理だと思ったが〕それでも彼ら〔男性従業員〕の第一声は「ご苦労様」でも「ありがとう」でもない。そんなスタッフさん達を、あたしは心から嫌悪した。別に褒めてくれなくてもいいから、少しでも労《ねぎら》って欲しい。身体を張って頑張っているのは、女の子なのだから。（安藤 2011: 79）

（13）この発言が性風俗従事者の多様な背景と選択を無視していることにも留意すべきだろう。誰もが家庭教師や塾講師として働くだけの教育的資本をもっているわけではないし、起業できる人間はさらにわずかだ。リサ・クラマーとエレン・ベルクの調査では、教育水準が一年高くなればなるほど性風俗に従事する可能性が一二％ずつ低くなることがわかっている（Kramer & Berg 2003: 522）。また、個人が性風俗以外に生計を立てる選択肢をもっていればいるほどその人は性風俗には携わろうとしないこともわかっている（Giusta et al. 2004）。その一方で、求められる能力をもっているか否かにかかわらずその道を選ばない人もいるが、この発言者は、教育に携わることや起業することの方が、性風俗に携わるよりも社会的に高地位であると考えている。

また、次の例は「デリヘル」店の「店長」を務める性風俗従業員が、性風俗に従事していることを開示したときの周囲の人々の反応について語ったものだが、最も多い反応は、性風俗従業員であることの性的な「余得」に対する好奇心であるという。

> 性的なことだと、なんか、その「おいしい思いとかできるの?」とかさ、そういうことはみんな聞いてくるね。みんなね。決まったようにそれ聞いてくるね。楽しくてすごいいい仕事だっていうイメージがあるんだろうね。
>
> （福島県男女共生センター 2005: 188）

この例からは、性風俗従業員について「楽をして金を稼いでいる」といったイメージがあるだけでなく、性風俗従事者と性的関係に発展するかもしれないという特権がイメージされていることがわかる。このように性風俗従事者との性的関係がたやすく想定されるということは、性風俗従事者が性的に意味づけられているということである。つまり、この例で語られている周囲の人々の反応は、性風俗従事者が「性的にアクセスしやすい」と考えられていることを示唆している。「性風俗従事者のしていることは労働ではなく単なる性的行為だ」というふうに、性風俗の「労働」としての評価が矮小化されているのである。

さらに、性風俗が「労働」と考えられなかったり低級の職業として軽視されたりする背景には、「女性であれば、性的に売れる」という通念を挙げることもできる。性風俗に従事することが「誰にでもできること」と考えられ、性風俗従事者は「性風俗に従事することしかできない」女性、すなわち、女性であるだけで売れるような、努力を必要としない仕事しかできない人だと見下されてしまう

（要・水島 2005）。性風俗従事者たちは、「いいよね女は」「女だったら俺もこういう仕事してる」といった言葉を性風俗利用者から聞かされている（同前：264–265）。そのような「女性であること」をうらやむ言葉の中には、「性風俗に従事すること」をたやすいことだと考える「性風俗」に対する蔑視と「性的なもの」に対する蔑視、そして、「女性は楽して稼げる」という女性蔑視が含まれている。セックスワーク論は、このような性風俗のスティグマを明らかにすることで、性風俗と他の職業との不平等やそれゆえの従事者の権利侵害を可視化する必要から生まれたのである。

また、性風俗従事者たちが日々直面している「性風俗従事者に対する性暴力」も、性風俗に労働概念がもちこまれたことで詳細になった。一九九三年に邦訳された『セックス・ワーク』（Delacoste & Alexander 1988＝1993）は、日本で「セックスワーク」という言葉を浸透させるきっかけとなった書籍でもあるが、この書籍では性風俗従事者たちが日々受けている暴力や偏見が描かれている。また、二〇〇〇年代に出版された性風俗従事者たちの手記や主張をまとめた書籍にも性風俗従事者たちに対する性暴力が個々の経験としては記述されているし（菜摘 2000; 酒井 2001; 松沢編 2003）、二〇〇五年には要友紀子と水島希が、「風俗嬢」対象という限定的な調査ではあるものの、性風俗従事者が抱える悩みや彼女たちが向き合っている性暴力や偏見を明らかにしている（要・水島 2005）。

自由／強制や性風俗の是非を問う議論の中では、日本人性風俗従事者が「暴力に遭っている」ことはこれまでも指摘されてきたが、どんな暴力をどんな文脈で受けているのかが具体的に示されることは少なかった。また、性風俗従事者に対する暴力が具体化されるときには、性風俗と性暴力が同次元で語られることもあり、性風俗従事者が暴力の責任の一端を担っているように語られるか、あるいは、完全に無垢で弱者である性風俗従事者が想定されることで、そこから外れる性風俗従事者に対する性暴力が議論からこぼれ落ちた。さらには、性風俗において暴力が横行していることや性風俗従事環境の悪さを可視化することが、性風俗そのものを批判する根拠に利用されてしまう危険性もあった。

　そのような中で、性風俗を性的搾取や性差別、性奴隷や性暴力といった「暴力」ではなく「労働」と考えることは、性風俗従事者に対する性暴力を「職場」という一環境の中で起こりうる現象として具体化することを意味していた。つまり、性風俗に従事することを否定せずに、性風俗の中で起こりうる一現象として性暴力や劣悪な労働環境を批判することが可能になったといえる。

　セックスワーク論が「暴力防止を含む労働環境の改善」という目標と「性風俗従事者の権利」という概念を性風俗の議論にもちこんだことで、自由意思による「性風俗従事者に対する性暴力」が具体的に描かれるようになった。それだけでなく、セックスワーク論への反論も、当事者抜きに「性風俗」の是非を議論することや、「性風俗従事者」や「性暴力被害者」を名指すことに慎重になり、性風俗従事者の権利侵害や性風俗従事者に対する性暴力を軸に議論を展開するようになった。その意味において、「性風俗従事者に対する性暴力」が「当事者」を含みながら、そして、個々の具体的な性暴力の不可視化や「被害者」を名指す暴力性を避けながら概念化されたといっていいだろう。

　しかし、セックスワーク論の「性風俗に従事する権利」という主張やそのインパクトだけが強調され、虐待されたり強制されたりして性風俗の世界に入ったにもかかわらず「自らすすんで」従事したと語る性風俗従事者たちの背景や、性風俗以外に生き抜く術や選択肢がないような社会システムが見えにくくなってしまうことがある。多田良子が指摘するように、主婦や未成年による性風俗従事には従来の公娼制度や街娼に見られた強制性もなければ、セックスワーカーとして性風俗に従事する権利を主張するような積極的な意思もなく、「何かしらかの「自由意思」」として語られながらも性風俗議論からこぼれ落ちやすい（多田 2009: 2）。むしろ、「何かしらかの「自由意思」」という彼女たちの曖昧で流動的な立ち位置は議論から「こぼれ落ちる」のではなく、「自由意思による従事」に大きくカテゴライズされてしまう。セックスワーク論が主張された後も、セックスワーク論とそれに反対する議論は並存している。これらの議論が再度、自由／強制の枠組みの中に回収されてしまう限り、性風俗で起こりうる暴力やその責任が不可視化される危険性は保持される。

「自由意思による性風俗」のスティグマ化

これまで、性風俗をめぐる議論において性風俗の強制性や差別性に焦点が当てられることで、自由、意思の性風俗従事者への具体的な性暴力が不可視化される危険性があったことを見てきた。「性風俗従事者は何かしら強制的に性風俗に従事させられている」と考えれば、性風俗従事者に対する差別や性暴力の解決策は性風俗を辞めることとしかない。さらに、性風俗が性差別や性的搾取であることが前提とされている場合、性風俗従事者が彼女ら・彼らに対する性暴力を可視化して性風俗における性暴力に異議を唱えれば、そのような暴力を受けているにもかかわらず性風俗に従事し続けることを批判される危険性もあり、セックスワーク論はそれに異議を唱えた。

ここでは、引き続き性風俗従事者の自己決定権が「性風俗に従事する」際の選択権に焦点化されることによる問題を考察するが、性風俗はすべて何かしらの「強制」であると考えるのとは異なり、「自由意思」で性風俗に従事し始めた性風俗従事者たちの「自主性」が強調されることで性風俗従事者たちが特異視され、その個性や個々の背景が不可視化されてしまう場合を見ておきたい。

どの時代においても、性風俗に従事する動機には生活苦や貧困などの経済的理由が挙げられるが、そのような背景を理由に性風俗従事者が「救済」の対象になってきた一方で、性風俗従事者の経済的困難よりも彼女ら・彼らの「好奇心」や「性欲」などが強調される形で「自由意思」による性風俗従事者の存在が示唆され批判されることもある。

例えば、一九五〇年代の浅井賢らの調査では、「業態婦」は農家出身の女性が最も多く（二二・九％）、彼女たちの貧困状況は明らかだが、浅井らは「最近、特に労働を嫌い農家の子女が安易な仕事に就こうとする為、かかる道〔性風俗に携わることを指している〕に入つて行くと云う事も見落してはならない事実である」とし、性風俗に従事する理由を農家の子女の怠惰な性質に帰している（浅井ほか 1957: 360）。同調査では、調査協力者の育った家の生活状況について「苦しかつた」（三〇・八％）、「とても苦しかつた」（二一％）が過半数を占めるにもかかわらず、「普通」（三三・三％）と「楽だつた」（五・一％）が四〇％近く存在することがむしろ取り上げられ、性道徳が低下していると訴えられている（同前：360）。

また、同じく五〇年代に「接客婦」の精神医学的調査をした木村定も、調査協力者は農漁村出身者が都市出身者の一・五倍を占めているが、性風俗に従事した動機に「好奇心・虚栄心によるもの」を挙げる女性が農漁村出身者に多いことを指摘し、性風俗に従事するような「性格的要因」に加え、「都市や華やかな生活への憧れ」が一因にあると述べている（木村 1958: 86）。同調査では、性風俗に従事した動機として、全調査協力者四〇名中、「経済的理由」（一五名）のほかに「転落寸前」（四名）、「自暴自棄」（五名）、「家出」（一七名）が挙げられている（複数回答）にもかかわらず、「貧困家庭出身が約4割、他は何とかやつていける家庭或いは生活の楽な家庭の出身者である」と判断されている（同前：86）。

売春防止法施行前後では、人々の「売春」意識も大きく変化する。売春防止法の完全施行前に全国で行われた内閣府政府広報室の世論調査では（売春防止法の完全施行は一九五八年四月、同調査は一九五七年五月に実施）、性風俗従事者が性風俗に従事する理由を「貧困のため」と予測した回答者は六二％と最多で、性風俗従事者については「同情的」（一四％）、「まあ同情的」（二六％）が四〇％を占め、「やや反感的」（一一％）、「反感的」（一六％）の二七％を上回っている。また、「体を売る」ことに関しても、「事情によってはやむをえない」（四一％）と「人間として許されない」（四三％）が僅差であった（内閣府政府広報室 1957）。それに対して二年後の同調査では、「［売春は］やむを得ないこともある」（二七％）と「どんな事情があってもやってはならぬ」（六一％）が大差となり、二年の間に性風俗に対する価値観の変化が見られ、性風俗と性風俗従事者への批判がより深まった形となっている（内閣府政府広報室 1959）[14]。

一九七〇年代には、主婦や大学生がアルバイト感覚で性風俗に携わる「素人売春」や、中学生・高校生などの未成年が性風俗に従事することが社会問題化するが、戦後の貧困を背景としない性風俗従事者の登場は性のモラルが低下したことによる現象と受け止められた（警察庁 1973; 下川 1993a, 1993b）。借金やローンの肩代わりに性風俗に従事する主婦たちはごく一部であると考えられ、多くが「暇を持て余しスリルを味わおうという主婦ばかり」で（下川 1993b: 23）、「好奇心、虚栄心」などの「欲望や享楽」が性風俗に従事する大きな理由であると嘆かれた（警察庁 1973）[15]。

（14）なお、この調査は、東京都区内、新潟市、焼津市で実施されている。ここでは東京都区の調査データを記載したが、新潟市と焼津市でも同様の結果が出ている。「やむを得ないこともある」（新潟市三三％、焼津市三二％）、「どんな事情があってもやってはならぬ」（新潟市五一％、焼津市五四％）。

雑誌の言説を中心に七〇年代の性風俗従事者の語られ方について分析した多田良子は、当時のメディアは「主婦売春」と「少女売春」に焦点化しており、主婦売春は「お気軽」「軽い」もので、彼女たちは、みずからの性欲のため、あるいは遊興費といった金銭や好奇心のために性風俗に従事しているとする記事が目立つという。少女売春の場合は、性欲よりも金銭が動機として強調され、いったんは「救うべき存在」や「無知な子どもゆえ」の過ち、「保護対象」と考えられるが、少女たちがみずからの金銭欲や物欲をあらわにすれば「ケシカラン、ないしはアキレタ」と批判的な内容の記事になると指摘している（多田 2009: 4-6）。一方で「管理売春」や「強制売春」も存続していたにもかかわらず[16]、性風俗従業員の管理や暴力の存在が「新しいタイプの性風俗従事者」というカテゴリーによって揺らいだ。

性風俗従事者の経済的側面よりも享楽的な側面を強調する傾向は、一九八〇年代以降にも見られる。例えば、「少女売春」を調査した清永賢二らは、調査協力者の家出の問題を指摘しつつも、「『何となく』や『面白そうだから』といった売春＝自分の性を売ることへの少女自身の自覚や有責感の希薄さ、性に係わる規範意識の弱さのあることがうかがえる」と、一八歳未満の少女たちの性規範を批判している（清永 1989: 114-115）。マスメディアにおける援助交際の語られ方を分析した山本巧は、援助交際する少女たちが「コギャル」というカテゴリーで現象化され、彼女たちの「カネ、モノ、消費」の価値観が強調されることで、「『拝金主義』『物質主義』の風潮がよくないとして社会問題化」されたことを明らかにしている（山本 1998: 93）。「コギャル」に一括りにされる女子高校生たちは、その金銭欲・物欲を強調されることで、「簡単に体を売る」「罪悪感に乏しく、体を売ることにより心が傷つくこともない」などと描かれた（これらを指摘したものとして、山本 1998; 松村ほか 1999）。

赤川学によると、自由／強制の枠組みで性風俗の是非を問う議論は、明治初期より見られるという（赤川 1995）。しかし、自由意思による性風俗が学術の場で取り上げられることはほとんどなく（多田 2009）、九〇年代の自由／強制の議論の中に大きく取り込まれていった。このように性風俗従事者たちの享楽性やモラル低下が強調された環境で、性風俗従事者たちが自由意思で「性風俗に従事した」という決定（あるいは選択）や性風俗に従事する権利だけが取り上げられれば、性風俗従事者たちがもつ多様な環境や性風俗に従事する多様な背景は不可視化されてしまう。性風俗従事者の性風俗に従事するか否かの意思だけで性風俗を語ったり、自由／強制の二分法を性風俗を肯定・否定する根拠にしたりすることを避け、何を売るのかという定義権や性風俗従事者を取り巻く環境を注視しなければ、性風俗従事者に対する性暴力の原因や責任をすべて性風俗従事者の選択や性質に帰すことで性暴力を不可視化することになる。

これまでに見てきたような性風俗についての議論は、どのような立場からの発言にせよ、ある現実

（15）　特に未成年の性風俗従事は、貧困を背景としたそれとはかけ離れた印象を与えた。「売春」経験のある女子高校生にインタビュー調査した吹上流一郎は、インタビューした女子高校生のうちの数名に中絶経験があることに閉口し、性風俗に従事する女子高校生たちが人並み以上の容貌であることを強調したうえで、彼女たちが「男たちの目に、十人並み以下と映っていたら」彼女たちは性風俗に従事などせずいまだ性経験もなかったにちがいないとし（吹上 1999: 282）、性風俗に従事した動機を彼女たちの容貌に見出して少女たちを特異化している。また、中学生の「少女売春」を調査した桶谷正一は、従来の性風俗従事者たちの「陰惨で暗いジメジメとしたイメージ」とは異なり、少女たちが「アッケラカンとして、いとも簡単にその行為をやってのける」様子に驚愕し（桶谷 1999: 292）、少女たちを理解不能なものとして描いた。

（16）　一九七四年の警察庁による調査では、ソープランドで働く性風俗従事者のうち二四・八％の人に「ひも」が付いており、このうち暴力団員のひもが付いている者が約六〇％にもなる（警察庁 1974）。

の一側面を捉え、問題提起されたものであっただろう。であるからこそ、議論の対立から少し距離をおき、性風俗従事者の置かれた差別的構造や環境を見据えつつ、従事者一人ひとりの直面しうる暴力やニーズを直視していくことが重要なのではないだろうか。

三　性風俗の二重規範

これまでに見てきたように、性風俗従事者に対する性暴力が問題とされにくい背景には、性風俗や性風俗従事者のスティグマ化がある。そして、それらは性風俗利用者との比較における性風俗従事者の社会的地位、つまり、性風俗の二重規範（社会的因子）によっても助長され、支えられている。

法の二重規範

性風俗従事者と性風俗利用者には、法律上に明確な差異がある（資料1を参照のこと）。例えば、売春防止法は性風俗従事者の勧誘行為を処罰・補導の対象（同法第五条「勧誘」罪）とするが、性風俗利用者は「何人も、売春をし、又はその相手方となってはならない」（同法第三条）と言及されるにとどまり、その行為が処罰対象になることはない（角田 2001; 須藤・宮本 2013）。この法の二重規範が、性風俗を「犯罪」や「暴力」と結びつけ、性風俗従事者への性暴力を訴えにくくしていることが指摘されている（川畑 1995; 菊地 2001; 堀田 2007）。

さらに、須藤八千代と宮本節子は、売春防止法が性風俗の結果として生じうる性風俗従事者の妊娠や出産についてまったく触れておらず、売春防止法に基づいて女性を保護する婦人保護施設での妊婦への対応に関する指針が示されていないことについて、同法が性風俗従事者と生殖を切り離し、性風俗の結果として生じうる責任を不可視化する法律であると批判している（須藤・宮本 2013）。性風俗従事者が一八歳未満の場合は児童買春・ポルノ禁止法違反により性風俗利用者が処罰されるが、成人の性風俗従事者と性風俗利用者には法律上の不平等が存在し、それが性風俗のスティグマ化を支えているといえる。

性風俗「利用」の許容

また、性風俗を利用することと性風俗に従事することについての社会的意味づけも異なる。全国の性意識・性行動を調査したＮＨＫ「日本人の性」プロジェクトによると、性風俗利用についての許容度は男性若年層の許容者が三六・一％で最高、女性中高年層の許容者が二・七％で最低であるのに対し、性風俗従事についての許容度は男性若年層の許容者が三二・二％で最高、女性中高年層の許容者が一・八％で最低であった（ＮＨＫ「日本人の性」プロジェクト編 2002: 41-42）。このことから、「性風俗を利用すること」は「性風俗に従事すること」よりも許容されており、さらに、男性の方が女性よりも性風俗の存在を認めていることがわかる。それはなぜなのか。

日本では、性交を含まない性交類似行為を主とする性風俗や安価な形態の性風俗が多様に発展してきたために（表２と資料２を参照のこと）、性風俗を利用することに対する社会的・経済的抵抗が少ない。また、「風俗接待」(17)に見られるように、日本における性風俗はビジネスと深く結びつき、性風俗の利

（17）　風俗接待とは、性風俗を接待の一環として利用する文化のことである。日本の風俗接待については、Allison（1994）に詳しい。

用は「おもてなし」の一つと考えられてきた。性風俗を利用する動機には「上司に誘われて」といったビジネス上の関係が挙げられることがある。性風俗の利用動機として先輩や上司、同僚や友人の誘いが挙げられることは、日本における性風俗利用の許容度が高いことや、「男性は性的行為をして一人前」「性欲があってしかるべき」といった通念が存在することだけでなく、「みんなしている」「男性なら仕方ない」というように、責任を連帯するホモソーシャルな関係[18]が存在していることも示しているといえる[19]。

このような性風俗利用の許容は、性風俗利用を「一時のでき心」（六一・〇％）とする回答や（内閣府政府広報局 1957）、「売春をした者」の処罰を求めない人（四・三％）と「相手方」の処罰を求めない人（一六％）との対比からも読み取れる（内閣府政府広報局 1976）[20]。「援助交際」についての男性意識を調査した福富護の調査でも、「援助交際は、金を出す男性の問題である」と考える人は五四・七％であるのに対し、「援助交際をする女子高校生は、本人に問題がある」と考える人は七八・三％であるところを見ると（福富 2000: 211）、性風俗を性風俗利用者ではなく性風俗従事者の問題と考え、性風俗利用を許容する傾向はいまだ健在であることがわかる[21]。

性風俗利用者の言説

性風俗は利用者側ではなく従事者側の問題と考えられ、性風俗を利用することが許容される背景を考察するために、過去の議論や調査を整理すると、性風俗利用者についての三つの言説があることがわかる。

一つは、男性の性欲についてのレトリックである。すなわち、「性欲はコントロールできないため、

（18）ホモソーシャルな関係とは同性愛嫌悪や女性嫌悪を伴う男性同士の絆のことで、イヴ・セジウィックによって提唱された（Sedgwick 1985=2001）。男性と買春を考える会の調査では、性風俗を利用する理由について「男同士の連帯感を強めるため」を肯定する性風俗利用経験者は六・三％、性風俗未経験者は九・〇％であり（男性と買春を考える会 1998: 16-17）、男性同士の絆を深めるために性風俗を利用するプレッシャーを感じているのは未経験者に多いことがわかる。

（19）性風俗利用者を対象とした実態調査においては、性風俗の利用動機として「友人・知人に誘われて」（五〇％）が挙げられ、「仕事上のつきあいで」（八％）、「行きたくなかったが、行きがかり上しかたなく」（四・二％）と合わせてみると、周囲の人々の影響が強いことがわかる（男性と買春を考える会 1998: 8）。多田良子の調査でも、性風俗利用の初回のきっかけには「生理的欲求」（三五・八％）が最も多いが、僅差で「友達に誘われて」（三一・八％）が挙げられている（多田 2007: 104）。また、吉田裕子の調査では、性風俗を利用する動機について「みんな行くから」ではないかと第三者が推測する回答があったり（吉田 1996: 55）、福島県男女共生センターの調査でも「仕事上の付き合いで、または上司・先輩に連れられて性風俗を利用することがあれば、それはやむをえないことである」を肯定する人は四六％、否定する人は五三％と僅差であり（福島県男女共生センター 2005: 109）、性風俗を利用することが個人の行為ではなく、集団との関係の中で意味づけられていることがわかる。

（20）福島県男女共生センターの調査では、「性風俗はなくすべきである」を支持する回答は二七・六％にとどまり、否定派が七一・〇％であった。また、「性風俗は必要である」を支持する回答も六一・九％と過半数であった（福島県男女共生センター 2005: 84-85）。

（21）一方で、池田恵理子の調査では、「援助交際」を否定する人（一四四名）は「よくない」「許せない」「節操がない」など援助交際自体を批判する人が最も多く（五八％）、その他には「男性が悪い」（二一％）、「少女が悪い」（五％）、「両方悪い」（九％）などという結果となり、ここでは少なからず、援助交際の要因は性風俗利用者側にあると考えられている（池田 1998: 23）。池田の調査では、「援助交際」という限定から性風俗従事者が未成年であると想定されやすく、年齢条件が性風俗の責任の所在を覆したと考えられる。また、福富護の調査が調査協力者を男性に限定しているのに対し（福富 2000）、池田の調査では男女ともに調査協力者となっており、女性の性風俗許容度が男性のそれよりも低いことが影響したと考えられる。

男性の性欲は必ず満たされるべきであり、そのために性風俗が用意されている」という言説である。例えば、多田良子の調査では、初回の性風俗利用動機には「生理的欲求から」(三五・八%)が一番に挙げられており(多田 2007: 104)、「性欲＝本能論」が支持されている。福島県男女共生センターの調査では、性風俗を利用する動機として頻繁に挙げられる性風俗への興味関心・好奇心がなぜ生まれるのかを性風俗利用者に問うているが、「男だからしょうがない」「男だからあたりまえ」といった回答しか得られなかったという(福島県男女共生センター 2005: 220)。ここからも、「性欲」が直接的に性風俗を利用する動機として挙げられなくとも、好奇心が性欲や男性規範と結びついていることがわかる。また、福富護による男性の「援助交際」についての意識調査でも、「男の性欲はコントロールできない」を支持するのはわずか八・四%であるが、「男にとって、下半身と人格は別ものである」(一七・九%)、「買春するのは、男性の本能だと思う」(一六・〇%)には比較的支持があり(福富 2000: 212)、性欲はコントロールできないわけではないが手軽な性風俗があれば性欲を理由に性風俗を利用するのは当然だ・仕方がないという認識があるといえる。さらに福島県男女共生センターの調査でも、性風俗を利用する男性が性風俗従事者にどんなイメージをもっているか尋ねたところ、「たんに欲望を満たすための相手」(五四・八%)を支持する回答が多く(福島県男女共生センター 2005: 116)、男性の性欲とそれを解消する必要があることが当然視され、性欲を解消する一つの方法として性風俗が受け入れられていることがわかる。

次に、性風俗利用者は「弱者」であるという言説である。例えば、宮台真司は「性的弱者論[22]」によって、性的関係をもつ相手に出会うことができず、うまく対人コミュニケーションをとることができない男性で、「性欲を満たしたいのに満たせない存在」を指摘し(宮台 1999)、鈴木水南子は、社会に抑圧され、さまざまなストレスを抱えた男性が、性風俗を利用することでしかそのストレスを解消できないという意味の社会的弱者としての男性の存在を挙げた（鈴木 1998）(23)。男性の性風俗利用者に対するイメージが男性の性欲を前提として形成されていることから、「性風俗利用者は性的パートナーに乏しい」というイメージも根強く、「成人女性に相手にされないような男性が、女子高校生と援助交際するのだと思う」（一七・六％）、「女性とつきあえない男性が、買春するのは当然だ」（一四・二％）など（福富 2000: 211-212）、性的弱者であることが性風俗利用を許容する一定の条件になっていることがわかる(24)。この議論ではなお、なぜその弱者の性欲は他者の身体をもって解消されなくてはならないのかという疑問が残るが、「弱者」という言葉を使うことで「どんな手段であっても性欲が解消され

(22)　宮台が提示した「性的弱者」は、障害をもった人や高齢者など性的行為の相手を見つけにくいと考えられる人たちだけでなく、生身の女性と性的行為に至るまでの関係性を築くコミュニケーション力に欠ける人も含んでいる（宮台 1999）。

(23)　男性を対象に性風俗の利用意識について調査した宇井美代子らは、性風俗利用を許容する群は「性的欲求が高く、男女平等意識を有さず、ぬくもり希求が高い」という特徴を備えており、実際に性風俗を利用する群は、この特徴に加えて「家族との情緒的絆が低い」ことを明らかにしている（宇井ほか 2008: 220）。

(24)　男性と買春を考える会の調査では、性的パートナーの有無について、性風俗未経験者のうちパートナーがいるのは七一・七％、性風俗利用者のうちパートナーがいるのは七六・一％でほぼ変わらないという結果も出ており、同調査の性風俗利用者でパートナーと性的関係がなかったり疎遠になっていたりする人がわずか二・一％であることからも、「性風俗利用者は性的行為の相手が見つからない人」や「性風俗利用者はモテない人」といったイメージは必ずしも当てはまらないことがわかる（男性と買春を考える会 1998: 2, 8）。また、同調査において、性風俗を利用するのは「パートナーがいなければやむを得ない」を肯定する性風俗利用者は五・二％、未経験者は八・七％であり、未経験者の方が性風俗利用者を「性的弱者」と考え、「性的弱者であること」を性風俗の利用を許容できる条件と考えているといえる（同前：16-17）。

るのが権利である」というレトリックが導かれる。

そして三つ目は、「異常」な性的行為を求める集団としてのイメージである。この「異常」には、児童性虐待や痴漢など犯罪に当たるものも含まれる。この言説は性風俗を「犯罪行為を疑似体験できる場」として位置づけることで、性風俗が性犯罪を防止するといった性風俗の「必要悪」説を導く。

性風俗を肯定する議論に性風俗の「社会的有益性」を主張するものがあることは先に見てきた通りだが、これは性風俗利用者についての社会認識にも共通している（男性と買春を考える会 1998）。福富護の調査では、「売買春がなくなったら、性犯罪が増える」を支持する回答は三二・四%と、性風俗の存在意義と性暴力防止を関連づける認識が一定の割合で存在していることがわかる（福富 2000: 212）[25]。このような性風俗「必要悪」説はつまり、「異常な性欲が解消されなければそれがいつか爆発し、無差別に誰かを性的に傷つけてしまうため、性風俗でその性欲を解消すべきだ」という論理にほかならない。性風俗の存在意義として「性犯罪防止」を挙げることは、性欲を満たさない政策や個人には制裁が加えられるという暗黙の脅迫であり、性暴力を加害者の視点で性風俗（＝性的行為）と同列に扱うだけでなく、性風俗従事者への性暴力を暗に是認するものである。

「利用すること」と「従事すること」

先に見たように、性風俗利用者は性風俗従事者よりも性風俗にかかわることを容認されている。この点についてもう少し詳しく見てみたい。

性風俗従事者と性風俗利用者の二重規範を考察するために、国立国会図書館の資料検索で質問紙をもつ調査に限って、性風俗利用者調査・性風俗従事者調査を選出した（田中 2011b. 二〇一六年に再分析。

資料4・5を参照のこと)。先行調査の質問内容を「属性」「家庭状況」「動機」「性風俗の経験」「性風俗の条件」「性風俗についての意識・価値観」「性風俗における性行動」「性風俗における性暴力」「性風俗の相手」「性風俗にかかわらない理由」「一般的な性意識・性行動」「性風俗に関する情報源」「性感染症(意識調査を除く)」「性風俗にかかわる前の性歴」「将来設計」「嗜好(常習性)」という一六項目で比較すると図3のようになる(項目の内容については表6を参照のこと)[26]。

性風俗利用者調査と性風俗従事者調査で明らかに設問数の異なる質問項目は「属性」「家庭状況」「性風俗の条件」「一般的な性意識・性行動」であり、性風俗利用者調査では問われていないが性風俗従事者調査では問われている質問項目は「性風俗における性暴力」「性感染症(意識調査を除く)」「性風俗にかかわる前の性歴」「将来設計」「嗜好(常習性)」であった。

(25)　性風俗利用者が性風俗未経験者よりも性風俗を肯定的に捉え、性風俗は性犯罪を防止するといった価値づけをする傾向があることもわかっている。例えば、男性と買春を考える会の調査では、「男性が買春する理由」について「生理的欲求として当然だから」を肯定する性風俗利用者は一五・〇%、未経験者は一一・九%、「売る人がいるから」を肯定する性風俗利用者は一三・四%、未経験者は一三・二%、「性犯罪を抑止できるから」を肯定する性風俗利用者は三・九%、未経験者は二・五%であり、性風俗利用者の方がみずからの経験を性欲や性風俗従事者による勧誘、性風俗の必要悪に結びつける傾向がある(男性と買春を考える会 1998: 16)。これを裏付けるように、「周囲の知人男性のどれくらいが買春経験を持っていると思うか」という問いについても、「90%以上の男性が買春経験がある」と考える性風俗利用者は三五・一%であるのに対し、未経験者は八・八%にとどまり(同前: 20)、性風俗利用者が買春を身近とするコミュニティに属しており、性風俗利用者の方が買春を当然視しているといえる。また、メリッサ・ファーリーらの調査でも、性風俗の利用頻度が多い男性は「性風俗は性暴力を防止する」といった性風俗の存在意義や性風俗の利用を肯定する傾向があることがわかっている(Farley et al. 2011: 7)。

図3　性風俗従事者調査と性風俗利用者調査の質問項目数比較

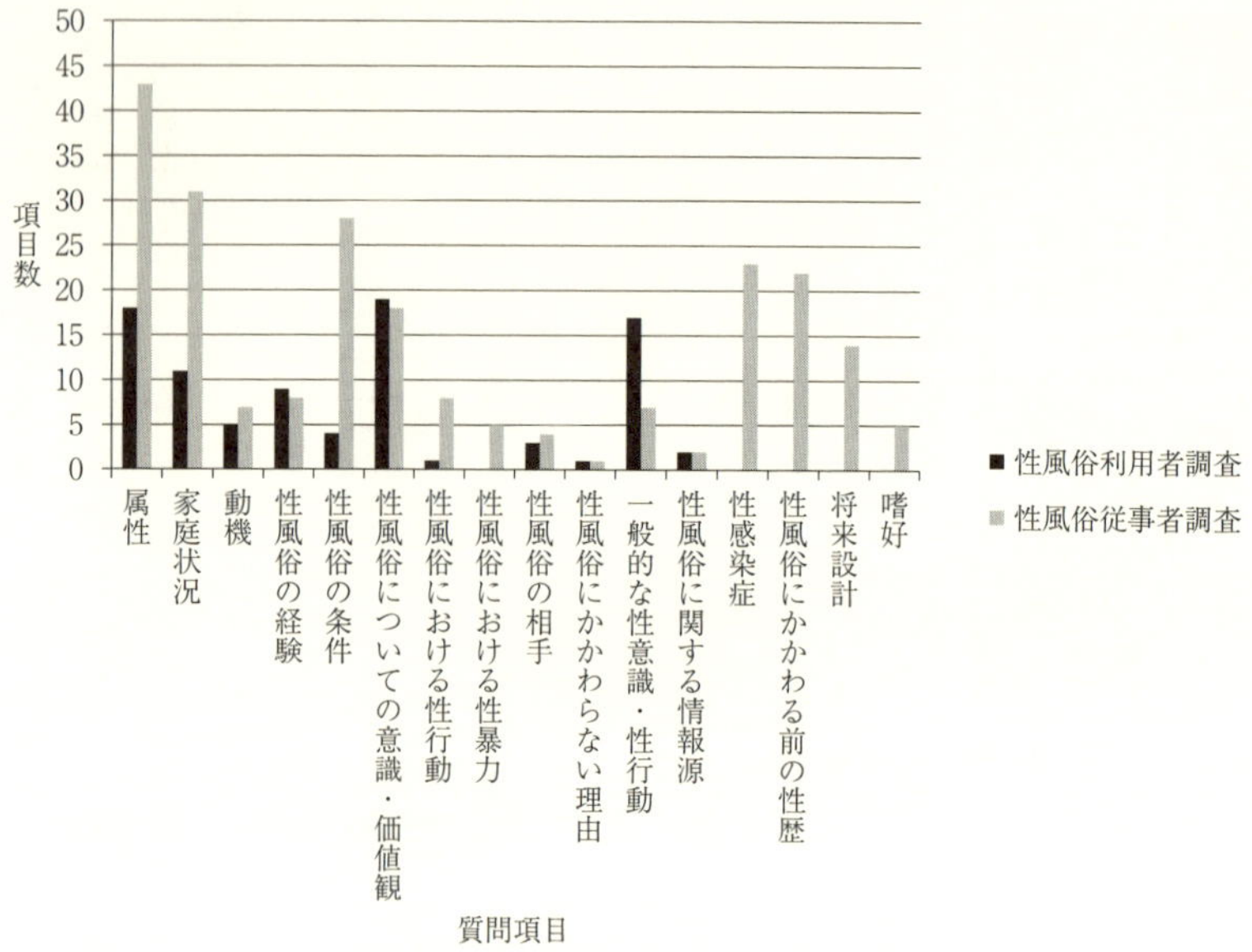

出典）筆者作成

表6　性風俗調査の質問項目

質問項目	例
属性	年齢，学歴，出身地
家庭状況	両親の有無，配偶者の有無，子どもの有無，経済状況，家族間のコミュニケーションの度合い
動機	性風俗にかかわった動機
性風俗の経験	性風俗従事期間，性風俗利用頻度，初めて性風俗に従事した／初めて性風俗を利用した年齢
性風俗の条件	場所，料金，相手にする性風俗利用者数
性風俗についての意識・価値観	性風俗にかかわることの罪悪感，善悪観
性風俗における性行動	避妊具の使用状況，体位
性風俗における性暴力	性風俗利用者および性風俗従業員からの性暴力
性風俗の相手	性風俗従事者の様子，性風俗利用者の属性
性風俗にかかわらない理由	性風俗に従事しない理由・性風俗を利用しない理由（性風俗従事／利用経験者を除く）
一般的な性意識・性行動	性風俗に限らない現在のセクシュアリティ・性行動
性風俗に関する情報源	性風俗店や出会い系サイト等の情報源
性感染症（意識調査を除く）	感染の有無，罹患歴，予防法
性風俗にかかわる前の性歴（性風俗以外）	初交時の年齢や相手，性交相手の数，妊娠・中絶歴
将来設計	将来の展望，性風俗以外の希望の職
嗜好（常習性）	喫煙，飲酒，薬物使用について

出典）筆者作成

性感染症についての意識調査ではなく、性感染症の罹患歴や予防方法を尋ねる設問が性風俗従事者調査に多いことは、性感染症予防対策が明らかに偏向していたことを示している。性風俗についての先行議論や先行調査において、性風俗従事者の身体はしばしば性感染症とともに語られてきた[27]。福富護の調査では「買春すると、性病をうつされてしまう危険がある」（五八・一%）は、「買春による性病の感染は、自分が気をつければ防げると思う」（二一・三%）をはるかに上回っており（福富 2000: 212）、性感染症の原因を性風俗従事者側に帰す意識が存在することは明瞭である。

また、「性風俗にかかわる前の性歴」についての設問は、性風俗に従事する動機と性風俗従事前の性行動との因果関係を把握しようとするものであり、性風俗従事者の初交経験の年齢や相手、状況等を問うものが多い。性風俗利用者には、一般的な性意識や性行動を問うものはあるが、性風俗利用前後の変化を問うものはなく、性風俗従事者の性意識や性行動が特異視されているといえる。

「将来設計」については大きく二種類の質問があり、一つは性風俗を辞めた後の生活設計や職業希望等を問うことで性風俗従事者の更生対策を練ろうとするもの、もう一つは進学希望の有無や将来に対する希望の有無を問うことで性風俗従事者の自己尊厳度や将来に対する肯定感の度合いと性風俗従事との因果関係を見ようとするものである。これらの質問からは、「性風俗はいずれ辞めるべきもの」「一生涯携わるべきものではない」といった前提が存在していることがわかる。

「嗜好」は日常的な飲酒や薬物摂取があるかどうかを尋ねるものだ。労働省婦人少年局の調査では、性風俗利用者が性風俗利用時に飲酒していたか否かが問われているが、常習性について尋ねる調査はない（労働省婦人少年局 1953）。ここからは、性風俗利用者よりも性風俗従事者に薬物摂取やアルコール依存のイメージが結びつけられていることがわかる。

先行調査の比較からは、二つの二重規範を指摘できる。一つは、性風俗従事経験のみが「性感染症」や薬物・アルコールなどの「嗜好」と結びつけられてきたことである。性感染症や嗜好・依存症は、それ自体がスティグマ化されやすいものとして研究されてきた経緯があるため、性風俗従事経験との関係を整理しておく必要があるだろう。つまり、「性風俗従事経験があれば性感染症に罹患する／薬物・アルコール依存になる」という「性風俗→性感染症／薬物・アルコール」の関係を自明とする見方は、性感染症罹患や依存症の原因や責任を性風俗従事者にのみ向けることになる。反対に、「性感染症に罹患していれば／薬物・アルコール依存であれば性風俗従事経験がある」という「性感染症／薬物・アルコール→性風俗」の関係を自明とする見方は、性感染症や依存症が性風俗従事経験の有無を査定するシンボルやマークの一つに単純化して位置づけられる危険性を示している。

(26)　調査の設問について、性風俗従事者についての調査数（一五調査）と性風俗利用者についての調査数（九調査）や調査目的が異なるため、設問数だけを単純には比較できないし、設問項の分類に恣意性が含まれてしまうことも否めないため、本書では両調査で明らかに設問数の異なるカテゴリーについてのみ考察するものとした。性風俗従事者調査としては、性風俗従事者を対象とした実態把握型の調査と、調査協力者に性風俗従事経験者を含むもの、性風俗についての意識や認知度を調査する世論調査型の調査があるが、前者二つを分析対象とした。性風俗利用者調査については、調査全体のテーマが性風俗利用でありそれを調査目的に明示しているものと、調査協力者に性風俗利用経験者を含むもの、調査自体は性風俗利用に焦点を当てているわけではないが性風俗における性意識・性行動が把握できるものがあり、前者二つを分析対象とした。

(27)　特に戦後、占領軍内での性感染症蔓延をきっかけに、一九四八年に性病予防法（一九九九年に廃止、現「感染症の予防及び感染症の患者に対する医療に関する法律（感染症法）」）が制定されたことで、占領軍および日本の保安隊員の衛生保護の観点から性風俗従事者の身体が調査対象化されていった（高橋ほか 1954；浅井ほか 1957）。当時の調査では、性感染症罹患の原因と責任が性風俗従事者たちに課されており、性風俗従業員や業者、性風俗利用者の責任には触れられていない。

調査の比較から考えられるもう一つの二重規範は、「性風俗にかかわる前の性歴」「将来設計」に見られるように、単回であれ継続的なものであれ、性風俗従事経験のみが性風俗従事前後の人生をつなぐ経験であると見なされていることである。すなわち、性風俗に従事するような個人の性質は過去にも備わっていいたはずだし、将来にも影響するだろう性質として位置づけられている。一方で、性風俗利用者調査では性風俗にかかわる前の性歴や将来設計を尋ねるものはなく、現在の性意識や性行動を尋ねるにとどまっているということは、性風俗を利用することが性風俗利用者の性質をその人生にわたって表すものや将来に影響する経験とは考えられていないということを示唆している。

これまでに見てきたように、性風俗利用者のホモソーシャルな関係や性風俗利用の許容文化（性風俗従事の許容ではない）は、性風俗を利用することを「自然」なものとし、さらに、性風俗利用者の「弱者」という位置づけや「性暴力を防止する」といった性風俗の社会的有益性が性風俗を利用する「権利」を支える。性風俗そのものを「悪いもの」や「非」と考えるような性風俗に対するスティグマの中には、性風俗を利用することではなく、性風俗に従事することのみを「望ましくないもの」とする二重規範があり、そこにみずから携わる者にすべての責任を問うことで性風俗における性暴力を含めたさまざまな暴力を不可視化する危険性が内包されているといえる。

補記――性風俗利用者像（女性利用者）

本章では、男性性風俗利用者を中心に議論を進めた。確かに性風俗利用者の多くは男性だが、女性性風俗利用者が存在しないわけではない。そのため、女性性風俗利用者についても簡単に触れておきたい。

一九九〇年代後半には、「ウリ」や「出張ホスト」といった女性向けの男性性風俗従事者が登場し、現在では女性同性愛者のための性風俗も存在する（速水 1999; 小島 2004; 酒井 2005; 内藤 2007）。しかし、女性性風俗利用者についての調査や文献は限られている。

女性性風俗利用者について考えるときに留意すべきことは、そのジェンダー構造である。先に見たように、性風俗利用者調査よりも性風俗従事者調査が多いことは、人々が性風俗について、「利用すること」よりも「従事すること」に注目してきたことを意味している。しかし、女性利用者は男性利用者に比べて議論されず、しかも議論されるときには、彼女たちがなぜ性風俗を利用するのかの理由が追究されたり、性風俗を利用することに衝撃が走ったりする。これは、女性の性的受動性が自明のものとされていることを示唆している。

一般的に女性は、性的な経験が少ない方が肯定的に捉えられる。テリ・コンリーらは、性行動についての性の二重規範を明らかにするため、見知らぬ相手から行きずりの性的行為を誘われ、それを承諾する男女のシナリオについての調査協力者の反応を分析している。その結果、行きずりの性的行為を承諾する女性は、同じ状況で性的行為を承諾する男性よりも「無知・無能で精神的に不健康、その性行動はより無差別的で危険である」と判断された。また、調査協力者の性別に注目すると、女性調査協力者の方が男性調査協力者よりもシナリオに登場する女性を否定的に評価する傾向が出ている。さらに、調査協力者がシナリオと同じ状況で行きずりの性的行為を承諾するか否かについては、男性は女性よりも承諾しやすく（男性六三%、女性三〇%）、コンリーらはその結果について、「承諾することで女性の方がより否定的な評価を受ける、あるいは、性的行為を拒否することにより肯定的なメッセージが与えられている」ことを示唆しているとし、性行動を規定する「バックラッシュ効果〔Backlash effect]」、あるいはスティグマ化が存在すると指摘している（以上、Conley et al. 2013: 396, 399–400）。

つまり、一般的に「女性の性的経験が豊富なこと」が批判されやすい中では、女性が性風俗を利用することは男性のそれに比べて社会的批判を浴びやすく、男性利用者よりもスティグマ化されやすいと考えられるため、ジェンダー構造に意識的な調査が今後求められるだろう。

第三章　性風俗における性暴力

「性風俗従事者に対する性暴力」が問題化される過程において、性風俗の是非を中心とした議論や性風俗従事者のスティグマ化は性風俗従事者に対する性暴力の具体的な内容や差異を不可視化し、性暴力の責任をうやむやにする危険を孕んでいた。そうした議論に対する当事者たちの主張は、性風俗従事者の置かれた環境や直面する暴力への視座を与えた。近年では、戦時・戦後の性風俗従事者たちへの性暴力が再考され（茶園 2014）、また、ポルノグラフィと性暴力については理論的・実証的な研究が進められている（ポルノ被害と性暴力を考える会 2010）。しかし、現代の日本の性風俗全体と性暴力の関係を体系的にまとめたものはほとんどない。そこで、本章では、「性風俗従事者に対する性暴力」の種類や文脈を整理し、それぞれの性暴力の様相を明らかにしてみたい。

一　性風俗従事者に対する性暴力

性暴力の様相を捉える

性風俗と性暴力を単純に結びつけることなく「性風俗従事者に対する性暴力」を整理し、性風俗と性暴力の関係性を分析する際に、性風俗従事者が抱えうるストレスについての分析指標を示しているアン・アーノルドとジュリアン・バーリングの議論が参考になるだろう。アーノルドとバーリングは、性風俗従事者の抱えうるストレスを「ストレス要因〔Stressor〕」「調整因子〔Moderator〕」「歪み〔Strain〕」の三つの関係から考察している（これをまとめたものとして、表7を参照のこと）。彼らは、ストレス要因が、性風俗の法的地位や性風俗従事者の選択可能性（性風俗のほかに「職業」選択があったか否か）、労働階級や社会的支援の度合い（調整因子）などによって助長されたり抑制されたりすることで、ストレスの結果として身体的・心理的負担（歪み）が生じるというメカニズムを説明している（Arnold & Barling 2003: 262）。

例えば、アーノルドとバーリングが「ストレス要因」として挙げている性風俗従事者たちの「仕事と生活の両立」については、それ自体が性風俗従事者のストレスになりうることや、それがさまざまな環境（調整因子）によって性風俗従事者に対する差別や暴力を助長する要因になりうることは、これまで十分に指摘されてこなかった。そのため、彼らの指標は性風俗従事者に対する性暴力とその影響、そして、性暴力という行為と性暴力を可能にする環境との関係を考察するうえで有益である(1)。

彼らの指標を踏まえて、「性風俗における性暴力」について以下の分析枠組みを設定する。まず、「性風俗従事者に対する（一次的な）性暴力」である。性風俗従事者に対する性暴力の内容としては、海外・国内の先行調査をもとにその概要を示していく。次に、「従事環境に組み込まれた性暴力」である。従事環境に組み込まれた性暴力では、アーノルドとバーリングの指標の「仕事そのものの管理」「非標準的な就労形態」「職場での暴力」に当たる性暴力を検討する。ここに分類される「性暴力」は「性風俗従事者に対する（一次的な）性暴力」でもあるが、性風俗の仕組みに組み込まれているために「性的サービス」の一環として考えられてしまう恐れがある。そして、「性風俗に従事する背景」である。これはアーノルドとバーリングが提示したストレスの「調整因子」や「仕事と生活の両立」という考えから導かれるものである。ここでは、経済的事情ゆえに不規則な労働時間や危険で安価な性的行為に及ばなくてはならないような状況、性風俗従事者が置かれたジェンダー構造、周囲の影響などを検討することで、性風俗従事者を取り巻く環境と一次的性暴力の関係を分析していく。なお、性風俗に従事する環境と背景は、それ自体が性暴力になりうる場合もある。そのため、「性風俗に従事する背景」が性暴力そのものになりうる可能性や、性風俗従事者を取り巻く環境が対人的な性暴力を可能にする「環境と行為」の関係性を明らかにする。最後に、性風俗従事者が性風俗に従事

（1）ただし、アーノルドとバーリングの研究は実証研究ではなく、先行文献をもとに性風俗従事者が抱えうるストレスの全体像を捉えるためのメカニズムを提示したものである。また、本章で分析しようとする「職場での暴力」はあくまでもストレスの一要因と見なされ、他のストレス要因が「職場での暴力」にどのように影響しているのかは考察されていない。「社会的スティグマ」や「身体の歪み」についてもほとんど説明されておらず、職場における心理的ストレスの分析が中心となっている。

表7　アーノルドとバーリングによる性風俗従事者のストレスのメカニズム

	指標	例
ストレス要因	役割葛藤	職業について開示できない
	付加役割	性風俗利用者からの暴力といったリスクをつねに意識する
	仕事と生活の両立	育児と仕事の両立
	不規則な労働時間	就労時間が夜だったり緊急のシフトが入ったりする
	仕事そのものの管理	性風俗利用者と料金や行為の交渉をする
	差別	社会的な差別に対する心理的負担を管理する
	非標準的な就労形態	福利厚生がない場合や，あっても非標準的な場合が多い
	感情労働	性風俗利用者からの要求や性風俗利用者が求めるイメージに応える
	健康と安全	性感染症や妊娠，身体的・精神的健康を管理する
	職場での暴力	性風俗従業員からの暴力を回避する
	社会的スティグマ	社会的スティグマを管理する
	肯定的アイデンティティの維持	職業や自己に対して肯定的な感情を維持するよう努める
調整因子	性風俗従事者の選択性	性風俗に強制的に従事させられているか自由意思で従事しているか
	法的文脈	従事する形態の法的地位（合法か違法か，犯罪か否か）
	階級・職業ヒエラルキー	職業の社会的地位や職業内の形態別ヒエラルキー
	生物学的性別と性的指向	性風俗従事者の性別やジェンダー，性的指向
	社会的支援	社会的支援の有無や公的機関へのアクセスが可能か否か
歪み	自尊心	自尊心が低下する
	孤立化	物理的・精神的孤立を招く
	うつ	うつ状態になる
	苦悩	さまざまな苦悩を抱える
	PTSD	PTSD 症状が見られる
	薬物乱用	薬物の乱用が見られる
	検診や受診の拒否	妊娠や性感染症の検診を拒否する
	継続的な避妊具の不使用	避妊具の使用をみずから拒否する
	身体の歪み	身体的負担がある

出典）Arnold & Barling（2003）をもとに筆者作成

する中で被る性暴力や、性風俗従事者を取り巻く環境から受けている負担について「従事者の身体的・精神的負担」を考察する。これは、アーノルドとバーリングの「歪み」に当たる部分である。

なお、このように性暴力を体系化する際の危険についても触れておきたい。本章で性風俗における性暴力に焦点化することで、「性風俗＝性暴力」のような印象を与えてしまうかもしれない。本節では、性暴力が性風俗でどの程度生じているのか全体像を示すが、ここで取り上げる事例はあくまでも一部の現象を示すものであるし、性暴力として読み取れるものを整理して提示する中で、汲みとられない性暴力もあるだろう。さらに、「性暴力被害者」を名指す危険性もあるが、「何が性暴力になりうるのか」を問題提起する形で、「誰が被害者なのか」を名指すことを避け、「当事者」がその人の事情に合わせて「ニーズを顕在化」（上野 2011: 79）させられるような投企的カテゴリーを提示することを試みたい。

また、本章および次章は一次資料ではなく二次資料を中心に構成するが、その第一の理由には調査の困難が挙げられる。性風俗というタブー視されやすいテーマと性暴力という繊細なテーマが交差する地点を調査していくにはさまざまな限界がある。このような不可視化された性暴力を調査対象とするとき、そのような経験をもつ調査協力者を見つけるのは困難を極めるし、十分な信頼関係を築かないままその人に心の奥深くに抱えるトラウマを開示するよう求めることは暴力にもなりえる。本章および次章では特に、性風俗従事者がどのような暴力を受け、それがどのように不可視化されるのかを分析するため、調査協力者はすでに起きた性暴力についてその内容や文脈を詳細に語らなくてはならないが、調査協力者が短期間のうちに見ず知らずの調査者に話してくれることはわずかである。

そのため、すでに得られている量的データや、性風俗における性暴力を経験した人たちが書籍や記事で自分の思うままを書き尽くした文章から性暴力の実態を読み取る方が、本章・次章の考察目的を達成するための方法論としては適しているだろう。性風俗における性暴力についての量的調査は海外調査を中心に蓄積され始めているし、たとえ性暴力に焦点化していなくとも、性風俗従事者の手記やエッセイ、新聞記者やフリーライターのルポから、性風俗従事者に対する個々の性暴力を読み取ることは可能だ。人の痛みに触れる調査を行う際は、その痛みが最小限にとどまるよう努めるべきだし、過去の調査を踏まえてもなお「どうしても聞かなくてはならないこと」を慎重に真摯に探り出したうえで実施するべきだろう。

もちろん、二次資料は読者を想定して出版されたものであり、そこに何らかの加工があることは否めないし、一次資料とは異なり「すでに書かれていること」しか分析できないという限界もある。しかし、調査協力者は対面式のインタビュー調査においても自分自身の言葉を加工し、調査者に開示できるところだけを語る。その意味においては、二次資料から「性暴力」を浮かび上がらせる作業にも価値はあるはずである。

性風俗従事者に対する性暴力についての海外調査

本節では、まず、性風俗従事者の性暴力についての先行調査が豊富な海外調査をもとに性風俗従事者に対する性暴力の実態や傾向を捉えてみたい。そのうえで、日本の性風俗の特徴を考慮しながら、日本における性風俗従事者に対する性暴力を考察していく。

海外の調査においては、性風俗従事者に向けられる性暴力の実態が明らかにされつつある（表8を参照のこと）。

例えばシャーロット・シーブの調査[(2)]では、オーストラリアの二四七名の女性性風俗従事者（合法的な性風俗店に従事する性風俗従事者一〇二名、個人の性風俗一〇三名、違法な性風俗形態四二名で、違法形態のうち七九％が街娼）のうち、四二％がこれまでに性交強要の被害に遭っており（Seib 2007: 113）、これまでに性交強要の被害に遭った性風俗従事者はそれぞれ性風俗利用者から一五％、性風俗従業員などから三％、性風俗従事者のプライベートのパートナーから一九％、家族から九％存在する（Ibid.: 102）。このことは、性風俗従事者が性風俗利用者や性風俗従業員などの性風俗の関係者だけでなく、家族やパートナーといったプライベートな領域においても性暴力にさらされていることを示している。また、同調査において、性風俗利用者から性交を強要されたことのある性風俗従事者のうち、合法的な性風俗店では三％、個人の性風俗では一二％、違法形態では五〇％が被害に遭っており、性風俗の法的地位は性暴力の被害率と相関関係にあることがわかる。一五％の性風俗従事者が性風俗利用者からの性暴力を警察には訴えないと回答しているが、身体的暴力・性暴力を警察に訴えない理由として、「警察に訴えて警察に目をつけられるのが怖い」（四二％）、「逮捕または罰金を科せられるのが怖い」（二六％）が挙げられており、性風俗の法的地位が性暴力被害の申告率にも影響しているといえる（Ibid.: 103, 108, 114）。

また、イギリスにおける二四〇名の女性性風俗従事者（一一五名が街娼、一二五名が店舗型）を対象と

（2）シーブは、一九九一年と二〇〇三年にオーストラリアのクイーンズランドで調査したデータを比較検討しているが、本書では二〇〇三年のデータのみを挙げる。また、二〇〇三年当時、オーストラリアのクイーンズランドでは、届け出を出している性風俗店および個人による性風俗は合法だが、それ以外の形態は違法とされている。

表8　性風俗従事者に対する性暴力についての海外調査

調査者	調査地	人数	性風俗形態	性暴力被害	警察への通報
Boyle et al.（1997）	オーストラリア（クイーンズランド）	171名（F）	個，店，街	性交強要30%	—
Farley & Barkan（1998）	米国（サンフランシスコ）	130名（F：75%，M：13%，TG：12%）	街	性交強要68%	—
Church et al.（2001）	イギリス（リーズ90名・グラスゴー150名）	240名（F）	街115名・店125名	性交未遂（街28%，店17%），オーラル・セックスの強要（街17%，店3%），性交強要（街22%，店2%），肛門性交強要（街5%，店6%）	警察に性風俗利用者からの性暴力を通報した経験がある調査協力者（街44%，店18%）
Cler-Cunninghm & Christenson（2001）	カナダ（バンクーバー）	183名（F）	街	過去1年以内に1回以上該当（性交強要56.7%，武器を使った性交強要38.8%）	警察に通報しなかった被害：性交強要77.8%，武器を使った性交強要72.1%）
Cwikel, Ilan & Chudakov（2003）	イスラエル（テルアビブ，ベエルシェバ，エイラト）	55名（F）	店	性暴力30%	—
Seib（2007）	オーストラリア（クイーンズランド）	247名（F）	個103名・店102名・違法形態42名（うち街79%）	性交強要15%（威圧感を感じた43%），形態別被害：個12%，店3%，違法形態50%	警察に性暴力を通報可能だと考える調査協力者75%
SWAN（2009）	11カ国（ブルガリア，キルギスタン，ラトヴィア，リトアニア，マケドニア，ポーランド，ロシア北西部とシベリア部，セルビア，スロヴァキア，ウクライナ，チェコ共和国）	218名（F, M,TG）	—	警察からの性暴力（ブルガリア20%，キルギスタン89.5%，ラトヴィア23.8%，マケドニア82.4%，ポーランド7.7%，ロシア北西部30%，ロシアシベリア部55%，セルビア75%，スロヴァキア30%，ウクライナ45%，チェコ共和国—）	警察に性暴力を通報可能だと考える調査協力者（ブルガリア20%，キルギスタン35.7%，ラトヴィア19%，リトアニア0%，マケドニア0%，ポーランド61.5%，ロシア北西部55%，ロシアシベリア部20%，セルビア0%，スロヴァキア35%，ウクライナ15%，チェコ共和国43.5%）

注）F：女性，M：男性，TG：トランスジェンダー，個：個人の性風俗，店：店舗型，街：街娼，—：該当データなし

出典）Seib（2007: 216）をもとに筆者作成

して性風俗の形態別被害率を調査したステファニー・チャーチらによると、「これまでに性風俗利用者からの暴力を経験した」性風俗従事者は街娼で八一％、店舗型で四八％となっており、「絞殺未遂」(街娼二〇％、店舗型六％)も比較的多い。性暴力について見てみると、「性交または肛門性交のレイプ未遂」(街娼二八％、店舗型一七％)、「オーラル・セックスの強要」(街娼一七％、店舗型三％)、「性交強要」(街娼二二％、店舗型二％)、「肛門性交強要」(街娼五％、店舗型六％)となっており、やはり街娼がより暴力の危険にさらされている(Church et al. 2001: 525)。

レオナルド・クレル＝カニンガムとクリスティーン・クリステンソンがカナダの一八三名の女性性風俗従事者(街娼)を対象とした調査からは、性風俗従事者の人種やエスニシティも被害率の高低にかかわっていることがわかる。同調査では、性風俗従事者が「ハラスメント」(八五・一％)、「盗難」(五三・二％)、「身体的脅迫」(七三・二％)、「武器による脅迫」(六〇・三％)、「武器なしの身体的暴行」(四七・三％)、「武器を用いた身体的暴行」(四七・六％)、「誘拐／監禁」(三〇・九％)といった暴力を調査時から過去一年以内に一度以上受けていることが明らかになっているが、「殺人未遂」が三五・九％に及ぶことも注目に値する。また、性暴力については「意思に反して性的行為を強要された」人が五六・七％、「武器を用いて性的行為を強要された」人が三八・八％おり、他の調査に比べても比較的高い被害率となっているが、その背景には、街娼を対象とした調査であることに加え、街娼形態の性風俗に先住民や少数民族が多く従事しており、性風俗従事者に対する差別だけでなく民族差別が加わっていることが考えられる(Cler-Cunningham & Christenson 2001: 26)[3]。

さらにＳＷＡＮ(Sex Workers' Rights Advocacy Network：セックスワーカーの権利擁護ネットワーク)の調査は、一一カ国二一八名(男性、女性、トランスジェンダーの「セックスワーカー」)を対象に警察からの被害を調査したものであり、性暴力の被害率は国によって幅があるものの、警察からの被害が多い国では警察への被害申告率が少ない傾向が出ている（SWAN 2009: 19-20）。ＳＷＡＮの調査は、女性性風俗従事者以外を調査協力者に含んでいる点が特徴的だが、男性性風俗従事者は女性性風俗従事者よりも警察官からの性暴力を受ける人が少ない一方で、女性性風俗従事者よりも身体的暴力を多く受けていることがわかっている。また、ある男性性風俗従事者は警察官から「腕立てをし、トイレを抱きかかえるよう命じられ」、その間警察官が彼を罵倒しながら笑いものにしていたことを語っている。こうした暴力は、男性性（ジェンダー）に対する攻撃であると考えられる。さらに、男性性風俗従事者は性風俗従事者に対する偏見や差別だけでなく、周囲の人々のホモフォビアによる差別や暴力を恐れていることも明らかになっている（Ibid.: 28, 43）。

性風俗従事者に向けられる性暴力は、国や地域、従事形態によっても異なるが、およそ二〇〜三〇％の性風俗従事者が性交強要の被害に遭っていることがわかる。性風俗形態別に見ると、街娼や違法形態の性風俗従事者は店舗型の性風俗従事者に比べて、圧倒的に多く性暴力およびその他の暴力被害の経験を有している（Church et al. 2001; Seib 2007）。性風俗の形態や法的地位によって性暴力の被害率が変わることは、日本の性風俗従事者に対する性暴力を分析するうえでも示唆的である。

性風俗従事者に対する性暴力についての国内調査

国内の性風俗従事者に対する性暴力はどうだろうか。筆者が調べた限りでは、性風俗における性暴力について尋ねた国内の量的調査は、要友紀子と水島希、東優子の調査のみだ（要・水島 2005; 東 2012）。そのため、日本の性風俗従事者に対する性暴力についてては、先行調査だけでなく性風俗従事者の手記やルポをもとに整理したが、縦に性暴力の種類、横に性暴力加害者、縦横の交わる部分に被害内容をまとめると表9のようになる。

接触型の性暴力には、性交強要をはじめ、性風俗利用者の性交強要や性交のほのめかしを断ったあとに激怒されたり暴力をふるわれたりという被害が挙げられる。

八七%がデリバリーヘルスなどの無店舗型に従事している人（三五四名）を対象とした東の調査では、「自分がしてほしくない性行為をされた・させられた」は四二・一%、「相手の望む性行為に応じなかったため、相手が不機嫌になった」は六〇・五%となっており（東 2012: 13）、比較的高い被害率になっている。

（3）　本書では詳しく考察できないが、性暴力被害者のエスニシティや文化的背景は性暴力が不可視化される重要な因子である。例えば、言語の違いは性暴力加害者に対する被害者の抵抗力を弱める可能性があるし、どの機関に性暴力を訴えられるのかといった情報も得られにくく、外国人の被害者は日本人の被害者たちよりも日本の公的機関にアクセスしづらいだろう。文化的・宗教的背景の違いが、性的な語りについての抵抗感にも影響するはずである。また、被害者のエスニシティや人種に対する差別・蔑視がかかわることもある。例えば「じゃぱゆきさん」については「観光ビザで働いている〔性風俗で働いている〕、というニュアンスが強い」アジア女たちがたくさんいるのに、なぜ検挙しないのか」「ものすごい数のアジア女たちが日本を汚染している」といった外国人性風俗従事者たちのエスニシティに対する嫌悪があることが指摘されている（山谷 2005: 159-161）。性風俗がエスニシティと関連づけられると、性感染症や妊娠、暴力など、性風俗に従事する中で起こりうるものの責任が性風俗従事者のエスニシティゆえに性風俗従事者側に転嫁されるだけでなく、外国人性風俗従事者は被害者性と加害者性の双方を備えた「扱いにくい」存在と見なされる。こうした性風俗従事者のエスニシティに対する偏見や言葉の壁は性暴力をより不可視化することが考えられるし、彼女ら・彼らに対する性暴力を可視化する過程には、日本人に対する性暴力を可視化するのとは異なる困難があるだろう。

表9　性風俗従事者に対する性暴力の種類と加害者

<table>
<tr><th colspan="2"></th><th>性風俗利用者</th><th>性風俗従業員</th><th>他の性風俗従事者</th></tr>
<tr><td colspan="2">接触型の性暴力</td><td>威圧や脅迫などによる性交強要
契約以上の性的行為の強要
奇異な体位や危険な行為の強要</td><td>威圧
脅迫
労働条件などを利用した性交強要
不当な講習
性風俗従事の強要</td><td></td></tr>
<tr><td rowspan="3">非接触型の性暴力</td><td>避妊具関連</td><td>避妊具の使用拒否</td><td>避妊具の常備や使用の禁止
ピル使用の強要</td><td>避妊具の破損</td></tr>
<tr><td>言葉による性暴力</td><td>職業差別
性風俗従事者に対する性的な暴言
性風俗従事者のセクシュアリティ／ジェンダーに対する攻撃</td><td>性風俗従事者に対する暴言
身体に対する誹謗中傷
セクシュアリティ／ジェンダーに対する攻撃</td><td>情報操作による強姦教唆
性風俗従事者に対する誹謗中傷</td></tr>
<tr><td>サイバー・ハラスメント</td><td>盗撮
ポルノ流通被害
存在被害</td><td>盗撮
写真の無断転用(流通被害)
存在被害</td><td></td></tr>
</table>

注）サイバー・ハラスメント：主にインターネットを介した嫌がらせのこと。スパムメールの大量送信や匿名掲示板での誹謗中傷，写真の無断転用などを含む。また，インターネットやメールなどを利用したストーカー行為はサイバー・ストーカーとも呼ばれる。

出典）筆者作成

また、要と水島の調査では、無許可店(4)と営業許可店で性交を迫られる割合を比較しているが、性交を強要する性風俗利用者の割合は営業許可店では二四％であるのに対し、無許可店では三八％となっており（要・水島 2005: 74）、性風俗利用者は性風俗従事者が被害を訴えにくい状況につけ込んで加害行為に及んでいるといえる。先に挙げたシャーロット・シーブの調査では、性暴力を経験した性風俗従事者が性風俗利用者からの性交強要を断れなかった理由として「相手に威圧感があった」（四三％）が挙げられており（Seib 2007: 101）、性風俗利用者は性風俗利用者と性風俗従事者の身体的な力の差や金銭授受の利害関係、性風俗従事者の法的地位を威圧や暴力行使に利用していることがわかる。

また、接触型の性暴力には、オーラル・セックスの際に精液を飲み込むことを強要されるといったことも含まれる。精液を飲み込む行為は、一部の性風俗店では「サービス」の一環となっている場合がある（桃河 1997）。また、ポルノグラフィでは人工精液が使用されることも多いが、本物の精液を飲み込んだり顔面にかけたりする行為もあり（ポルノ・買春問題研究会 2001）、性感染症罹患の観点からは危険である。しかし、性風俗において性交類似行為に避妊具が使用されることは少なく、避妊具不使用の性的行為の危険性が十分に把握されていないという傾向も指摘されている（桃河 1997; 東 2012）。

非接触型の性暴力には、避妊具に関するものや言葉による性暴力、サイバー・ハラスメントやスト

（4）性風俗店は風営法に基づき公安委員会に営業届を出さなくてはならないが、無許可店とはこの営業届を提出していない店舗を指す。また、悪質な性風俗従業員および性風俗店は、一八歳未満への性風俗斡旋が違法であるため、一八歳未満だと推測できる場合でもあえて年齢を確認せずに出会い系サイトの掲示板に掲載し、性風俗従事を斡旋することがある。児童買春は故意犯であり、性風俗従事者が一八歳未満であることを性風俗利用者が知らずに性的行為に至った場合はその罪が認められない。そのため、警察では未成年の性風俗従事を把握しにくいという（沖縄タイムス 2013.9.21）。

ーカー被害などがある。
避妊具に関しては、性風俗利用者の避妊具使用拒否（男性と買春を考える会 1998）、性風俗店による避妊具設置の禁止（川畑 1999b; 酒井 2001）、避妊具に穴をあけて嫌がらせをするなどの他の性風俗従事者による避妊具の破損（松沢編 2003）を挙げることができる。例えば東の調査では、調査協力者の二四％が希望したにもかかわらず避妊具を使用できなかったと回答している（東 2012: 46）。また、コンドームを中心とする装着型の避妊具使用が禁止される一方で、性風俗従業員からピルの常用を強制されることもある（桃河 1997）。ピルは避妊目的ではコンドームよりも効果が高いが、性感染症の予防にはならない。[5] そのため、どのような避妊方法・性感染症予防法をとるかを決定する性風俗従事者の決定権が侵害されているうえに、結果として性感染症の危険にさらされたり、月経といった女性の身体的機能への制約が設けられたりしていることは性暴力になりうるだろう。[6]
言葉による暴力では、性風俗利用者から見下されたような発言をされたことがある性風俗従事者は、要と水島の調査では四六・八％（要・水島 2005: 75）、見下された態度をとられた人は、東の調査では四一・五％に及ぶ（東 2012: 13）。そのすべてが性的な侮蔑発言やセクシュアリティ／ジェンダーへの攻撃というわけではないが、要と水島の調査からは、それらの発言に「ヤリマン」「風俗嬢なんだから〔どんな要求も受け入れてよ〕」「本番とか平気なんでしょ」（要・水島 2005: 264-265）といった、性風俗従事者を性的に見下した発言や性風俗従事者に対する性的偏見が含まれていることがわかる。[7] また、性風俗従業員や他の性風俗従事者からは、性風俗従事者の性的部位に対する誹謗中傷やセクシュアリティに対する攻撃[8]、「あの子は本番に応じる」といった性的噂の流布があり、その結果として性風俗利用者から性交を強要されるといった被害も起きている（松沢編 2003）。

さらに、風俗雑誌や広告・インターネットへの写真の無断転用・転載、盗撮といったサイバー・ハラスメントもあり（酒井 2001; 要・水島 2005）、それが原因で周囲の人々からの差別や暴力におびえなくてはならないこともある（存在被害）。性風俗店に従事しているだけのつもりが、自分と性風俗利用者との性的行為がポルノグラフィとして販売されていたり（要・水島 2005）、ポルノグラフィの契約時に顔にモザイクをかけることを約束したにもかかわらず契約が守られず、同意していない動画が流通したりするといった被害もある（ポルノ被害と性暴力を考える会 2010; ヒューマンライツ・ナウ 2016）。東によると、ストーカー被害経験者も二一・二％に及び（東 2012: 13）、性風俗に限定しない全国調査におけるストーカー被害率（女性一八一一名中一〇・五％）に比べても（内閣府男女共同参画局 2015: 50）、性風俗におけるストーカー被害が深刻であることがわかる。

また、性風俗従業員などに脅されて性風俗に従事することを強要されるということも起きている。

（5）「セックスワーカー」を対象とした木本絹子の調査によると、ピル使用者は不完全な（不適切な）コンドーム使用率が高く、性感染症罹患率がピル未使用者よりも有意に高いという（木本 2001）。

（6）桃河モモコは、月経を避けてシフトを組みやすいというピル使用のメリットを指摘したうえで、性風俗従業員が店の繁忙期に合わせて性風俗従事者にピルを強要する場合があることを指摘している（桃河 1997: 55）。

（7）性風俗利用者からの言葉の暴力は、性風俗従事者の身体や行為を「汚いもの」と見なし、性風俗従事者にそのことを思い知らせることを目的として行使されることもある（Angell 2004=2006）。

（8）ポルノグラフィに携わる男性性風俗従事者の性が女性性風俗従事者の性より軽視されることも、セクシュアリティ／ジェンダーを利用した暴力であるといえる。男性の場合は、性的行為ができること自体が「ありがたい」ことであり、給与など要求すべきでないと考えられてしまうような不平等がある（スタジオ・ポット編 2000: 302）。

例えば、ポルノグラフィへの出演強要についての相談が、ポルノ被害と性暴力を考える会（PAPS）には二〇一五年に五九件届いている（ヒューマンライツ・ナウ 2016）。出会い系サイトを通して性風俗従事を強要する事件もあり（警察庁 2013; 警察庁保安課 2015）、これらは性風俗が性暴力行使に利用されている場合といえるだろう。

二　従事環境に組み込まれた性暴力

性風俗従事者に対する性暴力には、性風俗従事者が不快感や恐怖を抱いていても、それが暴力ではなく「サービス」として認識されているために可視化されないものがある。ここでは、性風俗のシステムや規則の中に性暴力になりうるものがあることを考察する。

講　習

性風俗のシステムの中でまず注目すべきなのは、「講習」だろう。講習とは、性風俗に従事する前にその性風俗店の従事内容を実際にロールプレイするもので、従事内容の確認や統一、禁止事項の確認などを行うものである。たいていは店長や男性従業員が行うが、同僚や先輩の女性に講習してもらう場合もある(9)。性風俗従事経験者であれば、講習で何が行われる（べきな）のか、また、自分が従事しようとしている形態はどのような業種なのかについてある程度の知識があり、講習で必要以上の行為があった場合にそれを性暴力だと認識できたり、不当な講習を拒否したりする確率も高まるだろう。

しかし、性風俗に初めて従事する人の中には、性風俗に従事することを必ず性交を含む性的行為をするものと思っている人もおり（要・水島 2005）、そうした性風俗従事者が講習において業種外の性的行為を強要される（例えば非性交の業種にもかかわらず講習で性交を要求され、それが当たり前だと思って応じてしまう）可能性もある。また、講習は基本的には密室で指導者と二人きりで行われるため、「他の人がどんな講習を受けているのかわからない」「どこからどこまでが講習なのかわからない」（同前：88）ことが性暴力への抵抗力を弱め、被害を訴えづらくする。さらには、やる気を見せるためには講習を受けなくてはならない、講習を拒否しない方が性風俗店に採用されやすいだろうといったプレッシャーも性風俗従事者たちの講習への参加率や講習での態度を左右するだろう（松沢編 2003）。

次の例は、性風俗店の社長から講習を受けた際に、非性交形態の性風俗店であったにもかかわらず性交を強要されたものだが、この例から、講習で性暴力が生じうる文脈を考察してみたい。

〔講習のときに〕突然社長は起きだして、「俺は素股が、嫌いなんだ」と言い、いきなり本番をし始めました。〔中略〕講習で本番をしてしまったのと、社長とヤッてしまった気まずさ、ムカついた気持ちがあったので、私は「今までお店で本番したことはなかったんですけど」と嫌な気分で苦笑いをすると社長は「うちでもしないで良いよ」といって、それ以上のアドバイスはありませんでした。

（かりん 2003: 94）

「それ以上のアドバイスはありませんでした」というのはつまり、本来の講習を受けていないこと

（9）最近では講習ビデオを制作して、それを視聴するという方法で講習する店舗もあるが、少数である。また、無店舗型の性風俗では講習がまったく行われないこともある。

を意味する。彼女はここで、この性風俗店の規則（従事内容や禁止事項）について教えてもらっていない。この店は彼女が性風俗に従事した二店舗目の店であったが、彼女は講習を受けるのはこれが初めてだった。その後、彼女はこの不当な「講習」を誰にも訴えず、同店に勤務しているが、その理由として、「保証」[10]が出たことを挙げている。

それから、社長は私が出勤する度にお店にやってきては本番をし、一万円を置いていくようになりました。私はこのことが嫌で辞めようとも思いましたが、怖いのと、お客様がこないのに毎回保証を出してくれるため、あまり仕事をしなくてもお金が入るので、実際に辞めるところにまで至りませんでした。（同前：96）

この性風俗従事者は、この社長が「あっち関係」のような「見た目」であり、「同じビルに怖い事務所（暴力団事務所を指す）が入っていた」こと、また、経験の浅い彼女が「風俗店はほとんどあっち関係だと思い込んでいた」ことからくる恐怖心を語っている（同前：94）。社長が暴力団とつながっているという彼女の想定は事実であったかどうか定かではない。しかし、この社長との「本番」は彼女と社長の権力関係を利用して行使されたものであり、「怖い」と思った彼女の「事実」を知識の次元で議論すべきではない。社長や店長など、その性風俗店内（ときには業界内）での権力が強ければ強いほど彼らの暴力に抵抗しにくく、また、その後の従事条件を盾に抵抗できないよう仕向けられることもある（これは「対価型セクシュアル・ハラスメント」といえるだろう）。性暴力加害者は経営者－従事者の権力差[11]や従事条件の安定という対価を確実に利用して暴力を行使するのである。

そして、もう一つこの事例で注意しておきたいのは、彼女が「嫌」なことを常習的に受けていたにもかかわらず、その性風俗店を辞めなかった点である。彼女の場合は、毎回保証があったことで、性風俗利用者が来ない日でも対価を得られることが性風俗店にとどまった大きな理由になっている。多くの性風俗利用者に労力を使うよりも、社長との関係を続けて保証金を確保することをみずから選択したともいえる。彼女は社長との性交に一万円の対価をもらっているし、関係も継続されているため、周囲の人々からは性暴力というよりも「ひいきにされている」と捉えられたかもしれない。彼女が社長のこの行為を「嫌」「怖い」と思っていたことは矛盾しない事実であるが、彼女が何かしらの「利益」を得ていると考えられてしまう場合、性暴力の訴えにくさや理解されづらさが生まれることも考えられる。

避妊具の使用禁止

性風俗のシステムや規則が性暴力につながることもある。例えば、性風俗ではより危険な性的行為が「サービス」として高い需要を得ているため、性交類似行為の際に避妊具の使用を認めない性風俗店が多いだけでなく（SEXUAL RIGHTS PROJECT 編 1999; 酒井 2001; 要・水島 2005）、性交時の避妊具使用さ

（10）保証システムは一日・時間当たりの一定の給料を保証するシステムで、収入が保証金額に達しない日は保証金額や保証金額との差額が性風俗店から支払われる。具体的なシステムや保証金額は性風俗店によって異なる。

（11）性風俗従業員と性風俗従事者が雇用関係にない場合もある。例えば、ソープランドの性風俗従事者は個人事業主とされている。また、デリヘルなどの無店舗型の性風俗形態では、性風俗従事者がデリヘルを提供する会社やサイトに「登録」し、時間の都合や性風俗利用者を選択する場合もある。

え認めない性風俗店もある（松沢 2002）。店舗型の性風俗（ヘルス）に従事する性風俗従事者を対象とした調査では、避妊具を使えない店は関東地区で六一％、関西地区で五四・二％あり、性風俗店で避妊具を使用しない理由として「店のサービスとして決められているから」（六八・六％）が最も多く、次に、「客が〔不使用を〕望むから」（四三・一％）という結果が出ている（池上ほか 2000: 601-607）。このことからも、性風俗店の規則やシステム自体が性暴力を内包していたり、性風俗利用者が避妊具の使用を拒否したりする形で性暴力を行使していることがわかる。

たとえ性風俗従事者が避妊具着用を意識していても、着用できない環境もある。例えば、広告やスカウトでは避妊具を使用できるといわれていても実際には使用できず、望まない性的行為につながることがある（松沢 2002）。次の例は、避妊具を使用できると思って従事したにもかかわらず、実際は性風俗店が性風俗利用者に店の規定をきちんと説明しておらず、契約以上の性的行為を性風俗利用者から要求された例である。この例の女性は、コンドーム使用を「絶対条件」にしているが、「いい店」がなかなか見つからなかったという（同前：82-83）。

面接では、フロント〔性風俗従業員たちが待機する受付〕で客に〔性風俗店の避妊具に関する規定を〕説明するから大丈夫って言っていたのに、〝生でさせろ〟って客がすごく多いんだよ。フロントがちゃんと説明してくれてないみたい。（同前：83）

避妊の観点からのみ考えれば非性交形態での妊娠の危険性は少ないものの、たとえ性交類似行為でも精液が女性器に接触する可能性はあるし、顔面に精液をかけたり、精液を口内に出したり飲み込んだりすることが「サービス」の一つとして提供されていることを考えると、性感染症罹患や妊娠の可能性がないわけではなく、けっして安全とはいえない。

しかし、このような避妊具不使用の背景には、妊娠や性感染症のリスクを伴う危険な性的行為が「サービス」として規定されているということに加え、避妊具なしの性交類似行為の危険性についての社会的認識がそもそも低いという問題もある（木原 2000; 福島県男女共生センター 2005; 遠野 2006）。避妊具は性交のためだけに必要であり性交類似行為には不要だといった考えが、性風俗従事者の安全を奪ってしまう。

例えば、東優子の調査によると、性交類似行為では避妊具を使用しない性風俗従事者（派遣型）が多く（使用しない率は、素股五四％、フェラチオ五六％、口内射精七〇％）、避妊具を使用しなかった理由として「コンドームを使う必要のないサービス内容だったから」（八一％）が最多回答となっており（東 2012: 12）、性風俗店の意識や規則だけでなく、性感染症についての一般的な知識・意識も避妊具不使用に影響しているといえる。

また、性風俗従事者がセーファー・セックスを希望していても、あるいは、性風俗従業員が避妊具使用を重要だと考えていても、法律の関係で、安全とはいえない従事環境に身を置かざるをえなくなってしまう場合もある。例えば、警察の突然の摘発の際に性風俗店に避妊具が置いてあることで違法な行為（性交）があったと見なされないよう、避妊具の常設を認めない場合があるという（桃河 1997; 松沢 2002; 東 2012）。

さらに、店舗型の性風俗などで他の性風俗従事者が存在する場合、性風俗利用者が性暴力を行使したにもかかわらず、性風俗従事者の方が「性交なし」、避妊具不使用といった規則違反を理由に解雇を心配しなくてはならないような状況に追いやられることもある（松沢 2002; 松沢編 2003）。「あの子は本番ＯＫ」「避妊具はいらない」という評判が一度流れてしまえば、その性風俗従事者に対する信頼が崩れるだけでなく、「この店の性風俗従事者は性交させてくれる」という性風俗利用者の経験や噂が、「本番やらせないと客はつかない」（要・水島 2005: 267）などといった性風俗利用者の脅迫に結びつく可能性もある。望まない性的行為が「性暴力」ではなく「性風俗従事者が勧誘・提供した性的サービス」に変換されてしまい、性風俗従事者は性風俗店の「規則違反」の責任を問われてしまう危険性がある。

産業変化の激しさ

日本の性風俗形態は多様であり、産業の変化は目まぐるしい。業種がいくつもあることは、性風俗従事者にとっては自分に合った業種を見つけやすく、何をどんなふうに提供するのかの選択を保障し、従事者の安全につながることもある[12]。しかし、産業の変化が激しければ激しいほど被害を訴えたいときに告発対象を見つけにくく、性暴力の責任を問う場を失いやすい。それは盗撮や写真の転載・転用などのサイバー・ハラスメントに影響する。

例えば、盗撮の場合は性風俗店が行っているのか性風俗利用者が行っているのか判然としない場合がある。性風俗利用者が盗撮しているとわかった場合でも、加害者を特定することが難しく、かつ、性風俗利用者一人ひとりを詰問することも非現実的である。また、従事していた性風俗店に訴えようと思っても、次の例のように、その店がすでに閉店していたり移転していたりして訴える場所を失ってしまうこともある。

ある日レンタルビデオショップに行ったら、自分とお客さんとのプレイシーンがビデオになってレンタルされてたので、店が隠し撮りしていたことがわかった。わかったときにはもうそのお店はなくなっていたので店の人を突き止められなかった。（要・水島 2005: 91–92）

性風俗の変化が性暴力やその不可視化に影響することについては、情報収集を徹底することで改善することが求められることもあるだろう。先に考察したような「性風俗では必ず性交をする」といった性風俗従事者の誤解も、ある程度の業界分析をすれば解消されるものだろう。しかし、これが「情報収集を徹底しなかった方が悪い」というふうに性暴力被害者側に落ち度を見出すことにつながってしまっては危険である。性風俗の業種は多岐にわたるし、たとえ同じ業種間を移動したとしても店ごとに異なるルールをもっていることを考えれば、情報を把握しきれないことは容易に想像できる。また、インターネット上の口コミ掲示板などを利用して特定の店についての情報を集めたとしても、今までそうした性暴力がなかった店では性暴力が起きないとも、たまたまそのときいた性風俗従業員から性暴力を受けないともいいきれない。業種の変化や法律上の地位（違法・違反行為の規定）の変化が激しい性風俗において、その情報を正確に収集することは困難を極める。また、従事内容が正確に公

（12）　海外の研究では、性風俗従事者の妊娠は性風俗に従事する制限となり性風俗従事者にとって生計上の負担になると考えられやすいが（Arnold & Barling 2003）、日本には妊婦性風俗をサービスとする形態もあり、妊娠すればそこに従事する性風俗従事者たちもいる。ただしそれは、性風俗従事者の衛生上の安全を脅かすだけでなく、性風俗従事者の地位やリプロダクティブ・ヘルス／ライツを含めた何もかもが性風俗の一サービス形態として活用されてしまうことをも意味している。

開されることも少ない（松沢 2002）。そのため、性風俗従事者個々人の情報収集の徹底のみを性暴力を防止・可視化するための方法として議論すべきではないだろう。

非支援的な従事環境

海外調査の結果からもわかる通り、店舗型の性風俗店に従事するか、個人で性風俗に従事しているかといった従事形態の違いや、許可店に従事しているか悪質な業種や無許可店に従事しているかといった法的地位の違いによっても性暴力の被害率は異なる。一般的に、周囲の支援的環境が整っている場合や店舗型で周りに他の性風俗従事者や性風俗従業員がいる場合は、性暴力を行使する性風俗利用者を止めてもらったり、性風俗利用者の見当違いな要求や苦情に対応してもらったりできる。もちろん、密室度の高さ（男性従業員たちが同店舗内にいるか、ホテルや性風俗利用者の自宅に派遣されるかなど）や性風俗従事者の職業経験（従事してまだ間もないのかベテランなのかなど）によってはすぐに助けを求められないこともあるが、個人で性風俗に従事するよりは性暴力を未然に防げる可能性が高くなるし、加害者をそれ以上性風俗従事者に近づけないようにすることも可能である。

例えば、次の例は性風俗店に従事していた性風俗従事者の語りだが、彼女には助けを求められるフロントが存在している。

> 体大きい人に、手も足も、とにかく無理矢理羽交い締めにされて、横から逃げて、裸のまんまフロントに走っていった。入ってまだ1カ月ぐらいのときだったから怖くて。（要・水島 2005: 147）

この例の女性は、性交を強要される場合は、いつも店長やフロントを呼ぶとも語っており〔同前：147〕、彼女以外に性風俗利用者に対応してくれる人が存在することの重要性を示唆している。

一方、援助交際や街娼など個人で性風俗に従事している場合、性風俗利用者や性風俗の対価を自分で決定できる自由度が高い半面、リスクを一人で管理しなくてはならないことも多い。事前に契約した対価をもらえなかったり、安全な性的行為をできなくても文句をいえなかったりして性暴力を受けることもある。周りに誰かがいるような店舗型の性風俗とは異なり、性風俗従事者と性風俗利用者が出会う前の第三者による契約の説明もなければ、契約通りに進むかどうかを監視〔それはときに安全を守る方法でもある〕する第三者もいない場合、性風俗従事者は性風俗利用者に直接ルールを説明し、そのルールに性風俗利用者を従わせなければならない。

しかし、次の「援助交際」をしていた少女の例では、性風俗利用者の威圧感が強く、性風俗従事者は契約の対価をもらえていないばかりか、避妊具の使用を主張することさえできない状況にある。

〔性風俗利用者の発言〕「これ着てね。本番して2万、写真も撮らせてくれたらプラス1万だから」約束が違うと思った。メールではセックスするだけで3万って話だった。でも、ウチは文句が言えなかった。オジサンの目つきが恐かったから。〔中略〕危ない目をしていた。文句を言ったりしたら何をされるかわからない感じだった。〔中略〕ゴムをつけてくれたのか不安だったけど、やっぱり何も言えなかった。

〔遠野 2006: 149–150〕

次の例も「援助交際」していた別の少女の語りである。彼女は避妊具を自分で用意すると語っているが、それが実際に使われることは少ないという。

コンドームを使ってくれる人は少ないです。「だいじょうぶ、だいじょうぶ」男の人たちはみんなそう言います。「あ、中で出しちゃった」、「手前で出したから平気だよ」そんなふうに言う人たちもいます。

（同前：24）

性風俗従事者自身が交渉する力をもてない状況にあったり、性風俗利用者にクレームをつけることができなかったりする場合、性風俗利用者の要求をのまざるをえないような状況へ追いやられてしまう。性風俗に安全に従事するには支援的な環境やネットワーク、法的地位が不可欠といえる。

三　性風俗に従事する背景

性風俗従事者たちが性風俗に従事する背景には、それ自体を「性暴力」といいうるものもある。例えば、周囲の人々から性風俗に従事するよう強要されていて性風俗に従事すること自体が日々性暴力を受けることと同義になっているような場合や、性暴力の影響を抱えて性風俗に従事し、それが性的傷つきにつながるような場合である。一方、性風俗に従事する背景が一次的性暴力を促す場合もある。

ここでは、性風俗従事の背景として、当事者の経済的事情や生活環境、性的トラウマや周囲の影響を考察していく。ただし、性風俗従事者の誰もがこのような背景をもっているとか、このような背景から性風俗に携わったのならばそれは「強制的な性風俗従事であり、今すぐ性風俗を辞めるべきだ」

などと主張したいわけではない。性風俗従事の背景を性風俗の是非を主張するために提示するのではなく、あくまでも、性風俗に従事する背景が具体的な性暴力被害とどのようにかかわっているのかを考察していきたい。

経済的事情

近年、日本における「貧困の女性化」が指摘されている（山上 2010; 阿部 2014）[13]。「貧困の女性化」が深刻化する要因には、男女の賃金格差や雇用機会の差だけでなく、配偶者との死別や離別、配偶者からの暴力なども挙げられる。結婚後の仕事と育児の両立が困難だったり配偶者が育児に非協力的であったり、あるいは出産や育児後の社会復帰が難しかったりすることで、女性は社会から経済的に孤立しやすい（神原 2008; 荻上 2012; 厚生労働省 2015）。母子生活支援施設入所の理由が「配偶者からの暴力」（四五・七％）、「経済的理由による」（一八・七％）となっていることからもわかるように（厚生労働省 2015: 16）、家庭内の暴力が女性やその子どもたちを「家庭」から追いやり、女性に特有の貧困がその

（13）「貧困の女性化」とは、貧困層に女性の割合が多くなる現象を指す。例えば、男性の平均年間所得は女性のそれよりも一〇〇万円以上も多くなっている（厚生労働省 2012）。さらに、女性世帯主の常時貧困率は男性世帯主のそれよりも高く（石井・山田 2007）、二〇一〇年に行われた全国母子世帯等調査では、母子世帯の平均年間収入は二九一万円（母親自身の平均年間収入は二二三万円）、父子世帯の平均年間収入は四五五万円（父親自身の平均年間収入は三八〇万円）であり（厚生労働省 2011: 1）、母子・父子世帯の収入格差も明確である。また、母子生活支援施設入所者の所得調査でも、二〇一二年の年間所得は一〇〇万～一九九万円が三五・三％、二〇〇万～二九九万円が二五・六％と順に高く、平均年間所得金額は一七二万三〇〇〇円であり（厚生労働省 2015: 19）、母子世帯の厳しい経済状況がうかがえる。

子どもの貧困の慢性化を促進する。[14]

家庭での暴力やネグレクトを含む虐待は、被虐待児童に身体的・精神的影響を与えるだけでなく、生活空間の基盤となる家庭の安全が保障されず、衣食住が不安定で、児童を貧困へも追いやるという意味では、子どもにとっては経済的問題であるともいえる。フリーターやニートなど、いわゆる正規雇用に就かない（就けない）若年層が親と同居する割合は年々増加しているが（内閣府 2015）、裏を返せば、安全に生活できる家がない子どもたちは、保護施設に辿りつかない限り「ホームレス生活」や性風俗に従事するなど不安定な生活を強いられる可能性が高いといえる。[15]

警視庁の二〇〇五〜二〇一二年の統計によると、家出人は高校生以下が七割を占めると同時に、家出少女の一割が性交強要の被害に遭っており、未成年がより危険な場所や状況に追い込まれていることがわかる（警視庁 2005-2012）。[16] これをまとめたものが図4・5だが、「いかがわしい場所で働くようになった」（図上は「いかがわしい就労」と表記）、「性非行の相手となった」のは女性（児）に多く、窃盗などの「刑法犯」や「浮浪者になった」は男性（児）に多いことがわかる。男性（児）については、性風俗従事者になりにくい分、宿泊先（性風俗の対価としての宿泊や性風俗店が保有している賃貸物件など）に辿り着く可能性が低く、窃盗などを犯さざるをえない状況に追いやられたり、あるいは女性を利用する立場に追いやられたりしやすいとも考えられるが、女性（児）については、家庭の貧困や家庭不和、家庭内の暴力などをきっかけとする家出によって引き起こされる「第二の貧困」が生活の糧としての性風俗従事に結びつきやすい。[17]

二〇〇〇年以降には、性風俗従事者の「供給過多」も指摘されるようになった（中村 2010, 2012）。性風俗の価格相場は著しく下がり、性風俗店などの就労面接で落とされる女性も出るなど、「女であれば性風俗で稼げる」といった性風俗神話が崩壊している（酒井 2006, 2007）。また、同じ頃、家庭内暴力や非行問題、長い不況に伴う経済的事情を抱えた「若年ホームレス」や「ネットカフェ難民」の問題も指摘され始めた。家庭に居場所が見つけられなかったり、家庭内の暴力から逃れるために家出したりして、出会い系サイトや路上での交渉などを通してその日の宿泊場所や食事を対価に性的行為に及

（14）東京都福祉保健局によると、児童養護施設など公的施設退所後の男性の正規雇用者は五六・五%、非正規雇用者は二八・五%であるのに対し、女性の正規雇用者は三三・九%、非正規雇用者は四五・七%であり、一般の正規雇用者と非正規雇用者と比べると、児童養護施設退所者は全体的に非正規雇用率が高く、特に女性退所者のそれが高いという。また、児童養護施設入所者の高校進学率や大学等進学率も全国平均と比べると低い（東京都福祉保健局 2011: 6）。低学歴者の貧困経験率は高学歴者のそれよりも高く（石井・山田 2007）、学歴が低いために就職難で貧困に陥りやすく、貧困のために進学や高学歴を目指すことができないという貧困のループや固定化が進んでおり、それは特に女性や女児に顕著に表れている。

（15）ラファエルとマイヤーズ＝パウエルの調査では、性風俗従業員が女性に性風俗を斡旋する際に家出少女につけ込むことがわかっている（Raphael & Myers-Powell 2010）。

（16）三六一名の家出少女と「ホームレス」の女性について調査したキンバリー・タイラーらは、幼少期に家庭内の暴力を受けた女性は、暴力を受けていない女性よりも若い時期に家出し、より長い時間を路上生活か保護管理下にない環境で過ごすことを指摘したうえで、路上や保護管理されていない環境で生活している時間が長い少女・女性ほど性風俗に従事した経験をもつ人が多く、そこで性暴力に遭っている人が多いことを明らかにしている（Tyler et al. 2000: 243）。

（17）米国の性風俗従業員を対象としたラファエルとマイヤーズ＝パウエルの調査では、女性性風俗従業員の学歴は男性性風俗従業員よりも低く、女性全員が従業員になる前に性風俗従事者であったことがわかっている（Raphael & Myers-Powell 2010: 1）。また、女性性風俗従業員の五七%が交際相手のほのめかしや要求で従業員になったと語っており（Ibid.: 4）、性風俗従事者であった女性が自分自身の待遇を改善する目的や交際相手の影響から性風俗従業員になっていることがわかる。

図4　家出人の状況（男児・男性）

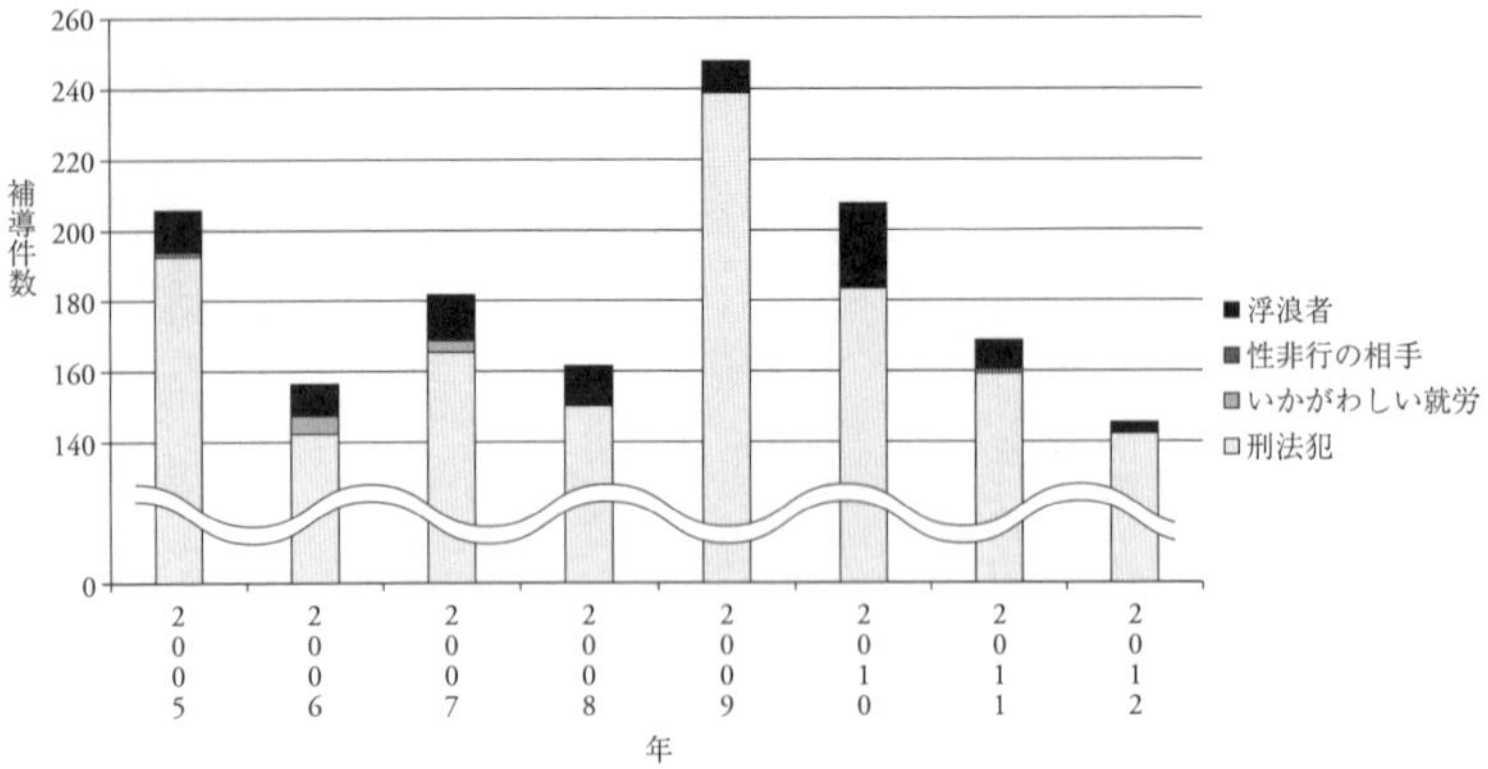

図5　家出人の状況（女児・女性）

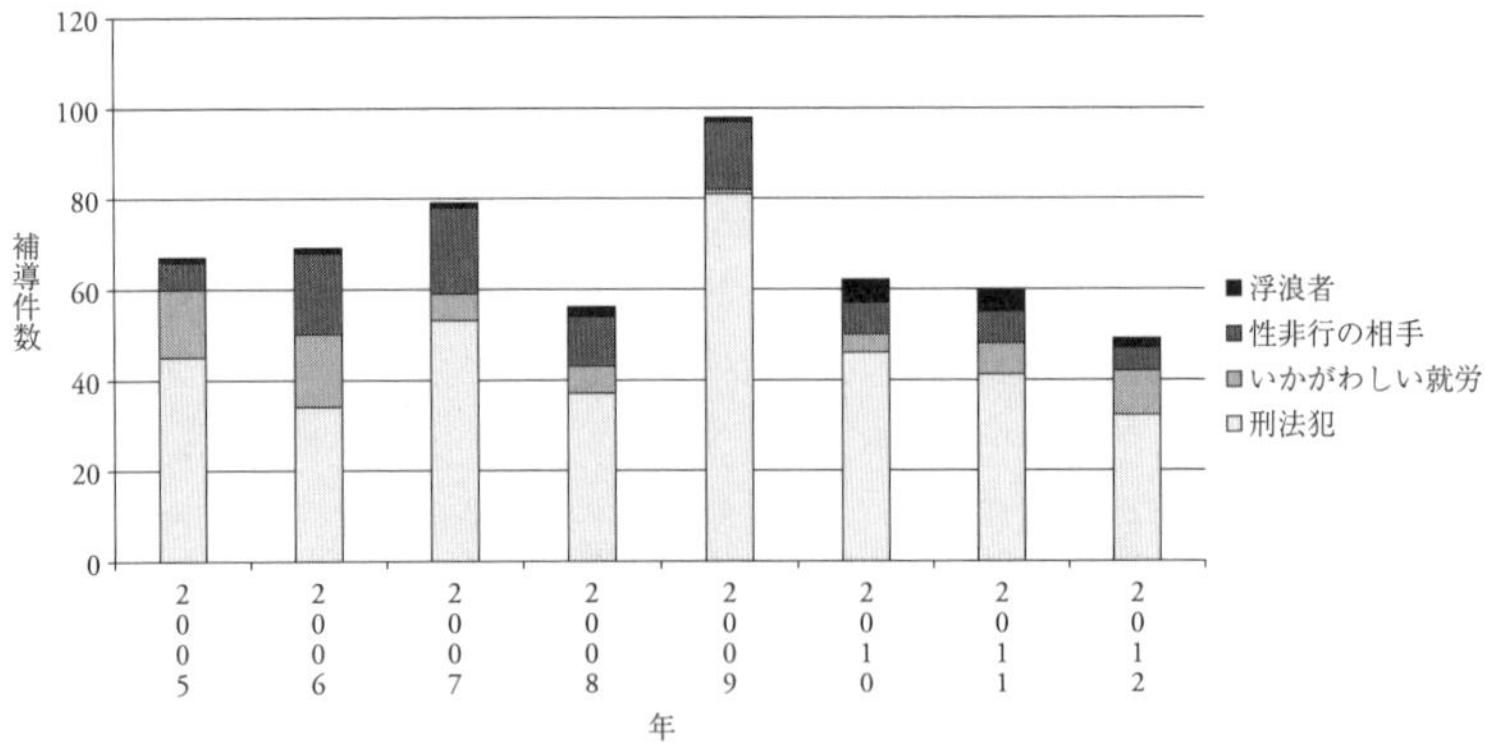

出典）警視庁（2005-2012）をもとに筆者作成

ぶ未成年たちの存在も指摘されるようになっている（遠野 2006: 黒羽 2013）。

出会い系サイト規制法や児童買春・ポルノ禁止法で補導される未成年者率は年々増加しており（警視庁生活安全部少年育成課 2014）、援助交際や「神待ち」が影響していると考えられる。特に中学生やそれ以下の学童の補導が増えている（警察庁生活安全局少年課 2014）。さらに、児童買春と児童ポルノの被害とを分けると、児童買春の検挙・補導件数は年々減少しているが児童ポルノのそれは増加しており、インターネットを利用した児童ポルノの被害がより深刻になっていることがわかる（警察庁生活安全局少年課 2014）。家庭内の貧困や虐待による家出を含めた経済的事情から性風俗に携わる人（特に女性や女児）は、確実に増えている。こうした背景が性暴力を導くことについて、次項で見ていきたい。

生活環境

性風俗従事者が性風俗に従事する理由の一つに、従事時間の融通が利き、性風俗以外の生活と両立しやすいことが挙げられる。[18] 女性が高賃金を得にくい社会環境や、育児や介護などの扶養義務がある場合を考えると、女性たちが時間を比較的自由に選べ、効率的に高賃金を得られることは、仕事と生活を両立するための重要な条件である（酒井 2007; 長谷川 2011）。

しかし、シフトを比較的自由に選択でき、性風俗以外の生活と両立しやすい反面、深夜に従事する

（18）要友紀子と水島希の調査でも、性風俗の利点として「収入が良い」（六〇・三％）、「社会勉強になった」（二二・二％）の次に「自分のペースで仕事ができる」（一六・七％）が挙がっている（要・水島 2005: 50）。なお、少数回答ではあるが「日払い」（五・六％）が挙がっていることからも（同前：50）、今すぐ必要な資金を工面できることが利点になっている（緊急の資金が必要な状況がある）といえる。

場合は性風俗従事者の健康に害を及ぼすことも指摘されている（Arnold & Barling 2003）[19]。また、性風俗だけで生計を立てている場合はシフトが不定期になることが収入の不安定に直接結びつきやすく、さらに、体調によっては性風俗に従事できない時期もあり、収入の不安定さが精神的負担にもつながる（要・水島 2005; 福島県男女共生センター 2005）[20]。そのため、収入を安定させるために無理して従事したり、稼げるときに契約以上の性的行為をすることでより多くの収入を得ようとしたりして、性風俗利用者側の要求を受け入れやすい状況が生まれてしまうことがある。

性風俗従事者と性風俗利用者が対等な立場にあれば、何をいくらで提供し、何を提供しないかなどの交渉が可能だが、現実には経済的不平等がある。性風俗利用者は、自分の望む行為が得られないのであれば、性風俗従事者を替えればよいと考える。性風俗従事者の供給過多が進む現代において、性風俗従事者は対価を得ないか（性風俗利用者を選べば選ぶほど収入が限定される）、安価・危険なサービスを提供するかの選択を迫られてしまうかもしれない。もちろん、どちらを選ぶかは本人の自由意思によるものだが、対価を得られないというプレッシャーは時として選択肢がないことと同義である。

次の例は「援助交際」で生計を立てていた少女の語りだが、前項に見た家庭内の暴力や貧困が性風俗における望まない行為を導いていることがわかる。彼女は母親からの虐待を理由に児童養護施設に入ったが、施設の規則が厳しかったために脱走し、その後生活のために「援助交際」を始めた。彼女は「〔性風俗利用者の要求を〕拒否して収入がゼロ」になるのを避けるために、膣内射精や約束よりも少ない対価を我慢している。

エンジョでお金を稼ぐためには、中で出されてもしかたがないってあきらめちゃってるところもあって。〔中略〕アタシの場合は生きていくためにエンジョをしてるんです。約束してた額より少ないお金しかもらえなかったり、中で出されたり……本当はイヤだけど、しかたがないんです。拒否して収入がゼロだったら生きていけなくなっちゃうんです。（遠野 2006: 24–25）

ここには、年齢や法的地位も関連している。未成年であったり、合法的な職種を見つけられなかったりする場合、性風俗従事者はより安価で危険な性風俗への従事を強いられる危険性が高まるが、そのような搾取的・差別的構造と性暴力とのつながりは見えにくい[21]。先の例に戻れば、「約束してた額より少ないお金しかもらえなかったり、中で出されたり」といった行為そのものは契約違反という形で可視化されても、契約違反の行為に彼女が同意せざるをえなかった背景は可視化されにくく、彼女

(19)　日本では、日中から営業している性風俗店も多い。夕方以降のシフトでは飲酒した性風俗利用者が増えるため、それを避けるために昼のシフトを選ぶ人や、昼と夜の双方のシフトに従事する人もいる。

(20)　要と水島の調査では、「仕事」の掛け持ちをしている性風俗従事者は三二・五％にとどまる（要・水島 2005: 31）。また、月経時に性風俗に従事しづらくなることを踏まえると、業種や形態によっては性風俗従事者たちの収入が不安定になることが考えられる。トニー・ブラックリーら、あるいはゲリー・エヴァンズとピョン・キムによると、貧困や低所得は健康に害をもたらすため、収入の不安定さが健康管理に与える影響には留意すべきだろう（Blakely et al. 2004; Evans & Kim 2013）。

(21)　アパートやマンション、寮などを完備している性風俗店の場合、雇用者−被雇用者の権力関係だけでなく、生活空間を共にしていることが性暴力を導くこともある。性風俗店が、宿泊場をもたない未成年や「ホームレス」の人々、賃貸住宅を借りることのできない事情のある人々のセーフティネットになっている側面があることは前述したが、家賃の滞納や次の住まいがすぐに見つからないといったことが、性暴力を受けてもその場から逃れられず、被害を長期化させることもある（別冊宝島編集部編 1999）。

にとっても「イヤだけど、しかたがない」と表現されるにとどまり、「性暴力」が不可視化されてしまっている。

また、「提案」という形で同じような状況がつくられることもある。例えば、性風俗利用者が同店舗内の性風俗従事者たちを比較したり他の性風俗店と比較したりして、性風俗従事者の性や性風俗従事者自身の価値を値踏みすることで、性風俗従事者の望まない行為を要求するのだ。

次の例は先の例と同一の少女の語りだが、援助交際の対価が全体的に下がっている状況で、性風俗従事者は需要に応じて売値を下げなければならないことを性風俗利用者が「提案」している。

アタシの場合は本番までしても、よくて2万。メールとかで『3万ください』って書くと、ほとんどの人が『じゃあ、いいや』ってなっちゃうんです。ある人に言われました。「中学生とヤるのはこっちも〔法的に〕ヤバいんだし、それにミユはチビなんだから、安くしないと客がつかないよ。安くして、回転率上げてヤるほうが儲かるよ。」　（同前：25）

これはあくまでも「提案」の形を取っているために、提案を受け入れるか拒否するかは性風俗従事者側にゆだねられている。そのため、この「提案」や環境が彼女により危険な行為を要求していても、それを性暴力として可視化することは困難を極める。

このような例はほかにもある。次の例は障害者専用の「デリヘル会社」（非性交形態）の例だが、性風俗利用者は同じような「サービス」を提供する他店が性交サービスを提供していることをほのめかし、事例の性風俗店に不満をもらしている。

〔性風俗利用者の語りは〕少しだけ、うちの店の批判めいたいい方になっていた。他のデリヘルのほうが安くて、サービスもいい、というようなことを。男の人がデリヘルに対していう「サービスがいい」の意味は、たいていにおいて「本番をさせてくれる」ということとイコールだ。

（大森 2005: 183）

この例では、性風俗従事者は利用者の不満をうまく聞き流しているが、それは彼女が個人の性風俗に従事していなかったことも影響しているだろう。

性風俗利用者が性風俗の供給が無数にあることを利用すれば、性風俗従事者は安価な性的行為に同意するか「上質なサービス」を提供するか、あるいは契約を打ち切るかを選択することを迫られる。個人で交渉する場合は特に、性風俗利用者を見つけるのが難しいこともあるし、契約した対価を受け取れる保証もなければ相場もわかりにくく、性風俗利用者の思い通りに値踏みされる危険性も高くなる。性風俗利用者は性風俗従事者と買値を選び決定できるのであり、そこに性風俗利用者と性風俗従事者の経済格差や生活環境の差が表れるといえる。

性的トラウマ

虐待や暴力といった家庭内の問題ともかかわるが、ここからは、経済的・生活的側面ではなく性風俗従事者の性的トラウマ（過去の性暴力）とその影響について考察してみたい。

性風俗従事者たちの多くが幼少期に性暴力に遭った経験をもつことは、海外の調査ではしばしば指摘されている。(22) 例えば、七二名の性風俗従事者（街娼）を対象としたアマンダ・ロクスバーグらの調査は、調査協力者の七五%が一六歳までに性暴力を経験していることを明らかにしている（Roxburgh et al. 2006: 6)。さらに、クリシュナ・ヴァディパーティらの調査では、性風俗従事経験者の三〇%に一五歳未満の性的虐待経験（性交強要）が、非性風俗従事者の二一%に同様の経験があり、性風俗従事者の性暴力被害経験率が非性風俗従事者のそれよりも有意に高い結果となっている（Vaddiparti et al. 2006: 454)。

筆者が調べた限り、日本において性風俗と性的トラウマの関係を明らかにすることを目的とした調査は、女性ヘルプ・ネットワークの調査にとどまるが、同調査では調査協力者九五名中、性的トラウマをもつ人は八三・二%、性風俗に従事した経験のある人は一七名（一八・一%）で、性風俗従事前の性的トラウマが「性風俗に従事する」という性風俗従事者の選択と有意に関係することが明らかになっている（女性ヘルプ・ネットワーク 2011: 10–14）[23]。

また、いくつかの研究や手記などでも、日本の性風俗従事者たちが性的トラウマとの関係で性風俗を語っている（圓田 1999; 中山 2005）[24]。

例えば、「援助交際」についてインタビューした圓田浩二の調査において、一九歳のときに「集団レイプ」に遭ったある女性は、援助交際を「キタナイ世界」と語り、援助交際する意味について「私もけがれていく」「傷を傷で癒す」と答えている。また、中学一年生のときに「集団レイプ」に遭った別の女性も「(学校では普通の女の子として振る舞っているが）ほんとは、私はけがれている」と、被害の影響で本当の自分と偽の自分に乖離が生じとまどっている状況を語っており、援助交際する意味を「援助交際するたびに安心する」ものと捉えている（圓田 1999: 185–186）。

次の事例の性風俗従事者は、小学生時代に実兄から「性的虐待」を受けており、その影響に苦悩し、自分の汚い、い体でも受容してもらえる場所として性風俗を挙げている。

〔性風俗に従事していた〕当時過去に性的虐待を受けていたという事でずいぶん悩んでました。自分が嫌で、嫌で、堪らなかった。自分の体は汚い。その汚い体でもお客さんなら喜んでくれる。私

（22）　ロナルド・シモンズとレス・ウィトベックは、家庭内の虐待が家出を促し、若い「ホームレス」を生み出すことを明らかにしたうえで、虐待の中でも近親姦の被害経験と性風俗従事が有意の関係にあることを指摘している（Simons & Whibeck 1991）。またドミニク・ロウ＝セポウィッツの調査では、性的虐待と同程度に言葉による暴力などの精神的虐待が、身体的虐待よりも少女を幼少期の段階で性風俗に導く要因になることが明らかにされている（Roe-Sepowitz 2012）。さらにラファエルとマイヤーズ＝パウエルの調査は、性風俗従業員の二〇％にアルコール依存、一六％に薬物依存が見られ、幼少期の身体的虐待（八八％）および性的虐待（七六％）、家庭でのＤＶ被害経験（八八％）の割合が高いことを明らかにしている（Raphael & Myers-Powell 2010: 1）。

（23）　ＤＶや性暴力の被害者支援団体である女性ヘルプ・ネットワークが二〇一一年に調査した「性的虐待体験者が性産業で働く理由とその実態調査」では、性暴力被害者支援団体につながった九五名中、幼少期の性的トラウマと性風俗または性依存の経験をもち、かつ承諾を得られた七名の女性たちを対象にインタビューも実施している（女性ヘルプ・ネットワーク 2011）。

（24）　時代はさかのぼるが、伊藤富士江は、「売春」に従事した経験をもつ少女たちを対象に調査した結果、性風俗従事者の初交経験の相手は「先輩」が四割を超えて最多であるが、「みずしらず」が一九％で次に続き、「相手からむりやりに」（一八・三％）、「シンナーや酒の入った状態で」（一七・五％）、「だまされて」（七・五％）と、強姦や準強姦に当たる初交経験が四割を占めることを明らかにしている（伊藤 1985: 31）。また、刑務所・少年院在所者、婦人相談所相談者のうち「売春」経験のある女性を対象とした総理府の調査でも、性風俗従事者の初交時の状況は、「強制」（刑務所群一五％、少年院群二二％、婦人相談所群（厚生省群）一五％）、「めいていい」（刑務所群三％、少年院群九％、婦人相談所群〇％）となっている（総理府 1986: 74）。

だから良いと言ってくれる。その事でどれだけ救われたか計り知れないのです。（河合 2003: 255）

いくつかの研究では、性暴力被害者の周囲の人々が「みだら」「汚い」「欠陥品」などと被害者が性的に劣っているようなメッセージを送ったり、被害者が「淫乱だから被害に遭った」などと事実を歪めたりすることで、被害者の自尊心や自己評価、さらには性的行為そのものについての価値や意味づけを否定的なものにし、性的なことに関する脆弱性を高め、性暴力被害者を性風俗に導くことが指摘されている（Boyer & James 1983; Brannigan & Brunschot 1997）。つまり、「性暴力被害者のスティグマ化」が、「スティグマ化された性風俗」に被害者を導くともいえるだろう。

また、社会学の分野においては、性風俗と性非行との関係を説明するものとして「性的トラウマ」が取り上げられることもある[25]。例えば、オーガスティン・ブラニガンとエリン・ブルンショットによると、社会的統制理論は個人が属する家族やコミュニティとの相互作用によって個人は社会規範を学び管理されると考えるが、ここでの性風俗と性的トラウマの関係は、近親姦などによって家族内の結束や社会的結束が崩壊することで個人が性風俗や窃盗などの非行的な生活に引きつけられると考えられる。社会的統制理論においては、幼少期の性的トラウマはあくまでも性風俗にかかわる無数の要因の一つであり、また、性風俗は数ある非行の一つである（Brannigan & Brunschot 1997: 338–339）。そのため、性的トラウマと性風俗の因果関係を必然と見なさず、「性的トラウマを抱える女性が必ず性風俗に従事する」といった性暴力被害者と性風俗従事者のスティグマ化を避けるが、同時にそれゆえに、性暴力被害者となり性風俗従事者となる人々を取り巻く環境と性暴力の関係性や、その基盤となるジェンダー構造を見えにくくする。ここでは、非行（社会的逸脱）の責任は非行に走る当人やその周囲の人々だけの問題にとどめられてしまう。

性風俗と性的トラウマの結びつきについて考えるためには、性風俗の「魅力」についても考察する必要があるだろう。自分自身の何かが対価と交換されるという性風俗がもつ性質は、ある種の快感や自己肯定感を獲得するための手段となりうる。自分の身体や「サービス」に対価が払われることで、対価が直接的に自己価値や自己評価を高めることにつながり、それが性風俗に従事するきっかけになったり性風俗を続けるきっかけになったりする。

そうした性風俗の「魅力」を語る性風俗従事者も多い。次の例は順に、「援助交際」「SM店」「ソープランド」に関する女性たちの語りだが、その形態にかかわらず、性風俗の魅力が語られている。

魅力はお金だけじゃない。体を売るということに惹かれたのだ。あたしの体がお金になる。あたしの中のなにがしかの価値が目に見えるかたちでやってくる。〔中略〕すごい美人じゃなくても、胸が大きくなくても、モデルみたいな体型じゃなくても、それでも喜んでお金を使ってくれる。

（中山 2005: 79–80）

この仕事だと、自己確認というものができるんですよ。自分に価値があるんだということを、一回の労働でもらう賃金で感じられるというか。自分の存在が、家族でもない、なんの関係もない

(25) 宮地尚子は、精神医学において「売春」という経験がすべて「逸脱」や「行動化」（ストレス回避から無意識に無謀な行動やリスク行動をとること）と見なされやすいことを問題視しているが（宮地 2005: 204）、この指摘は社会学にも当てはまるだろう。

人から認めてもらえる気がするんです。（宝泉 1999: 320）

〔幼少期に実父にかわいくないといわれ続けていたので〕わたしは風俗の世界に入り、男相手に身体張って商売して、ほんとのところはどうなのか確かめることにしたのだ。お金なんか別に欲しくないけど、それ〔お金〕が唯一わたしが男に必要とされた証《あかし》だからさ。たくさんたくさん欲しかった。（菜摘 2002: 54）

要友紀子と水島希の調査では、性風俗に従事することに誇りをもっている性風俗従事者は六一・一%で、その理由は上位から「与えるものがある」（三三・八%）、「大変な仕事」（二一・一%）となっている（要・水島 2005: 42-43）。性風俗従事者が性風俗利用者一人ひとりに与える癒しや快楽といった提供物が、性風俗従事者の存在意義につながり、プライドになっているといえる。性風俗従事者の与えるものの社会的価値が高ければ高いほど性風俗従事者たちのプライドや自己肯定感は上がる（要・水島 2005; 安藤 2011; 上瀬 2011）。

自分の身体や性的行為の技術、人柄に対価が支払われると考える性風俗従事者には、プロ意識も強く働いている。つまり、自分は単に「女性だから売れる」のでも「寝ていても高く売れる」のでもなく、身体とそれ以上の技術や個性を使って働いていると考える。そのようなプロ意識は性風俗を蔑む人に対するレジリエンスを高めるだろう。自分自身が何をどれだけ「与えられるか」に目を向けることで、肯定的な自己認識を得ることができるといえる。(26)

性風俗に経済的理由以上の何かを見出している場合、あるいは金銭を自己価値を証明するものとして捉えている場合、性風俗従事者の身体は誰かから「必要とされる」身体となり、価値ある身体となる。そうした性風俗の性質は、性暴力によって傷つけられた権利やプライド、自分の存在意義や存在価値を取り戻す行為や場になりうるだろう。しかし、性風俗で性的魅力や性的に意味づけられた自己価値を見出そうとすることが、その人にとっての性風俗の存在を大きなものにし、「性的傷つき」やそれに伴う自尊心の低下への脆弱性を高めることにつながる場合もある。

次の語りは、先の例で性風俗に「男に必要とされた証」を求めていた女性が、性風俗を辞めたときのことを回顧したものだが、彼女が性風俗を「辞めたい」と思っていてもすぐに「決断」できなかった背景には、自己価値を性風俗でしか見出せなかったことがある。

> たぶん私は心のどこかでずうっと〔性風俗に従事することを〕辞めたいと思っていて、でも決断ができずにズルズルと働いていて、それは私という人間にとって風俗嬢であることがすべてなのを自分でよおくわかっていたからなんだけど〔後略〕。（菜摘 2002: 61–62）

この女性は、性風俗を辞めれば「何も残らないという強迫観念」がいつもあったとも語っている（同前：154）。

また、次の例は、過去の交際相手から「デートレイプ」に遭い、その後の性的行為や性意識への影

（26）要と水島は、性風俗に従事することに誇りをもっていると答えた性風俗従事者（六一・一％）は自身についての「内的評価」が高いのに対し、誇りがないと答えた性風俗従事者（二七％）は「人に言えない」「いけないこと」など「外的評価」を多く語ることを指摘している（要・水島 2005: 43–44）。

響に悩んでいた女性の語りである。「商売」として「割り切ってセックスできることがプライドになる」と考え、被害の記憶や現在の自分の性的行為のあり方、身体の「コンプレックス」を克服するためにチャットレディを始めた彼女の期待とは裏腹に、彼女は自身の身体が丸裸で査定されるという性風俗の厳しい現実に直面した。ここでは、チャットレディの経験によって導かれた「傷つき」が語られている（女性ヘルプ・ネットワーク 2011: 18）。

〔チャットレディで〕人気が出なくて、売れっ子になれないことがショックでした。私には魅力がないと思い落ち込んで、認められないことに傷ついて、〔売れないので〕お金になりませんでした。（同前：19）

この例の女性は、性風俗について、少数でも性風俗利用者がいたことが救いになったこと、性風俗従業員が彼女を「人間として扱ってくれ、優しく受け入れてくれ」たことを肯定的に語っている（同前：20）。性的トラウマが性風俗に従事するきっかけとなったり、それが結果として「傷つき」につながることがあったとしても、性風俗がある人にとって「救い」になることは否定されるべきではない。しかし、性風俗従事者の性的価値やそれに伴う自己価値が直接的に評価され、当人に突きつけられる現実と性風俗の魅力は紙一重であり、それが性暴力への脆弱性を高めうることを知っておくことは、性風俗従事者が抱えうる「傷つき」に寄り添うきっかけになるだろう。

周囲の影響

性風俗従事者が性風俗に従事するようになるきっかけや性風俗を続けるきっかけには、性風俗従業員からの斡旋や強制、配偶者や恋人、家族などからの斡旋がある場合もある。そのため、周囲の影響が望まない性的行為につながる場合も見ておきたい。

性風俗における「周囲の影響」として重要な役割を果たしているのは性風俗従業員である。例えば、性風俗従業員が性風俗利用者との交渉を担当することもあれば、性風俗従事者を経済的・心理的に管理していることもある。また、性風俗従業員は性風俗従事者を雇用（採用）するか否か、性風俗従事者の従事環境の設定、性風俗従事者と性風俗利用者の安全の確保などさまざまな役割を担っており、性風俗従事者と性風俗利用者を結びつける要である。

性風俗従業員の中には犯罪にかかわる人々もいる。日本で起こるか、日本が最終目的地となっている人身取引の被疑者のほとんどは日本人（九〇・九％）であるが、人身取引の被害者の多くは性風俗・風俗営業に従事させられており[27]（警察庁保安課 2015: 1）、日本の人身取引の過半数は性風俗への斡旋を目的としていることがうかがえる。警察庁によると、日本人が人身取引の被害者である場合は借金を

(27)　二〇〇一～二〇一四年における人身取引被害者の国籍はタイ（二二四名）、フィリピン（一八四名）が多数を占め、インドネシア（七六名）、コロンビア（五八名）、中国（四九名）などと続き外国人の被害者が目立つが、二〇〇七年から二〇一四年の間の日本人の被害者も五四名に及ぶ（警察庁保安課 2015: 3）。なお、強制売春、強制労働、臓器売買などさまざまな内容を含む「人身取引」だが、日本の人身取引の定義が強制売春だけに偏り、人身取引＝強制売春を強調するような政策や法律制定が進められてきたことには留意すべきであり、それについては佐々木（2011）に詳しい。

負わせられるなどして性風俗に従事することを強要されていることが多く、外国人の場合は母国での勧誘時の説明と異なっていたり、性風俗に従事することを予想していても想定していたよりも悪質な人身取引に遭ったりすることが多いという（警視庁 2013; 人身取引対策推進会議 2015）。「仲介業者」と呼ばれるような性風俗従事者と性風俗を結びつける人々は、しばしば犯罪（暴力団や人身取引など）とのつながりで語られるが、実際に、出会い系サイトの運営や援助交際の斡旋などにはいまだに暴力団がかかわっていることが多いことも指摘されている（沖縄タイムス 2013.9.11, 9.12）。

また、性風俗従事者の家族の影響が性風俗に従事するきっかけになったり性風俗を続けるきっかけになったりすることもある。例えば、借金返済のために家族から性風俗に従事するよう求められるということがある（女性ヘルプ・ネットワーク 2011）。また、ジョディ・ラファエルとブレンダ・マイヤーズ＝パウエルの調査では、性風俗従業員（男性一八名、女性七名）の七二％が周囲の誰かにほのめかされたりリクルートされたりして性風俗にかかわるようになったことがわかっているが、調査協力者の六〇％が家族の誰かが性風俗の関係者であり、うち五三％は母親が性風俗従事者であると答えている（Raphael & Myers-Powell 2010: 2）。同調査のインタビューからは、調査協力者が性風俗に従事するよう家族に強要されたり、性風俗に携わる家族に憧れたりすることを当然だと考えていることもうかがえ、身近な存在が性風俗にかかわるきっかけとなっているといえる。

さらに、交際相手やパートナーの影響もある。交際相手に性風俗に従事するよう頼まれたり、援助交際や出会い系サイトでお金を稼ぐことを求められたりして、それが望まない性的行為につながることもある（遠野 2006; 女性ヘルプ・ネットワーク 2011, 2012）。

次の例では、性風俗従事者の交際相手の言葉が彼女に性風俗従事を促している。この例の語り手にはすでに「プチ援助交際」（下着を売ったり、性風俗利用者のマスターベーションを見たりするもの）の経験があったが、彼女は直接利用者に触れる行為を躊躇していた。彼女は援助交際を辞めたいと考えており、交際相手の言葉は彼女を性風俗の世界にとどめる働きをしている。

〔交際相手に大金を要求されて〕「援交でもしなきゃ、そんな金は作れないよ」ってアタシは言った。「いいよ、本番さえしなきゃ」とカリスマニート〔交際相手〕は平然と言った。〔中略〕やっぱこいつも「やめろ」とは言ってくれないんだ……。アタシ、一度もしたことなかったフェラ援交で六万円を稼いだ。（遠野 2006: 64–65）

彼女は、誰からも援助交際を辞めるよういわれないことで、中学卒業後に「ヘルス」で働く予定であることを「どうでもいい」「底なしの闇が広がっている」と表現しており（同前：65–66）、周囲の影響の大きさがうかがえる。

しかし、交際相手やパートナーが性風俗に従事することを強制したり性風俗従事者の給与をすべて没収したりするようなヒモの形態をとる場合や、交際相手がヒモであると性風俗従事者が考えている場合は少なく、性風俗の斡旋にデートDVやDVが絡まり、性風俗従事の強要や性風俗における望まない性的行為とのつながりがわかりにくくなっているという（総理府 1986; May et al. 2000）[28]。

（28）米国の警察による調査では、店舗型の性風俗よりも街娼に、そして高齢の性風俗従事者よりも若い性風俗従事者により多くポン引きが付いていることや、ポン引きが性風俗従事者を引きとめるための手段として身体的暴力や脅迫よりも薬物を使用していることなどが明らかになっている（May et al. 2000）。

家族や交際相手だけでなく、見知らぬ人に性風俗をほのめかされたり、女性の身体が対価と引き換えになることを教えられたりすることで、必ずしも性風俗に従事することを考えていなかった人々が自分の身体の性的価値を認識する場合もある。例えば、「援助交際」を始めたきっかけについてある少女は、ある男性から突然「今、階段でスカートからパンツ見えてたよ。わざと見せて誘ってたんじゃない？」「ねえ、1万で手コキどう？」といわれた経験を挙げている（遠野 2006: 135-136）。また、家出して行き場のなかった女性は、ナンパされた男性と性的行為を終えた後に事情を話すと一万円を手渡され、「ああ、お金になるのね、と思った」と語っている（夏原 1999: 90）。「女性の身体は性的対象になる」というメッセージが性暴力を通して伝えられることもある（女性ヘルプ・ネットワーク 2011）。

このような周囲の人々の態度やメッセージは、女性の性が売れるということを少女や女性たちに教える。そして、彼女たちが特に経済的・社会的な困難を抱えているときには性風俗に従事することを現実的に選択するかもしれないが、それはあくまでも性風俗従事者の「自由意思」による選択としてしか理解されない。

もちろん、性風俗を積極的にも消極的にも肯定する周囲の人々の反応すべてが性風俗従事の強要になるとはいえない。ときには性風俗に従事することを希望している人を肯定的に応援することにもなるし、一般的に性風俗従事者が抱える「性風俗に従事していることをいえない」という秘め事からくるストレスや苦悩を回避し、良き相談相手となりうる可能性を考えると、周囲の人々の影響を性風俗従事者を守る支援的環境を築きうるものとして捉えることもできる。

その一方で、性風俗従事者が性風俗に従事したくないと思っていたり性風俗を辞めようと考えていたりする場合、周囲の人々の柔らかな後押しが、性風俗に従事したくないのに開始したり、辞めたいのに辞めるきっかけを先延ばしさせたりと、性風俗従事者の意図とは別に働く場合もあり、こうした周囲の人々の影響力と二次的性暴力への脆弱性との関係には留意すべきだろう。

四　従事者の身体的・精神的負担

海外の調査では、性風俗従事者が抱えるストレスや暴力の影響が明らかにされ始めている（Lindeland 2010）。身体的・精神的な負担は腹痛といった慢性的な身体症状として表れたり、その症状が長期に及んだりすることも多いため、先行調査で指摘される性風俗従事者の身体的・精神的負担が、性風俗に従事したことによる負担なのか、性風俗に従事する以前から抱えていた負担なのかは必ずしも定かではない。しかし、性風俗に従事することの身体的・精神的影響について、特に日本では「人格の崩壊」や「元には戻れない」といった抽象的な議論が多く、性風俗従事者に対する性暴力の影響や日々のストレスの影響が十分に理解されていないため、性風俗従事者が抱える慢性的負担の実態は明らかにされるべきだろう。

性暴力後の精神的負担

まず、性暴力を受けたときの性風俗従事者の反応には、恐怖心や衝撃が強いために性暴力加害者に抵抗できなかったり、その後もショックで何もできなかったりするものがあることを確認しておきたい[29]。これまでに見てきた通り、性風俗従事者に対する性暴力の衝撃は矮小化されやすいからだ。

契約を通していても、素性を何ら知らない性風俗利用者と密室で二人きりで過ごすことは、本来は命を奪われない（傷つけられない）といったことを信じられるような、人としての最低限の信頼関係がなければ成り立たない。性風俗従事者はつねにこうした危険を意識しながら人を信じなければならないのである（Arnold & Barling 2003）。次の例からわかるように、信頼関係が裏切られたとき、性風俗従事者は性暴力加害者だけでなく他の性風俗利用者や性風俗従業員たちに不信を覚えることもあるが、それは当然だろう。性暴力を行使するような性風俗利用者を見抜けなかった性風俗店にまた戻り、別の性風俗利用者から同じような性暴力を受けない保障はない。

この例は、ホテルに派遣された性風俗従事者が性風俗利用者から性交を強要されたものである。彼女が従事していた「ヘルス」は非性交形態だが、性風俗利用者は性交を強要している。

> どうしよう。怖い、怖い。〔中略〕「〔性風俗利用者に〕ずっと、最初から嫌って言ってるじゃない！なんでやめないいの？　てか、なんで入れるの？　ヘルスって、意味分かってるの？〔中略〕バカじゃないいの？　死ね！」。彼に罵声を浴びせながら、荷物をまとめて服を着た。涙がもう溢れてしまいそう。〔中略〕怖い……。またお店に行って、同じ目に遭うのがすごく怖かった。
>
> （安藤 2011: 47-51）

性暴力を受けた反応として「恐怖」が語られていることに注意したい。この事例の場合、性風俗従事者はホテルの密室で性風俗利用者と二人きりになっており、自力で加害者から逃げ出さなくてはならなかった。

また、次の例では、性風俗店での性交強要について尋ねられた二人の性風俗従事者たち（座談形式が、性交を強要されて為す術のない性風俗従事者たちを頻繁に見ると回答している。

公佳……「本番迫られてよく泣いてたりするけどね。」

絵里奈……「泣いてるよね。黙って泣いてる。店長に言わずに泣いてたり。」（要・水島 2005: 148）

こうした精神的負担や混乱は、性暴力が起きたことを性風俗従業員や他の性風俗従事者に伝えるのを困難にするほど衝撃の強いものである。

慢性的な身体的・精神的負担

性風俗は肉体労働である場合が多く、身体的接触を伴う場合は特に、身体的疲労や支障が出ることも少なくない。身体を動かすことによる筋肉痛や性器の傷つきはもちろん、不規則な従事時間やホルモンバランスの崩れによる月経不順など、その影響はさまざまである（要・水島 2005）。また、性風俗利用者との会話や性風俗利用者への気遣いなど、精神的な負担もある（Arnold & Barling 2003）。

性風俗に従事してからの精神的変化について尋ねた要友紀子と水島希の調査では、「ストレスがたまる、不安定になる」（二八・〇％）が二番目に多い変化として挙げられている。しかし要と水島は、精神的変化を「なし」（三六・八％）とした回答が最多であることをもって、「風俗で働くと心がボロボ

（29）　性暴力加害者が被害者の恐怖を明確に認識していることもある。例えば、被害者に後で訴えられないように、加害者への恐怖を植え付けるまで性暴力や身体的暴力を行使することがポルノグラフィをつくる「方法」になっている場合もあるという（ポルノ・買春問題研究会 2001）。

ロになる」「〔性風俗従事は〕苦行に違いない」と思われがちだが内実はそう感じない従事者たちも多いことに注意を促している（要・水島 2005: 94）。確かに、性風俗の議論において性風俗に従事することの影響が抽象的に議論されてきたことは本書でも批判している点であり、およそ四割の性風俗従事者たちが性風俗に従事した後に精神的変化を感じなかったことは注目に値する。しかし、ここでは、同調査で明らかにされている「ストレスがたまる」「不安定になる」といったことをさらに具体的に示すことで、性風俗従事者が性風俗に従事する前にも従事している際にも置かれている環境に目を向けることを促したい。

性風俗従事者の心理状態について精神医学的観点から調査した日本の研究は少ないが、東優子の調査では、無店舗型従事者三五四名中、「自分の中で、精神的苦痛が残った」人は四六・九％となっている（東 2012: 13）。また、小澤千咲の調査では、ソープランドに従事する一七名中、六〇％の人が「睡眠障害」を、四八％の人が「希死念慮うつ傾向」を抱えていることがわかっている（小澤 2015: 166）。

海外の調査では、性風俗従事者の健康状態について、うつ病やPTSDの症状が見られることや、自殺企図率が高いことが指摘されている（Farley et al. 1998; Roxburgh et al. 2006）。例えば、九カ国（カナダ、コロンビア、ドイツ、メキシコ、南アフリカ共和国、タイ、トルコ、米国、ザンビア）において八五四名の性風俗従事者の健康状態を調査したメリッサ・ファーリーらは、性風俗従事者の六八％にPTSD症状が見られ、うちカナダとドイツを除く七カ国の七〇〇名の性風俗従事者については一七％が自殺企図やうつ病などの精神面での問題を抱えており、一五％が潰瘍や腹痛などの身体的症状を慢性的に抱えていることを明らかにしている（Farley et al. 2003: 53）。

また、米国における薬物依存治療の参加者（女性一六〇六名、男性三〇〇一名）を対象に、性風俗従事経験の有無と健康状態との関係を調査したマンディ・バーネットらは、男女ともに性風俗従事経験者が性風俗未経験者よりも不安感を抱えており、自殺企図の割合が高いことを明らかにしている。同調査では、男性の場合は性風俗従事経験者が未経験者よりうつ症状をもち、女性の場合は性風俗従事経験者の精神疾患罹患率が未経験者より高いこともわかっている（Burnette et al. 2008: 341）。さらに、マルガリータ・アレグリアらの調査では、街娼の性風俗従事者はうつ症状を抱えている割合が店舗型の性風俗従事者よりもおよそ二倍高いという結果が出ている（Alegria et al. 1994: 2001）。

このような精神的・身体的負担は、性風俗に従事することによるストレスや暴力による影響だけでなく、性風俗に従事する以前のトラウマや貧困などにも起因していると考えられる。慢性的な身体的・精神的負担は、性風俗に従事する以前から抱えていたトラウマや苦境からくるものなのか、性風俗において暴力やストレスに直面したことで生じるようになったのかは判然としないが、だからこそ、性風俗従事者たちの身体的・精神的負担を性風俗の是非の根拠としてもちだすべきではない。性風俗従事者たちの身体や負担が、「性風俗に従事した日」を境に区切られるものではないのであれば、一つの身体が途切れなく置かれている環境と性暴力との関係に目を向け、それを可視化していくことを試みるべきだろう。

第四章　性風俗従事者に対する性暴力の不可視化

「性風俗従事者に対する性暴力」については、他の性暴力と比較した場合に問題化されにくいことを第二章で検討したが、そこで考察したのは概念レベルの性暴力の不可視化、あるいは、性暴力を不可視化するスティグマを生成・助長する社会的因子であるといえる。そのため、ここからは、性風俗従事者に対する性暴力が不可視化される文脈的・個的因子を具体的に追うことで、前章で見たような一次的性暴力が不可視化される様相を考察していきたい。

性暴力の不可視化の文脈は、前章で検討した「性暴力」そのものについての考察と重なる部分もあるが、本章では、不可視化の様相を整理することで、ある特性を暴力を是認する根拠とするような構造を探る。なお、本章の分析にあたっては、第一章で提示したブルアールとウィルズの指標（表5）を参考に、性暴力の不可視化が起こる次元を考えた。また、どんな不可視化が起きているのかを考える際には、第一章のレイプ神話をもとに検討した。誰が不可視化するのかをわかりやすく示すために、主体を軸に整理しているが、不可視化の種類を軸にまとめたものとして、資料3を参照されたい。

一　加害者による不可視化

まずは、一次的性暴力の加害者が性暴力を不可視化する文脈について見ていこう。

対価

性風俗従事者に対する性暴力の中には、性風俗従事者の意思に反する性的行為を暴行や脅迫をもって強要するだけでなく、契約以上の対価をもって要求するものがある。これを示唆する調査結果として、メリッサ・ファーリーらの調査では、性風俗利用経験者の二二％が「金を払えば性風俗利用者は従事者に何をしてもよい」と回答したことが明らかになっている（Farley et al. 2011: 7）。このような対価を利用した性暴力の不可視化はどのように起こるのだろうか。

次の例は、非性交形態の性風俗店において性風俗利用者が物品を引き替えに性交を強要したものであるが、彼は性風俗従事者に高価な時計を渡し、性風俗従事者にある程度のことを「我慢しなくては」と思わせることで性交強要を正当化している。

> プレイに入ると、その人は結構乱雑で〔中略〕〔でも〕高価な物をいただいてしまった手前、我慢していました。〔中略〕その人は突然「ＲＯＬＥＸを貫っておいて素股はないだろう」と言いだしました。〔中略〕フェラに変更すると、突然、「そうじゃなくて」といって、私を押さえつけて本番をしてきました。（かりん 2003: 97）

性風俗店では性的行為の内容ごとに対価が決まっており、個人の性風俗でもある程度の相場は本人によって決められている。しかし、どんな行為がどれくらいの対価に見合うのかの基準は実は不確かであり、その不確かさが性暴力を是認する道具として利用される。性風俗従事者にも対価という利益があることを理由に、求められた行為は「害にはならない」と判断されてしまうのである。

「対価」のやりとりがあることが、「性風俗従事者が自由意思で交渉した」「性風俗利用者を誘った」証拠として利用される。「お金のためだったらどこまでできる?」（要・水島 2005: 265）と性風俗利用者は性風俗従事者に尋ねる。性風俗利用者のさらなる「サービス」の要求は「性風俗従事者側の希望」に変換されてしまう。「無償の愛」などという言葉に表れるような対価に対する善悪の価値観は、性的行為に対価を求めることを汚点や不道徳と見なすだけでなく、対価の授受者にもメリットや利益があったことを示唆して性暴力を矮小化する。

また、「対価」をもって性的行為を強要することが是認されるのは、その対価が「権利保証」や「慰謝料」としての機能を果たしているからだともいえる。(1) 性風俗従事者が性暴力を拒否したり訴えたりすることは、性風俗利用者から見ればすでに対価を払っているのに性暴力を受けたといってクレームをつけられることであり、性風俗従事者の「不当な行為」と見える。性風俗における「対価」は、金銭や物品といった形あるものである場合が多い。そのため、「取引」や「ビジネス」として受け止められやすく、「一度契約した（対価を支払った）」という事実が性暴力についてのクレームをはねのける確固たる根拠と考えられてしまう。もちろん、その「契約」が正しく成り立っていないところに性暴力が起きるのだが、性風俗利用者が契約の範囲を理解していなかったり、金品をより与えることで契約をいつでも破棄・変更できると考えていたりするときには、対価があることが性暴力を是認するのに利用されてしまう。

からかい

性風俗利用者の中には、性風俗従事者の同意しない性的行為をほのめかし、いざ断られるとそれを「冗談」や「社交辞令」のように軽くいい流すことで自分をつねに安全な領域に保つ者もいる。このような不可視化を考えるうえで、次の例が示唆的である。

これは性風俗利用者と性風俗従事者たちとの座談の中の性風俗利用者の発言で、性風俗利用者たちの性交強要の話題から、その理由を探る会話となっている。この例の性風俗利用者は、性風俗利用者が性交をもちかける理由には「社交辞令」の意味も含まれ、性風俗従事者の機嫌をとるための会話術の一つなのではないかと提起している。

（1）このような構図は、「慰安婦」問題にも共通する。田中利幸によると、第二次世界大戦時の「慰安婦」制度では、それが「商業取引」の形をとったために、「制度」を利用することを日本兵たちが性暴力だと認識していなかったという（田中 2008）。田中は、金を払い、切符を交換するという「商業取引」が成立した時点で、「慰安婦が個人的にどのような苦難な状況におかれていようとも、兵士は自分が払った分に相応するサービスを享受する権利があると考えた」とし、商業取引システムが「慰安婦」制度の本質を隠蔽したことを指摘している（同前：99-100）。また、「慰安婦」問題において、「被害女性たちは賠償金目当てに日本政府を訴えている」などと被害者を批判することで、議論の軸が性暴力の責任の問題から被害女性の利益へとすり替えられることがある。このような被害者非難に対する批判もなされている（菊地 2001; 四方・中野 2006; 新日本婦人の会 2012）。

本番を迫るというのは社交辞令的な意味もあるのかな？　例えば、「公佳ちゃん、今度セックスしようか」とか、別に本気じゃなくて、「デートしない？」とか言うことあるじゃない。でも、デートできたら嫌だということじゃなくて、あわよくばできたらいいという意味でね。〔中略〕それでちょっととりあえず、かわいいねと言われて、うれしいとかって言ってるようなもんだと思うんだよ。

（要・水島 2005: 145）

この性風俗利用者の発言に対し、二人の性風俗従事者たちが正反対の返答をしている。一人は性風俗利用者の意見に賛同する形で「〔性交をほのめかされても〕別に何でもない。当たり前というか、普通の会話の一つ」と答え、もう一人は「〔性交をほのめかされることは〕社交辞令として受けとれない、もっとシビアな感じがするよ。やっぱ「かわいいね」と「やらして」は全然違うよ」と答えている（同前：145）。「セックスしよう」という言葉が日常で社交辞令として使われることはほとんどないだろう。この性風俗従事者の「普通の会話の一つ」という発言もあくまでも性風俗における日常の会話であって、初めて出会った人同士が挨拶のごとく「セックスしよう」といえる環境は限られている。

江原由美子は、「からかい」という行為と親密性の関係について、からかいの行為は親密な関係において許される行為であり、からかいは一般的に親密性の表現として（あるいは「遊び」の一環として）使用されることを明らかにしたうえで、性的関係や従属関係が「幻想的」な親密性を付与することを指摘している。すなわち、「あらゆる女性が潜在的に性的な対象たりうること」によって、そして、女性や子どもが「社会的に劣位のカテゴリーに属する者と見なされている」ことで、その「カテゴリーに属する人に接近する場合は、そうでない人々よりも垣根が少ないと考えられている」ために、女性は見知らぬ人からでさえ気軽にからかわれる対象となるのである（江原 1985: 189-190）。江原の議論は性差別批判を基盤にしているため、からかいの対象とされてしまうような「女性」の社会的地位を強調しているようにも思われるが、性風俗における「からかい」や「社交辞令」、「ほのめかし」を分析するにあたっても示唆的である。例えば、性風俗という場では性的関係が結ばれるため、性風俗にかかわる主体である性風俗利用者と性風俗従事者は性的関係＝親密性の根拠を与えられやすく、性風俗従事者は「からかい」を向ける相手と見なされやすいといえる。

このような「垣根」を低くする効果は、次の例からもわかる。作家の中村うさぎがみずからの性風俗従事体験をまとめた「デリヘル体験記」を雑誌掲載した後、一、二回会ったことのある知人程度の間柄だった人が突然タメ口になり、挨拶の際に彼女の肩に触れるような「馴れ馴れしい態度」をとったという。

私のデリヘル体験を新聞で読んだ途端に、彼の中の私は「作家」から「デリヘルをやった女」に一気に格下げされ、それゆえ、これまでは「礼儀正しく振舞うべき相手」であった私が、いきなり「馴れ馴れしい態度を取ってもいい（しかも、身体を触ることすら許される）相手」となったのであろう。そう、それは彼の中では「格下げ」であったはずだ。彼の馴れ馴れしさから伝わっ

（2）例に挙げた二人の性風俗従事者はともに、従事する性風俗店で性風俗利用者からの性交のほのめかしが頻発していることを語っている。しかし本来は、契約以上の性的行為を要求すること自体が性風俗における契約違反や性暴力であるともいえるため、本書は性交のほのめかしが性風俗において「日常」会話になることを是認するものではない。

てくる、あの独特な不快さは、まさに彼が私を「見下ろしてる」感じからくる不快さなのである。

(中村 2006: 100)

江原は、セクシュアル・ハラスメントが長い間女性たちによって抗議されず、なおかつ、それが社会問題化した際にはバックラッシュさえも受けたことについて、その根本には「女性の性的同一性を傷つける行為が、冗談のタネや遊びとして認識されてしまっている男性支配的性文化」があることを指摘している。すなわち、性的なからかいが「一種の遊びとして認識されてきた」ゆえに、からかいを受けた者はそれを「冗談と理解しなければならないという強い要請」を受け、「笑ってすませるという対処」を要求され、不快を表明するのは「権利義務関係に反する」行為となる(江原 1991: 162)。一方で、からかう主体は遊びの一種として「当然要求できる冗談を冗談として理解してもらえる権利が犯されたことに対する強い怒り」(同前 : 163)を覚え、それがセクシュアル・ハラスメント批判に対するバックラッシュとなるのである(同前 : 115)。からかいが問題にならないのは、からかう者とからかわれる者がそれを「遊び」として共有している場合のみであって、からかわれる側が「からかい」を「遊び」と捉えることができない場合、それは、からかわれる者を劣位に貶めるための暴力そのものか、暴力を正当化する道具でしかないだろう(江原 1985)。それは身体的暴力のように傷跡を残さないがゆえに陰湿である(3)。

このようなからかいの構造があるとき、からかいに対する抗議は「「からかい」が「遊び」ではなく、特定できる個人やグループの意図的な攻撃であることを「証明」する」必要があるため、「表明されていない悪意や攻撃の意図」をからかう者に見出した「からかわれる者」の責任も一緒に天秤に掛けられてしまう（同前：186–188）。

先の例に見た「社交辞令」という言葉には、関係を円滑にするために相手が好むことや相手を褒めることをいっているというニュアンスが含まれている。そのため、性交強要が社交辞令の名の下に行われるとき、「性交」は性風俗利用者の要求ではなく性風俗従事者の希望であるかのように変換され、性風俗従事者の不快や危機感がうやむやになってしまう。このとき、性風俗従事者が性交に同意すればそれは「性暴力」だとは捉えられないし、拒否すればそれは性風俗従事者の過剰な自意識だと考えられ、どちらにせよ性風俗利用者の発言は「シリアスなものとして受け止めるべきではないのだ」と放免される。「かわいいね」から「セックスしよう」まで、その意味に幅はあるにせよ、それが特に性風俗という権利－義務関係（性風俗従事者と性風俗利用者は対価の授受者という点で、経済的な権利－義務関係を内包している）の中で発言されるとき、性風俗利用者のほのめかしや提案は、性風俗従事者から見ればどこまで本気なのか（どこまで「遊び」なのか）、どこまで真剣に捉えればよいのかわかりにくい。それはいつでも本物の脅威になりうるにもかかわらず、つねに「冗談」や「からかい」に変換できる態勢を整えられているのであり、からかいの構造は性暴力を行使しようとする性風俗利用者のどんな発言をも保護する役割を担っている。

（3）宮地尚子は、イラク戦争時にアブグレイブ収容所で起きた米軍人による拷問を例に、拷問する側にとっては冗談の一環として行われる行為は、拷問される側にとっては恐怖以外の何物でもなく、さらには、「『悪い冗談』でしかない」ことに怯えたことで、拷問される側に大きな「精神的ダメージ」を与えることを指摘している（宮地 2005: 164）。

性風俗従事者は性的モノ化されることで、性的行為をほのめかされたり、性的行為を強要されたりすることもある（菜摘 2000; 要・水島 2005）。「性的モノ化〔Sexual Objectification〕」とは、ある人の身体を性的欲望を満たすための道具やモノと考え、そのように扱うことだ（Szymanski et al. 2011）。例えば、モノ化された女性は「道徳的に扱われるに値しない」と考えられる傾向があることや（Loughnan et al. 2010; Heflick et al. 2011）、女性をモノ化する男性には性暴力加害傾向があることがわかっている（Rudman & Mescher 2012）。七〇〇名の性風俗利用者（男性）を調査したマーティン・モントとディアナ・ジョルカによると、性風俗従事者との会話や行為の責任を避けるなど、従事者を「商品」と考える人は全体の半数以下であるものの、従事者を「商品」と考える人はレイプ神話を信じる傾向が強いという（Monto & Julka 2009: 8）。

次の例は、風俗雑誌のカメラマンが撮影後に性的行為を要求したものだが、性風俗従事者は対価も得ず、カメラマンの性的欲望を満たすために利用されていることがわかる。

> ホテルでグラビア撮ってたときに、〔カメラマンと〕1対1だったんですよ。そのときに、最後に〔撮影が〕終わった後で、「絵里奈ちゃん、股広げて見せて」って言われた。「ここでオナニーしていい？」って頼まれた。〔中略〕何か私まだ〔嫌だと〕言えなかった。まだ〔性風俗店に〕入ったばっかりだったんで、「いいよ」とか言った。
>
> （要・水島 2005: 152）

さらに、性風俗従事者を性的モノ化するだけでなく、「性風俗従事者は性的である」ということを従事者の「性質」や「希望」に変換する形で、性的モノ化が是認されることもある。「対価があればどんな性的行為にも応じる」という性風俗従事者の経済的イメージは「対価がなくても性的行為に応じる」という性風俗従事者側の性格や性質に変換されることで、次の例のように、明らかに性風俗に従事していない時間・場所でも性風俗従事者は性的対象と見なされることがある。

ある意味で、風俗嬢はもてる。人格云々ではなく、風俗やってるくらいだから一発くらいやらせてもらえるだろう、という暗い欲望の対象として、東京で出会った男のほとんどがそんなふうに考える人間だった〔後略〕。（石野 1999: 287）

また、次の例は「援助交際」をしていた少女の語りだが、性風俗利用者が性風俗従事者を性的な存在に仕立てていることがわかる。

「アオイちゃんはスケベなコだなぁ」。わざとヒワイな言葉を使うオジサンの体をウチは必死で引き離した。（遠野 2006: 146）

この少女は、身体が性的に反応したことも語っているが、同時に「怖い」「何も見たくない」「何も感じたくない」という恐怖や不安にも言及している（同前：146-147）。しかし、それは性風俗利用者には伝わらない。

性暴力加害者たち（＝性風俗利用者ではない）は性風俗従事者を性的モノ化することによって、性風俗従事者の身体を管理しようとし、さらに、加害者たちの求める行為が性風俗従事者の希望や勧誘によって成立しているというストーリーを構築する。そして、加害者側の欲望をなかったことのように隠し、彼ら・彼女らがもっている不安や罪悪感を打ち消すのである。人はそもそも性的存在であるともいえるため、性的対象にされることや他者を性的対象にすること自体を問題だとはいいきれないが、性的対象となる人の意思が反映されないところに性的モノ化の問題があるといえる。

性風俗従事者は性風俗に従事する中でさまざまな役割や感情を要求されている（Arnold & Barling 2003）。性風俗利用者を癒すための会話や気遣いだけでなく、性風俗利用者の前では性的行為を好んでいるように演じなければならない場合もある（菜摘 2002; 要・水島 2005）。そして、性風俗利用者が性風俗従事者に望むイメージを保つために「遊ぶための金が欲しくて性風俗に従事している」「好きでやっている」などといって性風俗に従事する背景や動機を隠し、自分の感情をコントロールしなくてはならないこともある（中山 2005; 遠野 2006）。このような性風俗従事者の感情労働[4]は性風俗従事者たちに精神的負担をかけるだけでなく、「性暴力」が性風俗従事者の望んだ行為のように考えられてしまうことで、性暴力の責任が性風俗従事者に向けられやすくなる危険性をもっている。

赤川学は、性風俗従事者や周囲の人々が性風俗従事について肯定的に語る際に使われる「〔性風俗を〕好きでやっている〔から問題ない〕」という言葉には二つの意味があることを指摘している。一つは「誰かによる強制ではなく、自分の意思で選択している」という意味であり、もう一つは「性的行為が好きで性風俗に従事している」という意味である（赤川 1995: 201）。それはどちらにしても性風俗従事者の責任を強調し、性暴力加害者の性暴力を免罪する効果をもっている。すなわち、誰の強制でもなく性風俗従事者自身が性風俗に従事したのだから「そこに加害者は存在しない」と見なされたり、性風俗従事者は性的行為が好きで仕方ないのだから性風俗利用者はむしろそれに付き合ったのであり、性風俗従事者と性風俗利用者は対等な関係であったことを証明したものと見なされたりする。それは、性風俗を始めるきっかけだけでなく、性風俗で起きたことすべての責任を性風俗従事者に帰してしまう効果をもっており、みずからの選択を単に「好きでやっている」と語ることの難しさ（性的にモノ化されたり「性的存在」と考えられたりして性暴力加害者の免責に利用される脆弱性）があるといえる。

不特定多数との性的行為と孕む性

性風俗利用者が性風俗を利用したこと自体を否定し、性風俗の利用によって起こりえる結果の責任を否定することもある。性風俗従事者と同様に、性風俗利用者も匿名性に敏感である。(5) そのため、性風俗利用者の名前や携帯電話番号が擬装であることも多く、性風俗利用者から性暴力を受けても加害者に直接被害を訴える手段が閉ざされ、出来事の結果（妊娠や性感染症など）についての責任を性風俗

(4)「感情労働」とは、自分自身の感情を管理してサービスを提供するような労働を指す（Hochschild 1983=2000）。田中雅一は、性風俗利用者に対する配慮や自己防衛のために性風俗従事者が感情労働に携わっていることを指摘したうえで、性風俗従事者はさらに「客がワーカーに与えようとする快楽（オーガズム）をめぐるやりとり」（例えば性風俗利用者自身の性的ポテンシャルに対する期待を満足させたり次回の指名につなげたりするために快楽を得ているような演技をすること）に対処する必要があるとして、それを「官能労働」と呼んでいる（田中 2014: 32）。

(5) 男性と買春を考える会の調査では、「買春」経験についてパートナーに「積極的に話す」人は買春経験者全体の二・六％、「知られても構わない」人は二三・九％となり、買春経験を「隠す」人が過半数となっている（男性と買春を考える会 1998: 13）。

従事者が一方的に背負わなくてはならなくなる場合もある（中山 2005; 遠野 2006; 須藤・宮本 2013）。

性風俗利用者は、「性風俗を利用した」という行為そのものを否定し、さらに、行為の結果を否定しえる。性風俗従事者は「不特定の性的関係をもっている」と考えられることで、性風俗従事者と性的関係をもった性風俗利用者たちの匿名性は強化される。性風俗従事者が一人の性風俗利用者のみと性的行為に及んだ場合や、ある結果がどの性風俗利用者との間に生じた結果なのか特定できる場合においても、「性風俗従事者である」ことが「不特定の性的関係」を示唆する限り、性風俗利用者は性風俗を利用したことや性暴力の存在を否定してしまえる。

ここで、特に妊娠については、女性が「孕む性」であることにも留意すべきだろう（宮地 1998）。女性には、妊娠によって身体が変化することで自分の意図とは別に自分の過去やアイデンティティを露呈する危険性があるが、男性にはその危険性がない（Goffman 1963=2001）。妊娠という身体の変化は過去に何らかの性的関係があった証になりうるため、性風俗に従事していることを周囲に相談していない場合は、性的行為の原因についても問われ、性風俗従事者は行為の原因と結果についてすべての責任を負わされてしまう危険性があるといえる。

性風俗従事に伴う制裁・教訓

第二章で見たように、「性風俗に従事する」という経験が性風俗従事者の過去を暴き将来を害するものだと考えられているような社会では、性風俗従事に対するスティグマが性暴力の行使や不可視化にそのまま利用されることもある。例えば、性風俗がタブー視されていたりスティグマ化されていたりすることを利用して、性風俗従事者が性暴力を訴えられないだろうという前提で暴力をふるったり、画像や動画で脅したりする者がいる（遠野 2006; 要 2012）。そのうえ、そうした暴力が「制裁」や「教訓」として是認されてしまうのである。

次の例は、「援助交際」をしていた少女に性風俗利用者が語った言葉だが、「両親」や「将来」のことを考えれば「性風俗には従事すべきではない」ことが語られている。

ミユキちゃん、これ本当の名前かどうか知らないけどさ、ボクには関係のないことだし。でもこんなことしちゃだめだよ。ご両親が嘆くよ。将来のことちゃんと考えたほうがいいよ。こんなことして世間を甘く見るとあとで痛い目にあうよ。（中山 2005: 217）

「ボクには関係のないこと」と、そこに性風俗利用者は存在しないかのようである。少女が「性風俗に従事すること」は、この性風俗利用者から見れば「世間を甘く見る」ことであり、その行為には制裁が加えられるだろうという警告がなされている。ここでは、「性風俗に従事すること」を選択することは「罪」なのであり、性風俗従事者が何かしらの危険を被ることや将来の不利益を被ることの原因は、性風俗従事者が性風俗に従事することを選んだことに帰される。そして、レイプ神話と同じ構図で、「罪」にみずから手を染めたことに対する「制裁」や「教訓」として「痛い目にあう」ことが是認されているといえる。

二　周囲による不可視化

性暴力を不可視化するのは、一次的性暴力の加害者だけではない。第一章で考察したように、性暴力被害者が被害を語る場がなかったり、語った後に事実を否定・歪曲されたりすることは、被害者の置かれた環境や周囲の人々による性暴力の不可視化であるといえるだろう。

性暴力被害を語る環境の不在

性風俗従事者が支援的環境をもっていない場合、性風俗従事者に対する性暴力が助長されたり放置されてしまったりする（Arnold & Barling 2003; Brouard & Wills 2006）。また、性暴力の影響を軽減するための政策や方針に支持的な環境が不足していれば、性風俗従事者たちの訴える性暴力が信じられず不可視化されてしまうこともあるだろう（Gerger et al. 2007）。さらに、性風俗従事者が性風俗に従事していることを身近な人に話せない場合や、支援ネットワークとして期待される公的機関によりスティグマ化されている場合、性暴力が不可視化されてしまうこともある。ここではまず、公的機関のあり方を見ていこう。

例えば、病院で性感染症の検査をしてもらえなかったり、早く性風俗を辞めるよう諭されたりするなどの職業差別を経験している性風俗従事者も存在し（要・水島 2005）、公的機関への相談を躊躇する要因となっていると考えられる。

次の例は、「ソープランド」に勤務する性風俗従事者が月に一度定期健診することについて、一般の病院では「バイキン扱い」される恐れがあることを語ったものだ。

月に一回は、エイズ検査に行きます。普通の病院に行くとバイキン扱いされる恐れがあるけど、ソープ街にある病院では、事情がわかっているから気楽ですね。
（福本 1999: 60）

彼女は、医療機関において性風俗と病気を結びつけられることに面倒さや不安を感じており、「事情がわかっている」病院を選択しているが、保険が適用されず、検査費のかさむ病院を利用せざるをえないなど彼女の選択肢は狭められている（同前 : 60）。

また、警察によるスティグマ化も、性風俗従事者に対する性暴力が不可視化される要因である。シャーロット・シーブの調査では、性風俗従事者が性暴力を警察に訴えない理由に「警察は真剣に捉えてくれない」（四七%）が挙げられており（Seib 2007: 109）、性風俗従事者に対する性暴力が警察の信用を得にくいことがわかる。これを支持するように、警察官に対して実施されたエイミー・ペイジの調査でも、「処女」「高齢者」「一〇代」の性暴力被害者についてはおよそ七〇%以上の警察官がその性暴力を真実だと考えるのに対し、性風俗従事者に対する性暴力については四四・一%が「信憑性がない」、二九・三%が「何ともいえない」と回答しており（Page 2010: 326）、性風俗従事者に対する性暴力は警察により無化されたり信憑性を疑われたりしていることがわかる。

ヤン・ジョーダンの調査によると、「通報が遅い」「身体的な致傷がない」「被害時に飲酒または薬物摂取があった」「加害者と過去に性的関係がある」「複数回被害を訴えている」「不道徳な行為があった」「被害者に知的障害あるいは精神疾患歴がある」「過去に立証されなかった申し立てがあったり、申し立てを取り下げたりする」場合、警察は性暴力の信憑性を疑いやすくなることもわかっている（Jordan 2004: 38-41）。性風俗従事は「不道徳な行為」（あるいは逸脱や非行）に該当すると見なされやすく、性風俗利用者が加害者の場合は、性風俗の性質上「加害者と過去に性的関係がある」可能性もある。性風俗従業員からの被害の場合は、複数回被害に遭い、それを訴えている可能性も高い。また、性風俗に従事している事実だけで警察が被害を真剣に受け止めないことを危惧し、性風俗に従事している最中に性暴力に遭ったことを隠したり、性風俗に従事していることを知られたくないために申し立てを取り下げたりすることは、被害者の心理から見れば自然な選択だと思われるが、こうした行為が性風俗従事者に対する性暴力の信憑性を下げることにつながってしまうといえる。

さらには、性風俗に従事していることを脅しの材料にし、警察官が性風俗従事者に性暴力をふるうような悪質な事態も起こっており（Ditmore & Poulcallec-Gordon 2003; Johnson 2003; 水島 2008; Crago et al. 2010）、性風俗従事者の警察に対する信頼も失われていることが、警察に訴えられない一つの要因になっていると考えられる。

宮仕聖子によると、カウンセリングなどの相談機関になじみがない場合や、専門家に相談することに否定的イメージをもっている場合、その人の「専門的心理的援助要請態度」は低下し、その人が公的機関にアクセスするのを遠ざけるという（宮仕 2010）。これまでに見たような公的機関の対応は、性風俗従事者が性暴力を受けた場合に性風俗従事者に必要な支援（加害者の追跡・逮捕や性風俗従事者の保護・治療など）を十分に提供しないだけでなく、「社会的支援を受けるに値しない存在」というメッセージを性風俗従事者に与えたり、「いってもわかってくれないだろう」という性風俗従事者たちの不安を助長したりし、性風俗従事者に対する性暴力を不可視化する危険性があるといえる。

精神的汚染

これまでに見た通り、性風俗従事者についての研究や調査、議論は、性風俗と性感染症を強く結びつける形で行われてきた。しかし、性風俗従事者の身体をスティグマ化する「危険性」や「美醜の度合い」は、病気の罹患によってだけでなく、「性風俗に従事する」という行為や経験そのものによっても意味づけられ、性暴力の不可視化につながることがある。ニコル・フェアブラザーとスタンリー・ラックマンは、個人が内面化する「汚」の感覚を「精神的汚染〔Mental Pollution〕」と呼んでいる(Fairbrother & Rachman 2004: 174)。これは、汚物そのものや汚物への物理的接触を伴わずして「汚い」と感じるような感覚や意識を指す。

次の二つの例は、性風俗従事者たちが性風俗利用者について語ったものである。前者は性風俗利用者にキスしようとしたときに「汚い」と拒否されたことを語っており、後者は性的行為が終わった途端に性風俗従事者を「汚いもの」と見る性風俗利用者について語っている。

キスなんかしなくていいよ、汚い！こんな仕事して〔と性風俗利用者にいわれた〕。(要・水島 2005: 265)

単純にプレイをしているときはすごくいいことばかり言うのだけど、終わった途端に汚いものを見るように逃げて帰って行く人がいる。(同前 : 208)

多くの性風俗利用者は性風俗従事者の身体に触れることで利益を得る。しかし、性風俗利用者にとっては「性風俗に従事すること」のみが「汚い」のであり、それは「こんな仕事」に従事することを選択した性風俗従事者の責任と考えられている。

また、「援助交際」の経験が母親に露呈した少女は、母親の反応について次のように語っている。

「援助交際してるんでしょ。〔中略〕そういうの売春っていうのよ。分かってるの？　気持ち悪い。女じゃないわ。売女《ばいた》っていうのよ。〔中略〕援助交際の相手から買ってもらった物もあるんでしょ。そんな物家に置かないで。汚らわしい。」ママは叫びながら泣いて、そして泣きながらあたしを殴って蹴った。

（中山 2005: 212-213）

この母親にとって、援助交際は「気持ち悪い」ことであり、援助交際で得た物品は「家に置かないで」ほしいほど汚いものである。また、この母親は「女」と「売女」を二分し、性風俗従事者を「女」以下と見なしていることもわかる。

次の例も、「援助交際」をしていたことが母親に露呈したときのことを語った、別の少女の言葉である。

「汚い汚い、汚い子！　体を売って金を稼ぐなんて！　あんたなんてエイズになって死んじゃいなさい！　死ね死ね！」お母さんは怒鳴り散らした。援助交際なんかやめなさい、とは言ってくれないんだ――アタシはガックリきた。やっぱりアタシ、死んじゃってもいいんだ。

（遠野 2006: 63）

この例の母親も、「体を売って金を稼ぐ」という行為を「汚い」と考えている。この母親にとって「性風俗に従事する」という経験は、精神的にも身体的にもみずからを汚し、死に値するものなのであり、性風俗従事者はみずから「汚染される」ことを選んだことの責任を問われている。

このような周囲の反応がある場合、性暴力被害者が被害を相談できる環境が整っているとはいえないだろう。「性風俗に従事する」ということの内実を話せなければ、そこで起こりうる性暴力は可視化されない。

プロフェッショナリズムの誤解

また、性風俗従業員や同僚が、プロフェッショナリズムの誤解によって性暴力を不可視化してしまうこともある。一般的に、「プロフェッショナリズム」は性風俗従事者たちの安全に対する意識や知識を高め、さまざまな偏見や暴力を防いだり、それらを訴える意識につながったりするものである（Delacoste & Alexander 1988=1993; Chapkis 1997）。このようなプロ意識から性感染症予防や性的行為時に避妊具をつける方法、性暴力を回避するための言い回しなどを身につけることで、実際の安全が守られることもあるだろう（これについては第五章にて詳述する）。しかし、プロフェッショナリズムの誤解は性暴力を「合意の性的行為」や「サービス」として矮小化する危険性ももっている。

性風俗従事者が性的行為のプロだと考えられているとき、性風俗利用者が性風俗従事者との性的行為に過剰な期待をし、普段できないような形態の性的行為を性風俗従事者には要求できると考えることがある（要・水島 2005; ポルノ被害と性暴力を考える会 2010）。嫌がる体位を強要したり、ポルノグラフィの内容を無理やり実践しようとしたり、ポルノグラフィの視聴を強要したりすることは「性暴力」として認識され始めている（ポルノ被害と性暴力を考える会 2010）。一方で、いろいろな「プレイ」やポルノグラフィの実践を配偶者や恋人には要求しにくいと考える人も存在し、そのような行為を「性的行為のプロフェッショナル」である性風俗従事者にならば要求できるという考えが、同意していない性的行為の強要につながってしまう。

特にポルノグラフィは、視聴者が直接性風俗従事者の身体に触れないため、現場での性暴力が指摘されにくく、指摘されても「ヤラセ（偽造）」だと主張されて性暴力が真剣に受け止められないこともある。例えば、ポルノグラフィでは性交しているように見えても実際には性交していないことが主張されたり、人工精液を使用しているために性感染症や妊娠の心配がないことが主張されたり、性暴力をテーマとしたポルノグラフィでも、実際の性暴力ではなく「それを演じているだけ」などと主張されることで、性暴力の実態が不可視化されやすいという（浅野 2001; ポルノ被害と性暴力を考える会 2010）。「性的行為のプロフェッショナルであること」が性風俗従事者に対する性暴力を「演技」として矮小化するのである。

それと同時に、性風俗従事者を「性的行為のプロフェッショナル」と見なす考え方には、「どんな状況下においても、性風俗従事者は契約以上の性的行為を回避・阻止できる技術がある」という誤認が含まれる。このような暴力防止についてのプロフェッショナリズムを要求されることで、性暴力を食い止められない責任は性風俗従事者の未熟さや経験不足に帰され、性風俗従事者が性暴力を訴えにくい環境がつくられ、被害を訴えてもそれを「サービス」の一環として扱うような二次加害が起きてしまう。

次の例は、非性交形態の「ヘルス」に従事する性風俗従事者が性風俗利用者から性交を強要された後、性風俗従業員にいわれた言葉である。

〔ブレーンであった〕男には、授業料だったと思えと、次からはさせなければそれで良い、ヤらせたらヘルス嬢の負けだ、そう言われた。

（ちぃ 2003: 180）

この例の性風俗従業員にとって、性交強要という性暴力は性風俗従事者の「負け」や「至らなさ」によって引き起こされたものであり、性風俗利用者の暴力としては捉えられていない。彼にとって、性風俗従事者はあくまでも「ヤらせた」のであって、「ヤられた」のではない。性風俗従業員の「授業料」という言葉からも、性暴力が次に活かせる人生のステップアップのための材料のようなものとして捉えられていることがわかる。性風俗従事者の恐怖やとまどいと性風俗利用者の非情な性暴力は、誤ったプロフェッショナリズムによって「害」や「痛み」どころか「駆け引き」や「報酬」に変換されてしまう。

このように、性風俗従事者は性的関係のプロだと見なされる一方で、性風俗に対するスティグマや不快感は同時に存在し、プロとしての社会的地位を獲得できないにもかかわらずプロとしての責任だけは負わされるような理不尽な境遇へと追いやられかねない。性感染症については性風俗従事者が検診を怠ったことのみが非難され、妊娠については性風俗従事者が避妊具の使用やピルの服用を怠ったことのみが非難されることも、プロフェッショナリズムの誤解といえるだろう。

性暴力を批判し拒否し、性暴力に抵抗する性風俗従事者の主体性を認めることは、「性風俗従事者は性暴力に抵抗できて当たり前だ」と考えることとは異なる。性暴力は受けた側にとって、衝撃、恐怖、忌まわしさ、嫌悪、とまどいになりうるが、それが十分に理解されず、性風俗従業員や性風俗利用者にとって、性暴力を回避することが駆け引きの一環やプロとしての技術として捉えられることで、その回避の責任は性風俗従事者にのみ向けられてしまう。

要友紀子と水島希の調査によると、性風俗従事者たちが「仕事」について相談する相手は六〇・四%が同業の「風俗嬢の友達」であるとされているが（要・水島 2005: 97-98）、プロフェッショナリズムの誤解があると、他の性風俗従事者や従業員など「同業者」であればあるほど性暴力を語りにくくなるという悪循環が生まれる可能性もある。「性風俗従事者は性的行為のプロフェッショナルである」という見方は、望まない性的行為を受け入れることもそれを拒否する責任をも要求するために、プロフェッショナリズムの誤解は性的行為を強要する道具にもなりうるし、起きた性暴力の責任を性風俗従事者側に帰す根拠にもなりえてしまう。

三　被害者自身による不可視化

性暴力を不可視化するのは、加害者や周囲の人々、被害者の置かれた環境だけではない。第一章で考察したように、性暴力被害者自身が性暴力の原因や責任を追及し、自分を責めてしまうこともある。性風俗従事者の場合は、そのような自責に加え、性風俗や性風俗従事者に対するスティグマの内面化が性暴力を不可視化することにつながり、その人が必要とする支援から遠のいてしまうことがある。性風俗従事者が、これまで見てきたような性風俗の社会的地位や性風俗についての否定的な評価を見聞きし、みずからを説明するために「スティグマ」を取り入れ、そして、不平等や暴力を向けられることを「仕方ない」と諦観してしまう場合である。

ブルアールとウィルズによると、セルフ・スティグマ／スティグマの内面化の影響はさまざまだが、主に次のような影響があるという（Brouard & Wills 2006: 4-6. これをまとめたものとして、表10を参照のこと）。

セルフ・スティグマ／スティグマの内面化によって引き起こされる自己価値や自尊心の喪失、自分自身を大切にする感覚（自己愛）の喪失は、スティグマ化された人々に対する性暴力を不可視化させる大きな要因である。例えば、スティグマ化された経験のある人々は、性暴力を受けた原因を自分自身がスティグマ化されていることに帰すことがある。自分に性暴力が向けられることを他の暴力や差別を受けることと同様に当然視してしまうのである。

また、スティグマ化されると自分の存在価値や自尊心が揺らぎ、自分が性暴力被害を訴えたり助けを求めたりするに値する人間とは考えられず、性暴力被害について沈黙してしまうこともある。宮地尚子は、「トラウマに関する発言を可能にするための条件、能力や資源」として「「誰かが聞いてくれるかもしれない」という他者への信頼感や希望、「自分が声を出してもいい」と思える最低限のセルフ・エスティーム」を挙げている（宮地 2007: 83）。

スティグマ化されうる性質や社会的カテゴリーをもつ人は、性暴力被害者が被害時の自分自身の言動について自分を責めるのとは異なり、（性）暴力を受ける前からすでに、自分には性暴力を訴える価値もそれに誰かが耳を傾けてくれるような価値もないと考えるような否定的な自己価値観を形成している場合がある。そして、スティグマ化によって社会的に（そして物理的に）孤立していれば、被害を相談する支援的環境が周りになく、出来事そのものが無化されてしまうこともあるだろう。スティグマの内面化は、スティグマ化された人の性暴力に対する脆弱性を高め、そして、彼女ら・彼らから

表10　ブルアールとウィルズによるスティグマの内面化の影響

<table>
<tr><td>自己管理力の喪失
〔Loss of control〕</td><td colspan="2">スティグマ（化）によって否定的感情や劣等感をもち，自分自身や人生に不快感を覚える</td></tr>
<tr><td>負の自己認識
〔Perception of self〕</td><td colspan="2">自分のせいで他者を失望させ，辱めると考え，自分を責め，罪悪感を抱く</td></tr>
<tr><td rowspan="5">自己防衛行動
〔Self-protective action〕</td><td>自己排斥
〔Self exclusion〕</td><td>支援サービスから遠のく</td></tr>
<tr><td>口実
〔Subterfuge〕</td><td>他者にスティグマを知られないように，自分自身の行動や言動を管理する</td></tr>
<tr><td>回避
〔Avoidance〕</td><td>家族のイベントや社会活動を回避する</td></tr>
<tr><td>社会的ひきこもり
〔Social withdrawal〕</td><td>自分自身で孤立化を導き，性的関係や恋愛関係などを避ける</td></tr>
<tr><td>リスク行動の継続
〔Continuing risk behavior〕</td><td>危ない場所に身を置いたり，危険な行動をとったりする</td></tr>
<tr><td>過補償
〔Overcompensation〕</td><td colspan="2">「善い」人間であることを示す必要があると強く思ったり，より懸命に働かなくてはならないと考えたりする</td></tr>
<tr><td>開示する恐怖
〔Fear of disclosure〕</td><td colspan="2">批判されたり拒否されたりすることを恐れ，スティグマ化されうる性質や社会的カテゴリーを開示できない</td></tr>
</table>

出典）Brouard & Wills（2006）をもとに筆者作成

「性暴力被害を語る資格や権利」を奪ってしまう。以下、このようなスティグマの内面化と性暴力不可視化の関係について見ていこう。

性風俗の意味づけと葛藤

第二章で見たように、「性風俗に従事すること」は「労働」や「職業」とは認識されなかったり、「労働」は労働でも「低級な労働」だと認識されたりすることがある。性風俗従事者たちは、このような人々の性風俗に対するスティグマや、性風俗が他の職業から区別されてその低い方へ位置づけられることを見聞きしている。

自分がどんな職業に就いていて、それがどのような社会的位置づけにあるかは、その職業に就く人の社会的アイデンティティに影響を与える。社会的地位の低い職業や違法な職業に従事することはその人の自尊心を下げ、その人が職業アイデンティティから距離をとる傾向があることが指摘されている（Lai et al. 2013）[6]。つまり、ある人がどんな職に就いているのかがその人の価値観や人生観を表し、その人を評価するうえで重要な因子であると社会的に考えられているとき[7]、職業の社会的地位がその従事者の自己価値や自己評価にも影響するといえる。

（6）ジェニファー・ライらはカジノのディーラーを対象に調査し、自分の仕事を「汚い」と思うディーラーほど職業に対する「脱同一視化〔Disidentification〕」傾向が強く、離職志向が強いことを明らかにしている（Lai et al. 2013）。

（7）アーノルドとバーリングによると、個人の自尊心はその個人の社会的アイデンティティに左右されるが、その社会的アイデンティティは職業アイデンティティによって形成されやすい（Arnold & Barling 2003: 269）。

次の例からは、性風俗従事者自身の性風俗に対する肯定的な意識とは別に、性風俗経験を「隠すよう」促す社会からのメッセージが存在し、性風俗従事者はそれを熟知していることがわかる。

たとえばね、風俗のどの店で働いてもナンバーワン〔その店で収入や指名が一番多いことを指す〕だったとするでしょ。でも、それって履歴書には書けないんだよね。〔中略〕通用しないでしょ。あたしはそういう十年を過ごしてきたんだ。やっぱりどこまでいっても、裏は裏……なんだよね。

（深沢 1999: 87）

たとえ性風俗従事者が「性風俗に従事すること」にプライドをもっていたとしても、それは社会によって拒絶されることでかき消されていく。「性風俗従事者が存在すべき場所」があらかじめ社会によって設定されており、それを動かすことは容易ではない。当然、性風俗従事者が自分のしていることにプライドをもち、「なぜ性風俗を否定されなくてはならないのか」と疑問をもつこともある。しかし同時に、性風俗従事者はさまざまなスティグマに直面することで、性風俗についてのスティグマを「やっぱり」なもの（確かに否定的に意味づけられている）と確信する経験を繰り返すこともある。

「裏の世界」で生きてきた人は、表の姿を繕うものもなく、表面上は空白の人生を歩むことを強いられる。性風俗従事者たちの多くが性風俗に従事する中で嫌なことも経験したかもしれないが、それでも性風俗に従事した経験を完全には否定したくないと語る（別冊宝島編集部編 1999; 菜摘 2002; 中山 2005）。そこには、社会から「何も無かった時間」と判定される自分たちの人生の一部を取り戻そうとするプライドと意地がある。そして、「性風俗に従事する」という自分たちの行為をスティグマの中で捉え

まいとする揺らぎもある。(8)

また、次の例からも、性風俗の具体的行為が社会規範や道徳から外れているという「逸脱」の認識が性風俗従事者の揺らぎを導いていることが読み取れる。「大好きだった」性風俗を辞めた彼女は、辞めようと思ったときのことを次のように語っている。

素性も知らない男と出会った直後に抱擁と親密な会話を交わし、ひざまずいてジッパーを下げ洗ってもいない臭いペニスを引っぱり出して丁寧にしゃぶり、セックスをして気持ちもよくないのによがりまくるというあの大金をいただける素敵なお仕事が、死にたくなるほど滑稽《こっけい》で苦痛でたまらなかった。

（菜摘 2002: 63）

この例の場合、彼女にとって性風俗が嘘のかたまりであることが、彼女が性風俗を辞めたいと思う理由の一つになっていることがわかる。「素性も知らない」のに「親密な会話」をし、「気持ちよくないのによがりまくる」演技をする自分と性風俗の欺瞞は、彼女にとって「滑稽」と「苦痛」の二面性をもっている。性風俗利用者の望むような人間を演じ、本当の自分を出さないことは、一方で「女

（8）　石川准は、「「わたし」とは何者なのか」「何者でないのか」を示すことを「アイデンティティ」とし、「自分は価値ある特別な存在」であることを証明することに没頭するような人の営みを「存在証明」と呼んでいる（石川 1995: 8–9）。この存在証明に躍起にならざるをえないのは自分に価値があることを簡単には証明できない人であり、「お前に価値があるのかないのか」と問われ、それに答えなくてはならないのはつねに被差別者である。

優」のようでもあるが（酒井 2007）、他方で感情労働であり（Wahab 2004; Sanders 2005）、それがストレス回避策となる場合もストレスそのものになる場合もある。また、「素性も知らない」という言葉からは、「性的行為は親密な人とするもの」といった道徳観も彼女に働いていることがわかる。

性風俗従事者は、彼女ら・彼ら個々人の見聞きする言説や周囲の人々の反応によって「性風俗に従事すること」の社会的意味を読み取り、そのことを感じながら性風俗に従事することに葛藤する。性風俗従業員について調査した川畑智子は、性風俗店に勤めることで結婚時に「相手の女性の親戚から白い目で見られる」といった差別を避けるために、性風俗従業員たちが偽名の名刺を使っていることを例に挙げ、彼らが社会的な後ろめたさを感じていると指摘する（川畑 1999b: 191）[9]。一般的に、性風俗従事者も源氏名などの偽名を使うことが多いが、それは性風俗利用者からのストーカー対策や個人情報を保護するためだけでなく、職場とそれ以外のアイデンティティを切り替えやすくするための方法である場合もある（Fick 2005）。二つの名前をもち、必要のないときには職業アイデンティティを切り離すことで、「性風俗に従事すること」についてのスティグマを知りながらもそれにかかわることで生じる葛藤を管理しようとしているのである。

このような職業の社会的地位が、先に見た「プロフェッショナリズムの誤解」に結びつくこともある。つまり、性風俗がスティグマ化されていることに対して「過補償」の感覚が働き、人一倍懸命に働くことで社会的地位を取り戻そうとすることが、性風俗従事者自身による性暴力の矮小化を導いてしまうことがある。

次の例は、性風俗利用者に性交を強要された性風俗従事者の語りである。この女性は、性交強要された後に、「もう辞める」「自分には出来無い」と叫んでいるが（ちぃ 2003: 180）、その理由を次のように説明している。

別に、SEXをさせられた事に嘆いていたのでは無い。拒否出来無かった自分が悔しくて情けなかっただけである。〔被害によって〕まだまだあたしが甘かった事を思い知らされて、極度の興奮状態に陥っていたのだ。〔中略〕ヘルス、と云う職種上、店の中で本番をさせる訳にはいかないだけである。（同前：180–181）

「性暴力を受けたら負けだ」という意識は、性的行為の主導権を性風俗利用者に譲らないという意志であり、性風俗従事者の主体性や権利を支えるプライドにもなりうるが、同時にそれが「自分が情けない」と自責につながってしまうこともある。ここで、性暴力を行使した性風俗利用者や守ってくれなかった店に怒り、性風俗とは切り離して性暴力を「嘆く」権利がこの性風俗従事者にも認められてよかったはずだ。

また、性暴力を認知的に回避するために、本章第一節で見た「対価」を性風俗従事者自身が利用することがあるが、その際に性風俗の社会的評価が作用する場合もある。[10] このとき性風俗従事者は、性

（9）一方、米国の性風俗従業員についての調査では、性風俗従業員になったことに罪悪感をもつ人は少数である。むしろ、彼ら・彼女らの経験は、失われた（権）力の感覚を取り戻すことを助けるだけでなく、過去に取り上げられたものを取り返すことであり、性風俗従業員になって初めて力や敬意を得たり、性風俗従事者たちを管理し対価を得ることで自営業をできていることに対する自信と満足が得られたりするものとして捉えられている（Raphael & Myers-Powell 2010）。

暴力を「サービス」や自分の意思による行為に変換することで、性風俗従事者たちの奪われた主導権を取り戻そうとしているといえるが、この「自分を支えるプライド」が性暴力の不可視化につながってしまう。

次の例は、「援助交際」をしていた少女が膣内に射精された後に、性風俗利用者を批判するのではなく追加料金を求めた例である。性風俗利用者に怒りをぶつけても「過去が変わるわけじゃない」ので、自分の身体が性風俗利用者のいいように使われるだけになってしまうことを防ぐために、せめて対価だけでももらっておかなければと考えたうえの行為であり、彼女自身の気持ちを整理し納得づける行為でもある。

気づくと男はあたしの中で発射していた。騎乗位でやってたときはゴムをつけていたのに。バックになったときに途中で抜いたんだ。膣から溢れ出した精液が太腿に流れ落ちた。一瞬怒ろうと思ったけれど口から出てきたのは別の言葉だった。「中出し代、別料金」。本当は泣いて怒鳴りたかった。だけど怒鳴ったところで過去が変わるわけじゃない。（中山 2005: 140）

このような性風俗従事者自身による性暴力の無化／矮小化は、「金にどん欲な少女・女性たち」や「アッケラカンと性風俗に従事する少女たち」といったイメージを構築し、「金を払えば何でもできる」といった性風俗利用者の認識を強化してしまう危険性をもっている。性風俗従事者が「本当は泣いて怒鳴りたかった」けれどもクレームできなかった性暴力は、性風俗利用者にとって合意の上の性的行為やオプションとしてしか捉えられない危険性が十分にある。

しかし、性風俗従事者たちの被害を防げなかったことに対する悔しさは、たとえそれが被害者の自責につながり、被害者が出来事を「性暴力」と認識することの障害になるとしても、否定されるべきものではないだろう。それは性風俗従事者のプロ意識とは別に、自分の身体や決定権を守れなかったこと、嫌なことを嫌ということができなかったことに対する悔しさや情けなさでもあるし、「次は自分を守りきること」を想定することも当然である。ここで問われるべきなのは、性風俗従事者が性暴力の責任を自分に向けているか否かにかかわらず生じているはずの加害者の行動に対する責任である。

後ろめたさと自己防衛行動

スティグマを内面化した人はコミュニティから自分を排斥したり、人と触れ合うことを回避したりするなどの自己防衛行動をとることが指摘されている（Brouard & Wills 2006）。性風俗に従事することに対するスティグマと性風俗従事者個々人の「性風俗に従事すること」についての意識との間で生まれる「揺らぎ」は、しばしば「後ろめたさ」という言葉で表現されるが、これはどんな機能をもっているだろうか。

性風俗従事者が、性風俗に従事していることや性風俗に従事した経験があることを他者に開示することは少ない。開示しない理由は、家族やパートナーに対する配慮であったり、性風俗以外の職を失

（10）　圓田浩二は、援助交際の動機や目的として語られる「お金」は、性風俗従事者が「自分自身をも納得させる」ために使うとともに、「なぜ援助交際をしているのか」という性風俗利用者を中心とした他者からの質問に対して「自分の内面に踏み込まれず」、他人が「納得し安心する」よう用意している言葉だと指摘する（圓田 1998: 122）。

ったり差別を受けたりする危険を回避するためであったりとさまざまだが、ここでは、性風俗従事者たちが性風俗に従事することで抱く「後ろめたさ」と自己防衛の関係について考えてみたい。

要友紀子と水島希の調査では、調査協力者の「風俗嬢」の四九・二％が性風俗に従事することに「罪悪感がある」と答えており、その理由としては「内緒にしているから」（八五・五％）が最も多くなっている（要・水島 2005: 47）。親しい間柄で秘密を保持すること自体が苦悩やストレスにもなりうるが（Goffman 1963=2001）、厳密にいえば、「内緒にしているから」というのは罪悪感を抱いている理由というだけでなく、罪悪感ゆえに導き出される行為でもある。要と水島の調査では、性風俗従事者の多くが家族やパートナーに性風俗従事について話していないことも明らかになっている（要・水島 2005: 62-63）。ここでも、なぜ性風俗に従事していることを話せないのかは質問されていないが、性風俗従事者の手記からは性風俗に従事することを「内緒」にする背景の一つに「後ろめたさ」があることがわかる。

例えば、「援助交際」を経験した性風俗従事者は、その手記の中で、援助交際の経験を「いつもどこかで後ろめたく思ってた」と語っている（中山 2005: 5）。彼女は自分自身の援助交際の経験を完全には否定したくないとも語っているが、彼女の語りからは援助交際が比較的否定的な経験として受け止められていることがわかる。性風俗に従事すること自体が悪いことだとされることには疑問をもちつつも、「性風俗に従事することは悪いことだ」という社会的意味を読み取ることで葛藤が生じ、援助交際の経験が「どこかで」後ろめたいものとして漠然と受け止められている。

また、次の例でも性風俗に従事する「後ろめたさ」が語られているが、彼女の場合は「世間」と「母親」の双方に異なる後ろめたさを感じている。

〔SMクラブに勤務することについて〕もちろん、世間に対する引け目はありましたけどね。知り合いには〝水商売〟〔風俗営業を指している〕と言ってごまかしてたし、なにより母親への後ろめたさが……。〔中略〕だから、お金の問題が落ち着いてきたら、また人に言えるような仕事をしようと思ってたんですけど、そんなとき、母が死んでしまって、またお金がなくなったんです。

（宝泉 1999: 319）

彼女の場合は性風俗営業と風俗営業の間に彼女なりの境界線があり、風俗営業に従事していることは他者に語ることができ、それは世間に対する「ごまかし」になっている。世間に対する後ろめたさは「引け目」、つまり劣等感や負い目であるが、一方で、母親に対する後ろめたさは申し訳なさや罪悪感に通じている。(11)

性風俗のスティグマ化は、性風俗に従事していることを「話してはいけない」（話せば誰かを怒らせるか悲しませる）と、性風俗従事者たちの語りを抑制し、そのことが性風俗そのものを後ろめたいものにしたり、負の自己認識を導いたりする。それと同時に、身近な人に自分のアイデンティティの一部を話せないことがさらなる後ろめたさや申し訳なさにつながっていく。親密な関係のうちで秘密が暴かれる場合には、秘密を開示する人と開示された人の「既に確立されている関係も、偏見で歪められる」可能性をもっており（Goffman 1963=2001: 115）、親密であればあるほど秘密を開示できない状況に

(11) この性風俗従事者はその後、母親が亡くなったのをきっかけに「後ろめたさ」から解放され、「ポジティブに変わることができ」、結果として性風俗に従事することを楽しめるようになったとも語っている（宝泉 1999: 319）。

追いやられ、そのために先に見たような「内緒にしている」ことが直接的に罪悪感へと結びつくと考えられる。

また、次の例からは、後ろめたさや負の自己認識が性風俗従事者の生活空間を物理的に制限し、性風俗従事者の自己排斥を促していることもわかる。これは「援助交際」をしていた性風俗従事者の回想だが、援助交際をしていた後ろめたさは彼女の異性関係や職場での行動を制限している。

心の奥底に溜まっていた援交という澱《おり》は、新しい男と出会うたび、新しい仕事をはじめるたび、あたしの行動を消極的にした。嘘で表面だけうまくとりつくろっても、あたしはあたしをごまかすことはできない。（中山 2005: 5）

彼女の場合、性風俗に従事した後ろめたさは恋愛関係や職場を制限するだけでなく、外出の時間までも制限するようになっている。

街を歩いているときは知った顔に会いたくなかったし、会いそうな時間は外出を避けた。同じような年頃の人を見るたびに劣等感でその場から逃げ出したくなった。コンプレックスと恨《うら》み妬《ねた》みの塊。（同前：7）

性風俗のスティグマ化は性風俗従事者に道徳観や性風俗に従事することの是非を問いかけ、性風俗従事者の社会的孤立を導く。さらにこうした「後ろめたさ」が性風俗従事者たちを恋愛や結婚から遠ざけることもある。「性風俗」が恋愛や性的行為の責任を介在せずに手軽に性的行為に及ぶことのできる場として受け止められていることで、性風俗従事者は性風俗利用者と恋愛関係に進展することから自分を排斥したり、自分自身の感情と自己価値を守るために、性風俗以外の人間関係からみずからを遠ざけたりする。(12)「性風俗に従事する」という経験が「まともに愛されない」理由を説明しえると性風俗従事者自身に考えられてしまうのである。

次の例は、「ソープランド」に勤務する女性の語りだが、語り手はソープランドに勤務することを社会からの逸脱と考え、その経験ゆえに「ソープ嬢」は「普通」の人とは付き合えないと考えていることがわかる。

普通のサラリーマンとつきあっている人〔ソープ嬢〕は見かけません。やっぱりソープ嬢だとわかると、ちゃんと愛してもらえないから。〔中略〕本当は、〔付き合うのは〕普通のサラリーマンがいいんだけど、ソープ嬢をまともに愛してくれる人なんていませんから。

（福本 1999: 64–66）

周囲の人々の性風俗に対する否定的な反応や態度、他の性風俗従事者の経験を繰り返し見聞きしてきたことによって、この性風俗従事者は性風俗従事経験を理由に人間関係の範囲を制限してしまう。

(12)「援助交際」に対する男性の意識調査では、「買春した女性とも、心のふれあいを感じることができる」を支持する回答は一一・一％にとどまっている（福富 2000: 212）。一方、性風俗営業の利用に関する男性の意識調査では、「性風俗で出会った女性との間に、愛が芽生えることもある」を支持する回答は五〇・五％となっている（福島県男女共生センター 2005: 112）。

次の例は先の例と同一の女性の語りだが、彼女自身の経験や他の性風俗従事者の経験から知るようになった「事実」が彼女の恋愛観に影響を及ぼしている。この例では、以前交際していた「普通のサラリーマン」と別れた理由が語られているが、交際相手の「真面目」さと彼女の「正体」が対比され、彼女は彼にふさわしくないと考えられている。

彼と別れたのは、真面目な人だっただけに、仕事を隠してつきあっていくことが心苦しくなったからです。〔中略〕「やり直そう」って〔彼が〕言うけど、別れたほうが彼のためになると思って。私の正体を知ったら、どうせ離れていくに決まっているから……。

（同前：66）

彼女は性風俗に従事していることを彼に伝えていなかったが、それは性風俗に従事していることを話せば交際相手との関係が変わってしまうのが怖かったからである。彼女は、「普通」の人には「ソープ嬢をまともに愛してくれる人なんていない」と考えているのであり、性風俗従事経験は彼と別れるのに十分な理由だと考えられている。

次の例も同一の女性の語りである。

結婚はどうかな。過去を告白しちゃったら、相手の男性とは長続きしないから。一時的には許してくれても、付き合っていくうちに「この女は風俗嬢だったんだ」っていう意識が必ず出てくるから。

（同前：69）

彼女は、性風俗を辞めてからはその経験を隠し通すつもりで、その自信もあると語っているが、留意すべきなのは、「性風俗従事経験」が彼女が性風俗を辞めてからも引き続き彼女の交友関係を制限しうるものとして考えられていることだ。「隠さなければ結婚できない」ことは「性風俗に従事することを選択した」代償として説明されている。

また、性風俗従事者たちの「後ろめたさ」は、性風俗従事者に降りかかる不利益の原因と責任を引き受けるという形でも表現されることがある。

例えば次の例は、「援助交際」をしていた少女が性風俗利用者に拉致されそうになったときの語りである。彼女は、「ウリ」をしていた女性が犯罪に巻き込まれた事件を例に挙げて、自分自身が拉致されたり殺されたりするのを「自業自得」だと語っている。

〔暴力団系の若い性風俗利用者に車で拉致されそうになって〕ときどきニュースでウリやってるコが殺された事件とかを見てたから、アタシも自業自得かなと思ったけど、やっぱ死ぬのはイヤで、車が信号で停まったときに逃げ出した。

（遠野 2006: 175）

また、次の例では「援助交際」をしていた少女が痴漢被害に遭って泣いていた友人と自分を比較し、自分のことを「悪い子」で性的に「軽い」と考えることで、嫌なことを嫌といえる友人への妬みを回避しようとしている[13]。

あたしは悪い子なんだからこんなこと〔痴漢を指している〕では泣かない。〔性的に〕軽い女でビッチで悪女でヤリマンだから、ちょっとやそっとの性的ないやがらせくらいじゃなんとも思わないんだ。

（中山 2005: 115）

彼女たちが、性風俗に従事する経験を自己排斥するのに十分な理由、（性）暴力を受けても仕方ないほどの行為などと思い込もうとしている語りには、それに抵抗しようとする揺らぎも見られる。しかし、自分を性風俗に従事しない人と差異化することが、彼女たちの暴力を訴える力を弱め、暴力を制裁・教訓として正当化することにつながりうる危険性も示唆している。

負の自己認識と精神的汚染

前項の内容にも通じるが、自己排斥や社会的ひきこもりといった自己防衛行動の背景には、性風俗従事者がみずからを「愛されない人間」「価値の無い人間」「性的行為でしか評価されない人間」などと否定的に考える負の自己認識も挙げられる（菜摘 2000）。そして、性風俗従事者たちの手記からは、そのような負の自己認識が「汚」の感覚と結びついていることも読み取れる（七瀬 1999; 中山 2005）。性風俗における性的行為は、性風俗従事者たちがしばしばそれを看護師の仕事に例えることからもわかるように（要・水島 2005）、身体に直接触れ、癒したりケアしたりする行為でもある。身体の接触は必ずしも衛生的であるとはいえないし、性風俗従事者は精液やときには排泄物に触れることもあり、性風俗に従事することで身体的な「汚」の感覚をもよおす性風俗従事者もいるだろう。

しかし、先に性風俗従事者の周囲の人々の反応に見たように、身体的汚染は実際に汚いものが付着したり汚いものを見聞きしたりすることのみによって引き起こされるのではなく、経験や行為が「汚い」ものと見なされることによっても生まれる。このような精神的汚染は、自分自身が「汚染された」という感覚だけでなく、責任感や恥の感覚などの「道徳的な性質」を導く（Fairbrother & Rachman 2004: 174-175）[14]。

次の例のように、性風俗従事者によって「汚」が「体に染みついてしまったもの」「体を洗ってもきれいにならないもの」「絶対に落ちないもの」などと表現されていることからは、「汚」が単なる付着物ではなく性風俗従事者の性質と考えられていることがわかる。

援交でウチの体に染みついてしまったものは、何度お風呂に入ってもきれいにならない気がした。ウチは臭いんじゃないか、体から変なニオイがしてるんじゃないか……と不安になった。

（遠野 2006: 152）

〔帰宅後〕あたしはすぐに浴室へ向かう。仕事で何度お風呂に入ったって、絶対に落ちていないだろう汚れを、淳〔恋人〕には見られたくないと、いつも思っていたから。

（安藤 2011: 31）

（13）アーノルドとバーリングは、性風俗に携わることで引き起こされうる「自分は悪い子」「汚い」といった自意識を性風俗従事者たちがコントロールしなくてはならないことを「肯定的なアイデンティティを維持する努力〔Effort to Maintain a Positive Identity〕」と表現している（Arnold & Barling 2003: 269）。

（14）また、精神的汚染はＰＴＳＤ症状と相関関係にあり、不安とうつ症状に作用することもわかっている（Olatunji et al. 2008; 石川 2012b）。

また、次の例の性風俗従事者は、二人目の性風俗利用者からは割り切ることができたとも語っているが、次の言葉からは、汚物が付着することではなく「性風俗に足を踏み入れた」ということが彼女の「汚れ」を決定づけていることがわかる。

ヘルスで最初のお客さんがついたときは、手でやっただけでも、すごいショックでした。〔中略〕「ああ、もう汚れてしまったんだ、ついにやっちまった」という感じ。（福本 1999: 55）

この例は、性風俗における性的行為が通常の性的行為と区別され、性風俗に従事し始めることが身体的・精神的な汚れを生み出すと考えられていることを示唆している。それまでに性的行為の経験があったとしても、そのこと自体が汚点と考えられているのではなく、性風俗に従事する経験が彼女たちの身体を変え、彼女たちの存在を異質なものにし、そこに「道徳的な」感覚が伴っているといえる(Fairbrother & Rachman 2004)。

さらに次の例では、「一度性風俗に従事すると、元には戻らない」といった言説が性風俗従事者に内面化されている[15]。

祐介〔性風俗従事者が好意を寄せる性風俗利用者〕を想いながら他の男に抱かれるあたしは、とことん惨めで、どんな醜女《しこめ》よりも汚いんだと自分で思い、自分を蔑んだ。〔中略〕きっと祐介の彼女はとても綺麗だろう。祐介以外の他の男になんて、絶対に抱かれたりはしないのだろう。〔中略〕あたしは汚い。こんなにも、汚い。〔中略〕だからあたしが「風俗嬢を辞めたい」と彼に言った時、彼は「辞めない方がいい」と言ったんじゃないのか。「もう今更、遅いだろう」と……。

（安藤 2011: 213–214）

この例の性風俗従事者は、彼女が好意を寄せる男性以外の「男」に「抱かれる」から「汚」く、「綺麗」になることを望むのは「今更、遅い」と考えている。このような精神的汚染の感覚は負の自己認識や自己管理力の喪失を導き、性風俗従事者が望む場合にも性風俗を辞められないといった状況へ性風俗従事者を追いやったり、性風俗を他のコミュニティから切り離すことで自己排斥やスティグマの助長につながったりする危険性があるだろう。

これまで、性風俗従事者のセルフ・スティグマやスティグマの内面化が性暴力への脆弱性を高めたり、自己排斥が性風俗やそこで起こりうる暴力を語る環境を狭めることにつながったりする危険性を見てきた。しかし、ここでもう一度、セルフ・スティグマやスティグマの内面化は個人の内部で突如生まれるものではないということを踏まえれば、性風俗従事者が性暴力を不可視化する原因を従事者に帰すのではなく、社会的・文脈的因子に帰して考えるべきだろう。本節で挙げた事例は、従事者が必ず辿る過程でも、永久的にとどまる心理状態でもない。ここに挙げた従事者たちを含め、多くの人は、このようなセルフ・スティグマを経験したり、それをはねのけたりという経験を繰り返しているだろう。その相対性や流動性を知り、その危うさが性暴力を不可視化することにつながらないよう、

（15）　この感覚は、性風俗に携わることを「悪くなる」「ダメになる〔腐る〕〔Spoiled〕」などとみずから表現し、一度性風俗に従事すれば二度と「立派なアイデンティティ〔Respectable identity〕」を取り戻すことはないと考えるインドの性風俗従事者たちの例と共通する（Cornish 2006: 465）。

スティグマの構造と機能を捉えるべきである。

四　スティグマと不可視化の構造

性風俗従事者への性暴力がスティグマによって生成・助長されることや、なぜそのスティグマが維持されるのかについては、売春防止法や婚姻制度のあり方を問う形でこれまでにも議論されてきた（川畑 1995; 角田 1999; 要 2012)。これまで見てきたような性風俗従事者の法的地位を利用した性暴力を防止したり訴えたりするためには、こうした制度の改革が重要である。しかし、性風俗従事者に対するスティグマの要因を女性の二分化や性風俗にかかわる法制度に求めるだけでは、性風俗にかかわらない人々にとって、この問題は「無縁のもの」であり続け、スティグマは維持されてしまうだろう。そこで、本節では、スティグマと性暴力不可視化の関係についての考察をもとに、その広範囲にわたる影響や機能を捉えてみたい。

「性風俗従事者」のスティグマ化と制裁

性風俗従事者に対する性暴力が不可視化されるとき、実際の経験としての「性風俗従事経験」だけでなく、対価を伴う性的行為や性のプロフェッショナリズム[16]、不特定多数との性的交渉といったイメージが性暴力を行使し不可視化することを是認する根拠になっている。すなわち、性風俗従事者に対する性暴力が不可視化される文脈において、「性風俗に従事する」という行為そのものだけではなく、「性風俗に従事する」という行為の意味づけや性風俗従事者像が問題とされているといえる。

ゲイル・フェターソンは、性風俗従事者を中心に付与されるスティグマを「淫売スティグマ〔Whore stigma〕」、すなわち「ふしだらでいかがわしい女性に貼られた、恥辱あるいは病気のレッテル」と表現し、それが人を侮辱し黙らせるよう機能することを指摘している。このレッテルが付与される「ふしだらさ」と「いかがわしさ」は、主に「不純」と「汚れ／穢れ」という特性で構成されるという。彼女によると、不純とは「身元の不純さ」や「汚い、異物と混ざりあっている、混ぜ物をしてある、別の色と混ぜてある〔状態〕」で、個人の性質を指すものであり、汚れ／穢れとは「経験によって身につく」もので、個人の体験を指す。これらの性質や体験をもつ者は「ふしだらでいかがわしい」と判断され、その「不純さ」によって「人種的、民族的、階級的抑圧が正当化」され、その「汚れ／穢れ」によって「肉体的、性的暴力が正当化」されるという（Pheterson 1988＝1993: 252–253）。

フェターソンは、「不純」の事例に人種問題を取り上げ、人種を象徴する外見（特に米国において有色人種であること）が「混ざり物」であることを示し、有色人種を奴隷やメイドとして利用してきた米国の歴史から白人が清潔＝「クリーンハンズ」と見なされる一方で、「混ざり物」は「自分の手を汚す」人々と見なされると指摘する。すなわち、交わりを示す身体は「汚れた身分」であることを表象するのだという。また、「汚れ／穢れ」については女性の処女喪失と性的虐待の経験が例に挙げられ、女性の場合は「性的そして肉体的に汚染された」という体験が「汚れ／穢れ」になるとしている（Ibid.: 261–262）。

(16)「性のプロフェッショナリズム」は、何歳までに何人と性的行為を経験したか、どんな性的行為をしたかといった性的経験値や性的嗜好によっても判断される。それがたとえ近親姦といった性暴力被害経験だったとしても、被害者側の「異常」や「誘惑」と捉えられてしまうこともある（Herman 1997＝1999; 遠野 2006）。

これまでに見てきたように、性風俗従事者の身体は占領軍とパンパンといった人種やエスニシティの「混ざり合い」にとどまらず、健康と病気、成人と未成年、不特定多数との「混ざり合い」を示唆すると考えられている。また、フェターソンの指摘に従って処女喪失という体験を個人が穢れると考えられる一つの経験と捉えるならば[17]、性風俗に従事するということは処女喪失を示唆し、性風俗従事者であるということはその存在と行為によってすでに性的に「純粋ではない」ことを証明しているといえる（Gibson 2003）。つまり、性風俗従事者は「不純の性質と経験」の表象となっているといえるが、では、なぜそれが性風俗従事者に対する性暴力を是認したり、その原因や責任を従事者に帰したりするよう機能しうるのか。

中里見博は、性差別社会において「性的使用上の女性の第一義的な価値」は、「未使用性（若年性）、受動性、消極性、依存性、奉仕性等、すなわち女性に割り当てられたジェンダー」で評価・序列化されるとし、性風俗は、このような性差別社会と女性を性的に評価する序列を維持・強化すると指摘している（中里見 2007: 53）。

性的「未使用性」が女性の性的地位において高く評価されていることは、性風俗を性犯罪の防波堤にしようとするレトリックや、主婦よりも未成年による性風俗従事が問題視されることからも明らかである。あるいは、「素人売春」という言葉に表れているように、性的に成熟していないことに価値が見出されていることからも読み取れるだろう。また、性的使用上、「受動性」や「奉仕性」が高く評価されているために、性風俗には感情労働が生まれるし、反対に、性差別社会における性的価値を覆す性的積極性が「役割」として性風俗従事者に求められることもある。しかし、性風俗とは性的行為を対価と交換することを交渉するものである。フェミニズムは、女性に課される性役割から解放されるために生殖のためだけの性的行為でも快楽のためだけの性的行為でもなく「コミュニケーション」としての性的行為を提示したが、それを踏まえれば、性風俗は「ネゴシエーション（交渉）」としての性的行為の場であるともいえる。ここでは、性風俗従事者が性風俗利用者と対等に取引することを求めることが、利用者の求める性的「役割」を超えて「女性」に与えられたジェンダー役割の「依存性」や「受動性」から外れることで、性風俗従事者の存在は「女性」性から逸脱するものとしても意味づけられる。

つまり、性風俗従事者は、ジェンダー規範を維持も変革もする存在であり、そのことに着目するならば、性風俗に限らず、本来もつべきでない者が性の主体性を主張し、性の主導権を取り返そうとすることに対する怒りやバックラッシュがスティグマを維持しているといえるだろう。

レイプ神話が性暴力被害者の「欲望」や「誘惑」を強調することで性暴力を不可視化するよう機能するのは、それらが性暴力被害者の受動性や消極性を打ち消すからである。また、性暴力被害者が性暴力を不当と訴えることにバッシングさえくるのは、その抗議行動が「奉仕性」や「消極性」に外れると考えられてしまうからだともいえる。川畑智子は、「男性の創造した「女らしさ」の規則」から外れる者には性暴力といった制裁が加えられるだけでなく、それに「異議申し立てをしたことに対する制裁」も加えられると指摘する（川畑 1995: 138）。川畑は女性差別性を強調するが、ジェンダーや性の秩序を混乱させるものへの恐怖や怒りは、男性性風俗従事者や女性性風俗利用者、トランスジェン

（17）　女性の貞操と女性の処女性や性経験を結びつける議論は時代遅れのように思われるかもしれない。しかし、牧野雅子は、刑法強姦罪の重刑事情において被害者が処女や幼児であることが刑罰の加重を促すことや、裁判で加害者の悪質さを強調するために被害者の貞操がもちだされることを指摘している（牧野 2013）。

ダーの従事者にも向けられるだろう。
「割り当てられたジェンダー」に異議を唱える存在は、その行為と存在によって制裁の対象となってしまう。このとき、秩序に異議を唱える者に対する「制裁」とは、性的権利を侵害し剝奪することでその人の性的価値を思い知らせること（秩序に従わせること）を意味する。さらには、ジェンダーや性の秩序を乱す身体は道徳や貞操を失って他者と交わる「不純」な身体であり、「守られなくてもよい身体」と見なされることで、制裁に対する異議申し立てが不当なものと考えられ、そのように考えられることさえも正当化されてしまう。

しかし、「性風俗に従事すること」が「不純」や「汚れ／穢れ」を意味すると見なされたり、ジェンダーや性の秩序を混乱させることに対する制裁として性風俗従事者に対する性暴力が是認されたり、それに抗議することが不当だと考えられたりする一方で、同じ行為の一端を担う性風俗利用者が同じように「不純」や「汚れ／穢れ」に結びつけられたり、制裁の対象になったりしにくいのはなぜなのか。角田由紀子は、性風俗利用者が根本的に性風俗従事者を下に見ているために「自分より下の立場」の人間とかかわったところで「自分が汚れるということは考えられ」ず、性風俗従事者を「差別して侮辱する」ことと性風俗を利用することが矛盾なく行われうるのだと指摘している（角田 1999: 127-128）。確かに個別のケースでは、性風俗従事者を侮蔑し、性風俗従事者に暴力をふるうことを何とも思わず、それでいて自分自身は「清潔」な存在のままでいられると思っている性風俗利用者もいる（Angell 2004＝2006; 要・水島 2005）。しかし重要なのは、そのような関係性を何が支えているのかということである。性風俗従事者に性暴力を行使する性風俗利用者が、性風俗従事者よりも自分の地位が上だと考え、地位が上であれば性風俗従事者に何をしてもよいと考え、何をしてもみずからが汚れることはないと考えるとき、その背景には何があるのだろうか。

性風俗従事者が「不純」で秩序を乱す者と考えられているとき、そこで問われているのは、「性風俗」に性風俗従事者がみずからかかわったという主体性であり、その意味での「性風俗」に性風俗利用者が参加する性的行為は含まれていない。実際に、性風俗従事者を直接的に性風俗に導くのは多くの場合性風俗利用者ではないのであって、そのために、性風俗従事者の「ふしだらさ」や「いかがわしさ」、秩序を乱す性質は性風俗利用者が引き受けるものではないと見なされる。さらに、「性風俗を利用すること」は、ホモソーシャルな絆と「性風俗にかかわること」の二重規範（性風俗に従事することが非とされ、性風俗を利用することは是とされる二重規範）によって支えられているため、性風俗従事者にレッテルが付与される原因は性風俗従事者が「性風俗に従事することを選択したこと」、すなわちその主体性や能動性にのみ帰されてしまうといえる。

では、文字通り性風俗に従事することを強制された性風俗従事者たちは、性風俗に従事した責任を問われないのだろうか。エドワード・ジョーンズらは、スティグマ化されうる性質や社会的カテゴリーを背負うようになった契機の責任と、それを維持している責任を整理して考えるべきだと指摘する(Jones et al. 1984: 61)。性風俗従事者がスティグマ化されているとき、性風俗に強制的に従事させられた人は性風俗に従事することになった原因については責められないかもしれない。しかし、その人が性風俗に従事し続ける理由が性風俗従事者が抗することのできないものでない限り、性風俗にまだ居座っていることについては責任を問われるだろう。つまり、「性風俗に従事すること」が秩序を混乱させるものとしてスティグマ化されている限り、みずからに降りかかった性暴力について抗議できる「性風俗従事者」は理論上、性風俗に強制的に従事させられ、しかも、そこに何のメリット（対価の授受や性的行為の快楽、関係者との恋愛関係や自己価値の再確認など）も得なかったことを証明でき、その人の可能な限り最短で性風俗を辞めた人のみということになってしまうのである。

スティグマによる孤立化と性暴力

ジェンダーや性の秩序といった社会システムや性風俗についての負の意味づけに直面することがセルフ・スティグマを生成し、助長するとき、その機能を知ることも大切である。

一般的に、セルフ・スティグマ／スティグマの内面化は「恥」の感覚を導き、恥の感覚はうつや怖れに結びついて人を孤立化させることがわかっている（Tangney et al. 1992; Kurzban & Leary 2001; Brouard & Wills 2006; Tilghman-Osborne 2007; White 2009）。

ジュディス・ハーマンは、恥は怖れに似た感覚で、自分のことを取るに足らない人間だと考えたり、無力・無防備な状態にあると感じたりするような状態であると指摘する。自分が誰の目にどんなふうに映っているのかを意識するあまり「自己解体的」な状態に陥り、自分がバラバラになってしまったような感覚や、自分のことを恥じる自分をさらに恥ずかしく感じたり、そのことに怒りを覚えたりする（Herman 2007: 10）。

この恥の感覚による自己の非統合性は、前節で見た性風俗従事者たちの「後ろめたさ」という揺らぎや苦悩からも読み取ることができる。「性風俗に従事することは恥ずべき行為だ」という認識と「恥ずべきことではない」という認識の双方が自分自身の中に混在するときや、性風俗で自己価値や自己存在を確かめようとしてそれに失敗するときにも恥は機能する。自分が価値を見出せると思った場所や空間、少なくとも自分自身は価値を見出した場所や空間が、他者から「なんでもない場所」や

「大した場所ではない」と扱われたり、それ以下に捉えられたりすることが、無価値な事柄に価値を見出した自分を恥じさせるかもしれない（女性ヘルプ・ネットワーク 2011）。そして、恥ずかしい自分を壊したり、バラバラにしたりしたいという破壊的な欲求や、「逃げたい」「隠れたいのに（自己からは）逃げられない」「隠れられない」という感覚がまた自己嫌悪や自己憎悪につながることもあるだろう。

ハーマンによると、「恥」は、個人が社会的に許容される行動の境界線を学ぶのを助ける役割をも担っている（Herman 2007）。性風俗従事者の中には、性風俗に従事していることを開示できない感覚や、開示したときの周囲の人々の否定的な反応を通して、自分のしていることが社会的に「恥」と見なされていることを認識したり、（多くの場合）それが社会的に許容されていないことを知ったりする人もいる。そしてみずからが社会的に許容されていないことを続けることで、さらに恥の感覚を深めていく人もいる。

性風俗に従事することがスティグマ化されている場合、性風俗利用者などスティグマ化されうる経験をともにしたはずの相手が同じようには恥の感覚をもたないときは、スティグマはそれを認識する人のみの感覚となり、その人の中だけで深まっていく。あるいは反対に、スティグマ化されうる経験を共有した相手が同じように恥の感覚をもつとき、性風俗利用者と性風俗従事者、性風俗従業員と性風俗従事者は、その経験を共有する唯一の共同体となる。そこで共有される経験が社会的に許容されにくいものであればあるほど、同じ感覚を共有できる相手や空間に強い結びつきが生まれる（Herman 2007）。自分のスティグマについて語ることができ、それを共有できる唯一の場所や人の存在が、スティグマ化されうる人を他のコミュニティから差異化し、孤立化させる。

このようなスティグマ化を経験した人々が性暴力を受けた場合、どんな状況に追いやられる危険性があるだろうか。性暴力被害者が自分の性質や属している社会的カテゴリーに対するスティグマを性暴力という否定的出来事の原因の一つとして結びつけてしまうかもしれない。同時に、スティグマを共有できる唯一の場への依存を高めることでその他のコミュニティから孤立し、誰かに助けを求めることなくみずから性暴力を不可視化することにつながってしまうかもしれない。さらには、性暴力を受けてスティグマ化されることで生じる恥の感覚と、自分がかかわる性質や社会的カテゴリーのスティグマの内面化が引き起こす恥の感覚が重なり、二重に排斥されてしまう危険性もあるだろう。

スティグマを否定するジレンマ

これまでに見てきたような「性風俗に従事すること」に対するスティグマ、あるいはその背景にあるジェンダーや性の秩序を守ろうとする強固な圧力が性暴力を是認したり不可視化したりする一連のつながりは、どのように回避・阻止すればよいだろうか。

その一つの方法は、「スティグマにかかわっていないこと」を証明することである。

アーヴィング・ゴッフマンは、「一緒に〔with〕」という関係性がもつ「情報機能的性質」を挙げ、「事情によっては個人が一緒にいる仲間の社会的アイデンティティが、彼自身の社会的アイデンティティについての情報源として利用」されることを指摘している（Goffman 1963=2001: 87–88）。スティグマ化された人と一緒にいることで、「スティグマ保持者と一緒にいる人はそのスティグマ保持者と同じ負のアイデンティティを保有している」と予測する機会を第三者に与えるのである。すなわち、スティグマは伝染するのであり、それを知っている人々は、逸脱の汚名を付与されて不利益の責任を問われないよう、スティグマ化された人々から遠ざかろうとし、自分の言動や外見、そして経験（の開示）にまで注意を払う（江原 2001）。

例えば、「援助交際」をしていた少女は、通っている学校中に彼女が援助交際していることが知れ渡ったとき、以前と変わらず彼女に接したのは「いわゆる優等生というジャンルの子」だったことを語っている。「ちょっとでも〔彼女と〕同類と思われるような格好をしている子」は、彼女と付き合うことで同じく援助交際していると考えられることを恐れ、彼女から去っていった（中山 2005: 210）。このことは、多くの人々が何らかの形で「スティグマ化されやすい性質や社会的カテゴリー」「社会的尊敬度」を把握し、スティグマ化されることで暴力や不平等が是認されてしまうことを認識していることを示唆している。(18)

しかし、この方法は、スティグマ化されることで暴力を是認されるような事態は回避できるかもしれないが、すでに暴力や差別の対象となった人が、該当の暴力の不当性を証明するために利用できる方法ではない。スティグマ化が支配的・文化的信念や社会的意味づけによって不明瞭に生じているとしたら、すでに起きた性暴力について「私に性暴力が向けられたのは私がスティグマ化されていたからだ」などと被害者が加害者の意図を証明し、被害者をスティグマ化した者の責任を可視化するのは困難だ。そもそも、スティグマが関係性の中で生まれるならば、スティグマ化されうる人や集団にとって、自分たちが暴力や差別を受ける理由がスティグマにあるのか個人の資質にあるのかは不明瞭である（Crocker & Major 1989; Crocker et al. 1991; 上瀬 2002）。また、他者による否定的な言動の理由を自分や自

(18)　自分に付与されうるスティグマやステレオタイプを知り、それによって自分が評価されることに不安を覚えたり、付与されうるステレオタイプに従って自分の言動を制限してしまったりする現象は、「ステレオタイプ脅威」などとも呼ばれ、研究が進められている（Steele & Aronson 1995; Link & Phelan 2001）。

分の属する集団に帰すことは、「その集団が社会的に価値が低いものと認め」「現在の人間関係が否定的なものと判断すること」につながり（上瀬 2002: 107）、スティグマの内面化を促してしまう。

さらには、性風俗従事者に対するスティグマに抗議するために、「性風俗従事者は自由意思で従事している」とか「従事者はトラウマをもっている」といったことを強調したり、反対にそれらをスティグマだと訴えたりしても、それがある人にとっての現実や事実である限り、その人に対する暴力や差別は不可視化されてしまう。性暴力被害者が「性風俗従事者である」とか、「女性である」といった被害者の拭いきれない性質やすでに経験された事実がスティグマの証と考えられているとき、あるいは「性暴力に遭った」ことをもってスティグマが証明されると考えられているときにも、スティグマ化された人は自身がその性質や経験、社会的カテゴリーにかかわっていることを否定するという方法で性暴力を訴えることはできない。

このようなジレンマから抜け出るには、個々の性暴力について加害者が被害者をスティグマ化したか否かを立証しようとしたり、個人が「スティグマ化されうる性質や属する社会的カテゴリー」にかかわっていないことを証明したりする方法ではなく、あらゆる性質や社会的カテゴリーがスティグマ化されうる可能性を示し、スティグマが性暴力を是認する根拠とされるような「スティグマ化の機能」を無効にする方法が必要なのである。

第五章　性暴力を可視化する

　これまで、性風俗従事者に対する性暴力を中心に被害者に対するスティグマと性暴力の不可視化の関係を見てきた。これを踏まえて本章では、性暴力を可視化する取り組みを考察したい。

　性風俗従事者に対する性暴力は、その法的地位や従事環境ゆえに助長されることがあり、それを法制度の変革によって防止していくことも重要である。それについては、本章の第二節以降で見ていくが、ここではまず、スティグマやその内面化を性暴力の不可視化につなげないような、人と人とのかかわりについて考えたい。

　しかし、本書がこのような性暴力の可視化について考察しようとするとき、これまで使用してきた二次資料による分析には限界がある。つまり、これまでに使用した二次資料では「すでに語りえた性暴力」しか考察できず、それは被害の内容や文脈を読み取るには十分だが、性暴力を語りえる過程や、語り手と聴き手の相互関係が被害者に「語る力」を与える過程までは分析できない。そのうえ、スティグマ化されうる人が性暴力被害を語るときの障害となるものをどう乗り越えるかの過程も分析しえない。

第三章では、本書のテーマについて調査する困難について述べたが、十分な時間を費やし調査者と調査協力者の間に信頼が築かれた場合は、困難を乗り越え、調査の中で被害者のスティグマ開示が試みられることもあるし、調査自体に「傷を癒す」意味が生まれることもある。特に量的調査ではなくライフストーリーを紡ぐインタビュー調査においては、調査者自身も「フィールドワークの道具」であり、調査協力者は調査者が自分の語りを理解してくれるかどうかを判断しながら語るため、調査協力者の語りは調査者と調査協力者の相互行為の中で構築されていく（桜井 2002: 92）。「専門家」や「理解者」が少ないテーマにおいては、調査者が調査協力者にとっての数少ない「聴き手」や「理解者」になる可能性もあり、調査者と調査協力者の間に「性暴力被害の可視化の糸口（語りうる要因）」を見つけられることもあるだろう。

そこで本章の第一節では、性暴力被害と性風俗従事の経験をもつマリさん（仮名）のライフストーリーを通して、スティグマ化されうる性暴力被害者と筆者を含む周囲の人々との間で生まれる「性暴力を可視化する過程」について考察したい[1]。

ただし、これから紹介するマリさんは「性的トラウマをもち、それが影響して性風俗にかかわるようになり、そこで別の性暴力を受ける」という経験をしているが、こうした経緯が性暴力と性風俗の唯一の関係性であるわけではない。本書でこれまで見てきたように、性風俗にかかわる背景はさまざまであり、性風俗と性暴力の関係性も多様である。スティグマの種類によっても性暴力を可視化する方法は変わってくるだろう。そのため、マリさんの事例から導き出される回復の過程や可視化の糸口はすべての人に当てはまるものでも、すべてを説明しうるものでもなく、一つの方法であることをあらためて確認しておきたい。もちろん、ここでの分析は、これまで考察してきた内容を実証するという側面をもっているが、ここではあくまでも、マリさんが経験した性暴力の内容ではなく、性暴力がマリさんにどう受け止められ、どう語られるかに着目し、スティグマ化されうる性質や社会的カテゴリーにかかわる性暴力被害者が被害について語る過程を分析することで、そこにかかわる人々との相互関係によって構築的に生まれる性暴力可視化の可能性を探る。そして、これまでの考察も踏まえて、マリさんが歩んだ過程を社会的取り組みの中で実現する方法を模索してみたい。

一　「性暴力」を語るまで

本調査は、二〇一〇年七月から二〇一一年二月にかけてマリさんに計四回のインタビューを行ったものだ。一回あたりのインタビュー時間は一時間半から三時間程度で、場所は公的機関の一室を借りて行った。インタビューのつど「性暴力の影響」や「被害を開示したときの周囲の反応」などの大きなテーマを設定したが、基本的には自由に話してもらう形をとった。

（1）　著者は二次加害防止を考える目的で、性暴力被害を語る際の障害となるものについて複数名の性暴力被害者にインタビュー調査を実施している。これは性風俗について尋ねる調査ではなかったが、マリさん以外にも性風俗と性暴力の関係を示す事例があった。ただし、調査協力者の事情により公表できないものがあるほか、紙幅の都合上、今回はマリさんの事例のみ取り上げる。マリさんの事例は、彼女が性風俗と性暴力をともに経験しているという点で特筆すべきものである。また、マリさんが他の調査協力者よりも支援的環境を有していたことは彼女の語る力を支えた要因であり、かつ、インタビュー調査の中でスティグマ化されうる経験を語ることを試みた彼女の実践は、被害を語るための過程を考察するうえで貴重な証言であると考える。なお、マリさんが「ウリ」の経験を語った部分については、再度掲載の許可を得た。

以下、性暴力と性風俗の表現はマリさんの表現に従う。また、〈 〉内はマリさん自身の発言・表現である。なお、本インタビュー調査の方法や配慮については終章の後に掲載した「付記」を参照されたい。

「被害者性」の獲得

マリさんは小学生時代に同級生から〈レイプ未遂〉に遭い、一〇代で〈ウリ〉を経験する。(2) ウリは、のちに結婚することになる男性との交際が始まった頃から結婚後数年まで続いた。

ウリという経験はマリさんにとって両義的な経験だった。ウリをしていた当時のマリさんにとって、ウリには肯定的な側面と否定的な側面があったのだ。肯定的な側面としては、ウリをすることでいくぶんかの自分が使える〈お金〉を得られることと、ウリをすることでマリさんが抱えていた結婚生活の〈いらだち〉を発散することができたことが挙げられる。マリさんの嫁ぎ先は〈保守的な考え〉の家で、マリさんが一人で外出したり仕事をしたりすることを禁止するような家だった。配偶者の実家で舅・姑とともに暮らしていたため、何かと〈監視〉されているような息苦しさを感じていたという。嫁ぎ先では外に働きに出ることも制限される中で、自分のために自由に使える資金をもたないマリさんは、経済的に誰かに依存している状態にストレスを感じ、〈自立したかった〉と語る。そのため、マリさんにとっての「ウリ」は、当時のマリさんの生活や精神を支える肯定的な役割を担うものであった。

一方で、ウリの否定的な側面として、マリさんはウリを一つの〈自傷行為〉(3) とも考えていた。先に挙げたウリの肯定的側面はウリをしたことで生じた肯定的結果であって、マリさんがウリを始めたきっかけは彼女の〈存在理由〉を探すことであり、それが自傷行為という形で模索されていたといえる。
マリさんは小学生の頃に経験したレイプ未遂以降、自分の〈存在理由〉をずっと探していたという。

その頃、存在理由っていうのをものすごい、あの、考えてたの。存在理由っていうのをね、見つけられなくってね。で、本当に、存在理由っていうのが、わからない。だって誰からも、そのまんまでいいよなんていってもらえないじゃん？　普通。まあいわれてたのかもしれないけど、でもまあ、自分でそう思えなかったし。〔中略〕なんかそういうふう〔ウリを指す〕にして、なんかね、自分を傷つけないといられなかった。自分を傷つけてる、って自覚するのが快感だったの。

――〔ウリは〕どういう意味で自分を傷つけることになるの？

ある意味一般的に見て、よくない場所にいるっていうことを自覚することで、ほっとするっていうか。

ウリをしていた当時、マリさんはウリを〈よくない〉ことだと思っており、その「よくないこと」に携わり〈ほっとする〉ことで、自分自身の存在を確認していたといえる。
マリさんの不安がピークに達するとき、マリさんは金品をもらわず、〈行きずりの人〉と性的行為

（2）　マリさんはウリそのものを性暴力とは考えていない。また、過去のウリについて、〈〔その当時の〕精神状態に戻りたくない〉とは思っているが、ウリの行為を嫌悪したり後悔したりしているわけではない。
（3）　マリさんは当時、他の自傷行為としてアームカットも行っていたが、日常生活に少しでも意欲がもてているときにはアームカットをしなくて済んだのに対し、ウリはずっと止められなかったという。

に及ぶことがあった。そして、金品をもらわない行きずりの性的行為は場所も選ばず、相手からも暴力的な行為を受けることが多かったという[4]。

> 本当に行きずりの人と、行きずりっていうか、自分が声かけて、やって、なおかつお金もらわないっていうときは、もう本当にしたいから。そういうときに限って、だから、本当に自傷行為なんだなって思うんだけど、そういうときって、どこでもいいんだよね。普通にその辺の公衆便所とかさ。〔中略〕そういうときに限って、すごいひどい扱い受けたりするんだよね。〔中略〕あの、髪を思いっきりつかまれて、なんていうの、本当に屈辱的な体勢させられたりとか。〔中略〕今思えば、異常だなって思うんだけど。

マリさんは〈ひどい扱い〉や〈屈辱的な体勢〉を「性暴力」だとは明言していないが、その代わりに、こうした一連の行為を〈異常〉だと語っている。だが、〈自分が声かけ〉したことや〈お金〔を〕もらわない〉こと、〈本当にしたいから〉という理由が、マリさんにウリの一連の出来事を「性暴力」として語るのを躊躇させている。マリさんがみずからウリをすることを選択し、その結果としていくぶんかのメリットを得ていたために、ウリの一連で起きた〈ひどい扱い〉や〈異常〉な行為といった不利益の「被害者性」から遠ざかってしまった。

出来事を関係性の中で捉える

そもそもマリさんにとって、幼少期のレイプ未遂自体が困惑した出来事であった。幼少期のレイプ未遂は、マリさんが女子児童の輪から外された頃に男子児童と仲良くなる過程で起こっている。そのためマリさんは、男子児童に〈相手にしてもらえ〉たことが嬉しかったという感情をもちながら、それを責めるような矛盾する感情をもっていた。

> そのとき〔レイプ未遂時〕に、私の中でも〔中略〕嬉しかったんだよね、はじめは。相手してもらえてるって。だから、そういう自分のこともすっごい恥じた。自分がしっかりしてないっていうか。でもやっぱり喜んでいたっていうのは、ものすごい後ろめたさで。特に、そういう自分を罰しようっていうのがあるんだと思う。自分がある意味かわいいからって、自意識過剰になっている部分と、あと、そのときに笑った自分、喜んだ自分を戒めたい、って。だからいろんな感情が、すごいこう、ぐちゃぐちゃにある。（傍点は筆者による）

この語りの傍点部は、レイプ未遂後の友達の反応からくるものだと考えられる。被害後、友達に被害について相談したマリさんは、友達から〈モテてよかったね〉といわれ、大きなショックを受けている。マリさんはもともと〈自分がある意味かわいいから〉男子児童と遊んでいたわけではない。しかし、被害後に友達から「モテてよかったね」といわれたことで、マリさんは被害の理由を「自分が

（4）マリさんは、明らかな対価をもらわないような極限状態で〈自傷行為（ウリ）〉をするとき、性的行為の最中に泣くこともあったという。それは必ずしもその行為が暴力だから泣いていたわけではなく、自分をコントロールできないことに対するいらだちや不安からくる涙でもあったが、彼女の涙に気づいたウリの相手はいなかったという。

かわいかった」ことに結びつける。マリさんの被害はマリさんの「かわいい」という性質によって引き起こされたと友達に考えられ、性暴力は「男性から好かれていることの一表現」へと変換されてしまう。マリさんはそれを受けて、自分自身でも「かわいさ」を性暴力の原因に位置づけながら、しかし同時に、それを〈自意識過剰〉だと自己嫌悪した。さらに、男子児童が〈相手してくれた〉ことに〈喜んだ〉ことが彼女の嫌悪感と罪意識を深めた。つまり、マリさんは、性暴力被害者のスティグマ化とその内面化を経験したといえる。

マリさんはレイプ未遂後に不安発作を起こすようになり、学校も休みがちになり、精神科へ通院し始めたが、このレイプ未遂についての記憶を三〇代になるまで失っている。しかし、再び被害の記憶が戻ったとき、ウリの経験は「幼少期のレイプ未遂の影響」として再定義されることとなる。

〔レイプ未遂を〕思い出したことによって、今までの自分がやってきたこと〔ウリ〕への説明がつくのよ。自分の〔存在理由を探していた〕心理状態とかも。全部がここで理解できるの。理解ができて、じゃあどうする？って悩んで、動き出した。

ウリが「レイプ未遂の影響」として位置づけられることで、その経験の意味を変化させたのである。

やっぱりあらためて考えたの。街に立ってまで男性を求める私ってなんだったんだろうって。それで、セックス依存症だったと思ったの。べつに気持ちよくないし、逆に吐き気するし、でも、セックスしてないと不安。

マリさんがウリを〈セックス依存症〉や〈不安〉を埋め合わせるものとして表現し、ウリのメリット以外に目を向けていることは、マリさんがウリやその一連の出来事を「ウリ」という単回の出来事としてではなく、レイプ未遂との関係性の中で捉えるようになったことを示唆している。マリさんが漠然とした不安を抱えながらもマリさんの「意思」によって始めた「ウリ」という経験は、幼少期に起きた出来事とつながり、一〇代から続いた精神不安や〈不安定な行動〔ウリを指している〕〉の意味に自分なりの〈納得がいった〉のである。

怒る権利の獲得

マリさんがレイプ未遂の記憶を思い出し、被害やその影響に向き合う過程では、性暴力被害に関する書籍やインターネットの情報が役立ったが、それだけでなく、マリさんの認識を支える周囲の人々の力も影響していた。マリさんは成人後に出会った一人の友人を通して、加害者に怒る権利を獲得していく。

私怒るのがすごい苦手なんだと思うの。〔中略〕怒りとか憎しみとかもってても、それを表現するとかしないのね。だけど、友達が怒ってくれたことで、そうだよね、そうだよね、って。なんか、一緒になって、そうだよね、おかしいよね、って。なんか、友達の方がすごく怒ってて、私がそれにうなずいているっていう、なんか変な感じなんだけど。でもそれを、友達の怒りに同調することで、自分の怒りを表現できたことが嬉しかった。

このようにマリさんの友人は、マリさんが抱き始めていた怒りを当然の感情として認め、マリさんに「怒る権利」を与えた。

マリさんは、マリさんの語りに対する友人の反応によって「性暴力被害者」であることに同一化していくが、マリさんが性暴力被害について語るとき、つねにこの友人と同じような反応が返ってきたわけではない。マリさんはこの友人の「怒り」に同調することで、自分の性暴力被害やそれに伴う感情を表現することができた。しかし、同じように性暴力被害を語ったとき、マリさんの母親の「怒り」はこれとは異なっていたという。

ああじゃない、こうじゃないいっていって怒るのが母親のやり方で、要は私も責めるの。何でいわないの？とか。でも、友達の〔怒り〕は、話を最後まで聞いて、そのうえで、怒るっていっても、思いっきり感情をむき出しにして怒るとかじゃなくて、それは絶対おかしいよ、みたいな、ちょっと抑え気味で怒ってくれて。怒りながらも、私の気持ちを確認しながら、怒っていってくれたから。なんか、私が怒ることに付き合ってくれるって感じ。（傍点は筆者による）

マリさんの語りについて、友人の怒りと母親の怒りを比較してみると、マリさんと聴き手の「ずれ」に対する聴き手の反応の違いは明瞭である。

マリさんの友人は自分の意見をマリさんの〈気持ちを確認しながら〉提示した。この友人は、マリさんがマリさんに起きた出来事に怒りを覚えるのは当然であることを認めながら、マリさんがどんな怒りに同調するのか、怒りの度合いを確認しているともいえる。傍点部に見るように、マリさんが友人の反応を「怒ってくれた」ではなく〈怒っていってくれた〉とも表現していることからは、友人の怒りが何かをぶつけるような単回の怒りではなく、段階を踏んだ怒りであったことがわかる。

しかし、母親の怒りは自分の娘が傷つけられたことに対する怒りや、それを娘がすぐにいわなかったことに対する怒りであり、母親自身の怒りになっている。それはマリさんにもぶつけられ、マリさんの怒りは〈置き去り〉にされている。マリさんの母親は、マリさんの経験と怒りを自分自身の怒りに置き換え、マリさんをも責めることで、マリさんが「私はそうは思っていない」と反論する隙間を与えていない。

こうした他者の反応は、第四章の第二節で見た援助交際する少女たちに対する母親たちの反応にも共通するが、語り手が他者に相談しようと考えていたことを不可視化してしまう。今回は「怒り」を取り上げたが、怒り以外の感情を軸に同一化や開示が展開されることもあるだろう。聴き手には〈話を最後まで聞〉くことが求められているし、語り手と聴き手の間にずれが生じることを前提として、語り手がずれについて異議申し立てや修正を行えているかどうかに気づくことが求められている。

「二重の理解」を得る不可能性・可能性

マリさんはウリの経験を幼少期のレイプ未遂との関係で捉えるようになるが、それでも「ウリ」という経験とウリの一連で起きた〈異常〉な行為や〈ひどい扱い〉について語るには、聴き手を選択しなければならないと語っている。つまり、先の友人のように性暴力被害に理解がある人であっても、彼女の中でウリがスティグマ化されているかどうかわからない状態ではウリの中で起きた出来事は語れない。マリさんは、レイプ未遂とウリを結びつけることや、ウリをしていたときのマリさんの精神状態、そして〈ひどい扱い〉について語ることを躊躇する理由を次のように語っている。

道徳的には、良くないことを、やっぱり、してきてるから。それって、誰にでも話せるわけじゃないんだよね。〔中略〕内緒にしようと思ってるわけでもないんだけど。やっぱり、相手を選ぶ。偏見とかね。

幼少期のレイプ未遂は開示されても、レイプ未遂の影響としてのウリや、そのような背景をもつウリが性暴力に対する脆弱性を高めたといった「ウリと性的トラウマとの関係性」は可視化されない。そのために、マリさんがウリの中で経験した身体的・精神的苦悩も可視化されない。では、マリさんはどんなふうにウリやその中で起きた出来事を語りうるのか。ウリについて語る相手をどんなふうに選択するのだろうか。マリさんは、筆者によるインタビュー調査を受けることにした理由について次のように語っている。

安全、安心に〔性暴力被害やその影響を〕思い出したいんだよね。〔被害について〕語るのを求められて、語りたいときもあるし、語る必要があると思うときに、〔中略〕自分の中で消化できてないから、語るに語れない、っていう部分もあって。〔中略〕語る準備をしておきたい。〔中略〕こういう機会〔インタビュー調査を指す〕にね、自分の中で、うまくまとめられたらいいなって。

マリさんは筆者が「性暴力」というテーマに関心をもっていること、「二次加害」を防止したいという調査目的をもっていること、そして筆者が性暴力被害者支援に携わっていることを知っていた。そのため、筆者がマリさんの性暴力被害の語りにある程度の理解を示すことや、筆者との間に二次加害が生まれる危険性が少ないこと、被害の内容に筆者が過度な衝撃を受けないことを想定し、「安全・安心」に語れるだろうと判断したといえる。さらに、マリさんは筆者が性風俗の研究をしていることや、それを性暴力の観点から研究しているという情報を得て、性暴力被害のみではなくウリの経験やウリとの関係で性暴力被害を語ることも可能だと感じたのである。

> 私本当に、なんだろ、頑張ってきた、頑張っているところしか、見られてないんだってあらためて思ったの。周りに。〔中略〕インタビューどう？って話をしている二人〔インタビュー調査のことを話していたマリさんの友人〕のことを考えたときに、あ、両方〔ウリについて〕知らないわって。〔中略〕ここが、〔筆者名〕が、研究したい部分に、一番、っていう。
>
> （傍点は筆者による）

マリさんは、インタビュー調査を通してウリについて語っていない相手を整理している。そして、筆者が性風俗の研究をしているという情報をもとに、マリさんのウリの経験が実は筆者の最大の関心事なのではないかと考え、調査に協力するという形でウリの経験を語りえる可能性を模索している。また、傍点部からは、マリさんが見せられるアイデンティティとそうでない部分を管理していることがわかる。「もしかしたら話が通じるかもしれない」という筆者への期待が、「頑張っていないところ」「マリさんの別の一面」を見せられると考えるきっかけになった。

しかし、マリさんは本調査でウリの経験について語った当初、「テレクラで相手と知り合う」という方法しか語らなかった。そして、その次のインタビューで、街に立って声をかけた相手とウリをしていたことも語ってくれた。つまり、街に立つところまで不安がピークに達し、ときには金品ももらわずにウリをしていたときのことを語ってくれた。そのことを当初語らなかったことについて、マリさんは後から〈思い出した〉〈言い忘れた〉と語ったが、次の語りの傍点部にあるように、マリさんは「テレクラで相手と知り合う方法」と「街に立って声かけして知り合う方法」を区別し、街に立つウリをテレクラのそれよりも悪いこと、あるいは社会的に許容されないことだと考えていることがわかる。つまり、マリさんは、性風俗と性暴力の研究をしている筆者に対しても発言内容に慎重になり、明らかな対価を伴わない〈異常〉なウリに筆者がどこまで理解を示すのかを見定めていたといえる。(5)

テレクラ［を利用していたこと］は、もしかしたら友達は知ってたかもしれないけど、でも、そんなね、普通に街に立って、そこら辺の道行くサラリーマンとか捕まえて、お茶しようよ〜とかいって、ウリやってたなんてことは知らないだろうなって。（傍点は筆者による）

マリさんがウリの経験やウリの中で起きた出来事を第三者に可視化するためには、性暴力にも性風俗にも理解をもつ聴き手が必要だった。性暴力に理解があっても、性風俗をスティグマ化している人には、どんな状況で性暴力に遭ったのかを詳細に語ることは難しい。これまでに見てきた通り、性暴力の原因や責任が、性暴力被害者が「性風俗に従事したこと」に向けられてしまう危険性もある。一方、性風俗に理解があっても性暴力に理解がなければ、聴き手が性暴力の衝撃に圧倒されてしまったり、性暴力に遭ったことや明らかな対価をもらわなかったことをもってプロフェッショナリズムの欠如と見なされて自己責任を問われたりする危険性もある。つまり、「性風俗従事者に対する性暴力」が他者に可視化されるためには、性暴力と性風俗の両方に対するスティグマから解放された「二重の理解」が必要だといえる。

しかし、マリさんは、性暴力と性風俗のどちらにもある程度の知識があるだろう筆者をすぐさま「二重の理解者」と判断したわけではない。マリさんは、「幼少期のレイプ未遂の被害者」「テレクラを利用していた女性」「自分で声かけしてまでウリをしていた女性」「金品ももらわないウリで、〈異常〉なことや〈ひどい扱い〉をされた女性」というふうに、暫定的なアイデンティティを筆者に見せながら、そして筆者がどの程度の理解を示すのかを見定めながら、語りを構築していった。

「性暴力被害者」が被害について語るために開示しなければならない（被害にかかわる）性質や社会的カテゴリーが多様で複雑になればなるほど、被害者は聴き手の何重もの理解を獲得しなければならないし、性暴力被害を「この人に語れるだろうか」と聴き手を慎重に見定めなくてはならないだろう。しかし、性暴力被害者は、聴き手が被害者を「理解できるか否か」といった明確に二分された過程においてではなく、被害者と周囲の人々との緩やかなすり合わせの中で、被害が聴き入れられる経験や、誰かが耳を傾けてくれる経験を重ね、「性暴力被害について語る資格と権利」を獲得していくのである。

（5）スティグマ化された人が行うスティグマ回避方法を分析したウィリアム・ホワイトは、その一つに「予防開示［Preventative disclosure］」（スティグマ化されうるアイデンティティを他者に開示できるかどうかを試すこと）を挙げている（White 2009: 19）。

スティグマにとらわれない解釈と責任の所在

マリさんは、ファッションやオシャレをすることを長い間遠ざけてきた。マリさんはその外見によってレイプ未遂に遭ったという納得づけをしていたために、化粧や服装で自分を〈着飾る〉ことに不安を覚え、それを拒絶していた。

　昔のトラウマがあって〔化粧を〕できない。〔中略〕化粧すると、やっぱり思い出すのは、小学生のときの、被害なのね。その二次被害のね、「モテてよかったね」っていうのを、化粧すると思い出す。〔中略〕自分がかわいいから被害に遭った、みたいな、実際そうじゃないんだけど、でも、そういうふうに思うことで、ある意味〔レイプ未遂という出来事を〕消化しようとしてた。

ここで、マリさんにとっての「化粧」は「かわいさ」の象徴である。マリさんが被害に遭ったときに実際に化粧をしていたか否かという問題ではなく、マリさんにとっての化粧は「かわいさ」を象徴するもの、あるいは「かわいさ」を演出するものと考えられている。マリさんは自分が〈かわいいから被害に遭った〉という納得づけをしていたために、マリさんには化粧が性暴力を誘引するものと感じられた。マリさんが「化粧しない」ことを選択した背景には、そうすることで再被害を防止できるような安心感を得られたからだけでなく、「化粧しない自分（誰も誘惑していない自分）がこれ以上被害に遭うべきではない」ことを証明する意味も含まれていただろう[6]。

しかし、マリさんの化粧についての感覚は、性暴力被害について語る資格と権利を見出し、語る場を得る中で変化していく。マリさんは、化粧していないことを一人の友人から指摘され、その友人にレイプ未遂のトラウマを開示している。そして、レイプ未遂と化粧のつながりを切り離し、〈考え方を変える〉ことをその友人から提案された後の変化について、次のように語っている。

自分の中で、そうじゃないんだ、って。べつに私はかわいいからとかそういう問題じゃないんだっていうのを、頭じゃなくて心で理解し始めたんだと思う。

マリさんはレイプ未遂と化粧との因果関係を切り離すことで、レイプ未遂の原因や責任をマリさん自身に向けることから脱却していく。現在のマリさんにとって、化粧をすることは〈着飾り〉誰かを誘惑することではなく、単に〈粉をはたく〉作業であり、〈自分のしたいことをただすること〉である。マリさんは「かわいい」から被害に遭ったのではないし、マリさんが実際にかわいかったとしても、それは被害の根拠にされるべきではない。マリさんの中で、かわいさや化粧という徴（性暴力被害者のスティグマ）が性暴力を是認したり、性暴力を不可視化したりすることの不当性が徐々に明らかになっていったといえる。

（6）性暴力の原因を被害時の行動や服装に帰し、それを避けることで再被害に遭う不安を和らげようとする心理は、マリさん特有のものではない。第一章で検討したように、被害者は、自身の被害時の行動を問うことで、将来のリスクを回避しようとする（Janoff-Bulman 1979）。これらはあくまでも、被害時と同じ格好や言動を避けることで別の性暴力を受ける恐怖を和らげようとする被害者の心理であり、マリさんが化粧をしている人は「性暴力に遭っても仕方ない」などと考えているわけではない。

このことは、マリさんのウリについての語りにも反映されている。マリさんは、ウリをする中で〈ひどい扱い〉を受けたことを理由にウリの経験そのものを否定はしない。ウリの経験を丸ごと批判してしまえば、マリさんは「ウリ」を選択したために〈ひどい扱い〉を受けたことを認め、ウリのスティグマ化を是認してしまうことになるからだ。マリさんはウリをしていたから〈ひどい扱い〉を受けて当然だったわけではない。〈ひどい扱い〉をする相手がそこにいたことが、〈ひどい扱い〉の原因であり、責任なのである。

〔ウリをしていた〕自分を止めてほしかったかっていうと、全然。逆に、それは止めてほしくなかった。だけど、じゃあそういう私を知っていてほしかったかっていったら、知っていてほしかったかもしれない。〔中略〕〔ウリを回顧することは〕嫌だとは思わない。それが、自分の中の一つでもあるわけでしょ？　だからそういうことをしている人に対しての嫌悪もないしね。〔中略〕だからべつに、そこから私が抜け出てラッキーとかも思ってないし。もちろん、その〔ウリをしていたときの〕精神状態に戻りたくないとは思うけど。

マリさんは、ウリの経験そのものやウリをしていたときの精神状態、ウリの中で彼女に起こったことを第三者が否定したり解釈したりすることを拒絶する。第三者は個人の「選択」の背景に無数のつながりがあることを知り、そこに苦悩や「語りえないもの」があることを知る必要がある。そして、被害者のかかわる不確かなスティグマによって不可視化されるべきでない「性暴力の行使者」が、そこにいたことに気づくことが重要なのである。

二　性暴力被害を語る力

スティグマ化されうる人が性暴力を語るためには、どんな力が必要だろうか。

マリさんが「性暴力被害者」に同一化していく過程では、性暴力被害についての情報や、怒りを加害者に向けること、自分が「被害者」であるという認識を得ていくことが不可欠だった。そして、マリさんが友人や筆者に性暴力被害を語ることをとまどったり段階を踏んで語ったりしたことを、マリさんが性暴力を概念化したりさまざまな形で「性暴力被害者」に同一化したりする力として認めることも重要である。性暴力被害についていつでもどこでも話せるような安全な空間が広がることは願ってもないが、安全でない空間で性暴力被害について語れば、被害者はさらに傷ついてしまうこともある。また、スティグマ化されうる人自身がスティグマにとらわれずに被害を捉えることも重要だろう。ここでは、性暴力を語る力の意味を考え、それを支える具体的な方法を検討していきたい。

「語る力」とは何か

スティグマ化されうる性質や社会的カテゴリーをもつ性暴力被害者が被害を可視化するためには、まずは被害者自身が被害を語るための言葉をもち、被害者性を獲得する必要があるが、それは容易なことではない。

「性暴力」は、それを可能にする環境と被害の結果や影響との関係の中で構築的に生まれる概念である。そのため、性暴力を語るためには、「性暴力」と「それを性暴力たらしめる環境」との関係性を指す言葉と、「性暴力」と「それを性暴力と判断する解釈」との関係性を指す言葉が必要となる。例えば、性暴力被害後の妊娠は、性暴力被害そのものだが、「被害の結果」でもある。「性暴力被害による妊娠」（という性暴力）を生むのは、第一に加害者の性暴力行為そのものだが、女性が「孕む性」であることも要因となる。[7] つまり、被害者が「女性」でなければ生まれえない「性暴力」だといえる。また、その「性暴力」は、性暴力によって受けた精神的・身体的負担や「妊娠」という性暴力の結果によって、その問題の大きさや負担の大きさを規定する。つまり、ある出来事が性暴力として可視化されるには、性暴力が起きた背景を可視化すると同時に、性暴力によってどんな損害が生じたのかという性暴力の影響や結果を可視化しなければならない。

性暴力が可能となった「背景」なくしては起きた「性暴力」は説明できないし、「性暴力」をどう解釈するのかという「性暴力による影響や結果」なくしても「性暴力」は説明できない。この「性暴力とそれを可能にしたり解釈したりするものの両義性」とでもいうべきものに名前を与え、性暴力が起きたり不可視化されたりするときに参照される価値基準や支配的・文化的信念、つまり、「性暴力」を「性暴力」たらしめる社会的意味づけを捉えることが、語るための言葉をもつことにつながる。

宮地尚子は、「セクシュアリティを用いて支配・被支配関係をうちたてたり、逆に支配・被支配関係の中でおこなわれる性的暴力や搾取を含めた概念」として「性的支配」という言葉を提案している（宮地 2008: 32）。性的支配においては、セクシュアリティ／ジェンダーに求められる役割に基づいて個人の言動が規定されたり、性差別やセクシュアリティ／ジェンダーについての規範が生まれたりして、それが支配・被支配関係（ヒエラルキー）を構築する。セクシュアリティ／ジェンダーについての役割や規範は、イデオロギーのレベルでは性的支配と捉えられるが、それが個人に対する攻撃となるときには「性暴力」にもなりうる。また、性暴力は性的支配の中で解釈されることによって、それ自体が支配・被支配関係を内包するものとなる。

性的支配と性暴力の関係は、性的支配が性暴力を導いたり性的支配が性暴力になったりすると同時に、性暴力が性的支配の下で解釈され、それによって性暴力が概念化されるという意味において、相互に関係している。性暴力が被害者の何らかの行動や選択ゆえに引き起こされたと考えられ、被害者がスティグマ化されているような場合は、被害者の行動や選択は完全なる自由意思によるものだなどと証明するのは困難だということを明らかにするだけでなく、性暴力が個人の「性的権利の侵害」であると同時に、その「性」や「侵害」の意味さえも社会的に構築されていることを示唆する言葉を獲得するべきだろう。

しかし、性暴力被害者が性的支配と性暴力の両義性を示す言葉を獲得したとしても、被害者のもつ性質や属する社会的カテゴリーによって性暴力が不可視化されるのを防ぐには不十分だ。被害を語るための言葉に加えて、性暴力が起きたり性暴力が不可視化されたりするときに問題とされる被害者のスティグマが、実は相対的なものであることに気づき、性暴力を可能にしたり不可視化したりする根拠にそのような相対的な概念が用いられていることを明らかにする必要がある。例えば、実際に「性風俗に従事した」という経験だけではなく、対価を伴う性的行為や不特定多数との性的行為なども「性風俗従事者」と同じようにスティグマ化され、それらが「性暴力を受けても大したことはない」「性暴力を受けて当然」の証拠などと考えられてしまうとき、その「証拠」とスティグマのつながり

（7）例えば民族浄化の場において、女性の「孕む性」を利用して妊娠させる性暴力もある（クープ 2012）。

の不明瞭性や不当性を説明するのである。性暴力を可能にしたり不可視化したりするときに利用されるスティグマが関係性の中で生まれるのならば、そのような相対的なスティグマをもって被害者の人生や性質などというものを説明し尽くせるはずがないことを理解し、さらに、そのような不確かな神話やスティグマが性暴力を正当化するために利用されていることの危うさを主張するのである。

これまで考察してきたように、スティグマ化されうる性質や経験が拭うことのできない事実であるとき、その性質や経験を否定することで性暴力を可視化することは不可能だ。だが、被害者がもつ性質や経験、属する社会的カテゴリーといった「事実」がその人をすべて表象するものだとは見なさず、その人の「暴力の瞬間を超えて広がる生活」(モーリス＝スズキ 2005: 301) を可視化しながら、その「暴力の瞬間を超えて広がる生活」に対する性暴力の影響を可視化させることは可能である。

宮地は、個人が「アイデンティフィケーション(同一化)」することの意味を「投企性」「暫定性」「部分性」の三つに分類している。「投企的」同一化とは、自分があるカテゴリーに属すると考え、カテゴリーを選択することであり、これまで本書で述べてきた「同一化」と同じものである。すなわち、自分自身を性的支配や性暴力の「被害者」というカテゴリーに同一化することで、性暴力被害者として語るのである。しかし、宮地によると、同一化とはある一つのカテゴリーに全面的に同一化し、一生をかけてそのカテゴリーに属し続けるといったものではないという。「暫定的」同一化とは、性暴力の「被害者」として語っていた人が「被害者」として語らなくなるなど、投企的に同一化されたアイデンティティを「一時的」なアイデンティティと見なすことを指す。一度にいくつもの暫定的同一化を果たすこともあるだろうし、むしろそちらの方が自然だろう。そして、「部分的」同一化とは、人々が一部の共通点をもってつながり合うときに、その共通項に部分的に同一化することを指す。共通項によってつながるからといって互いが互いを完全に理解し合わなくてはならないとか、互いが完全に同じでなければならないということはない（以上、宮地 2007: 112-118）。

「性風俗従事者に対する性暴力」の被害者は、もちろん「性風俗従事者に対する性暴力の被害者」というカテゴリーに自分を投企することも可能だが、「性風俗従事者である」ことと「性暴力被害者である」ことに暫定的に同一化する方法もある。例えば「性風俗従事者である」ことがスティグマ化されていたとしても、その人が「性風俗従事者でない」生活を可視化させ、その生活への性暴力の影響を訴える（部分的同一化を求める）のである。あるいは、「性風俗従事者である」ことがスティグマ化されている場合は、スティグマ化された像を少しずつずらしていく（暫定的なアイデンティティを多様に見せていく）ことで、スティグマで人を捉えきれないことを明らかにし、スティグマを性暴力に結びつけることから脱却することも可能だろう。マリさんが試みたように、理解されやすいと考えられるアイデンティティを先に提示し、少しずつ別のアイデンティティを見せていったり、誰に自分のどのアイデンティティを見せるのかを管理し、ときには「パッシング」（Goffman 1963=2001）したりすることもできる。また、スティグマ化された性質や社会的カテゴリーを自分のすべてを表すアイデンティティと捉えず、暫定的アイデンティティだと考えてスティグマ（化）を内面化しないことも、スティグマ化されうる人の語る力を広げるだろう。

関係性を示す言葉――サバイバル・セックス

マリさんがウリの一連で起きた暴力の被害者性を獲得するためには、ウリという出来事を性的トラウマを含めた関係性の中で捉えることが重要であった。ウリやその一連の出来事といったマリさんの経験は、確かな対価をもらっていないことや、性的トラウマの記憶を失っていたことなどにより、性風俗とも性暴力ともいいがたい曖昧さを含んでいる。そのような状況で、性風俗についても性暴力についても語る言葉をもたないとき、第三章で見たような性風俗従事者を取り巻く環境・背景と性暴力との関係性を表す言葉を検討し、潜在的な「被害者」を可視化するための「投企的カテゴリー」をつくりだす試みが必要である。

序章で述べた通り、性風俗を表す言葉はさまざまにある。性風俗従事者が主に未成年である「援助交際」や、性風俗従事者の「割り切った」感情を象徴した「ワリキリ」といった言葉は、誰かに強制されているイメージの強い「売春」や、性風俗のプロフェッショナル（労働者）であることを示唆する「セックスワーク」という言葉に比べて、誰かに強制されるわけでもなく、性的行為のプロフェッショナルとしての積極性ももたない「グレーゾーン」の主体者たちにとって、みずからの行為や性風俗利用者との関係性を表現するのに適切なのかもしれない。特にワリキリという言葉は、経済的・トラウマ的背景を取り込む言葉である点では性風俗従事者たちがもつさまざまな背景への気づきを促し、しかし性風俗従事者たちがそれを「割り切って（ときには仕方ないと思いながら）」性風俗を選択する状況や感情を表象しようとしている。

しかし、援助交際やワリキリという言葉を使っても、性風俗従事者に対する性暴力を可視化する困難は残るだろう。なぜなら、援助交際という言葉はその行為がたとえ暴力であってもそれを単なる「援助」や「交際」に変換してしまうし、ワリキリという言葉は性風俗従事者を取り巻く環境を示唆しながらも性暴力の原因や責任をも性風俗従事者の「ワリキリ」にゆだねる危険性をもっているからである。そのためここでは、「サバイバル・セックス〔Survival Sex〕」という概念を提案してみたい。

「サバイバル・セックス」という言葉は、海外の研究者やソーシャルワーカー、活動家を中心に、「生き延びるための性風俗」を意味するものとして近年使われるようになった言葉だ（Walls & Bell 2011; Covenant House 2013）。これは主に、経済的理由から性風俗に従事する性風俗従事者たちが置かれた状況に目を向けるための言葉といえる。

序章でも触れたように、性暴力被害者を含めたさまざまな犯罪被害者を「サバイバー」と呼ぶ動きが浸透しつつある。「犠牲者」という言葉が示すような完全な無力者としてではなく、「被害者」という言葉が示すような「害」を被った受動的な存在としてでもなく、被害そのものから生き延び、被害の影響と闘う人々の生き苦しさを表し、生きる力を尊重しようとする言葉だ。

この「サバイバル」という言葉は、性風俗について使用されるときには経済的な側面を、性暴力被害者について使用されるときには経済的なもの以外を示すことが多い。単なる言葉遊びのように思われるかもしれないが、そこには「性風俗」と「性暴力」を二分する規範が隠れている。性暴力被害者はあくまでも被害によって心を痛めるような「純潔さ」をもちあわせていなければならず、性暴力によって砕かれた精神的居場所や肯定的な自己認識を再獲得する方法は性風俗に従事するという方法であってはならない、とでもいうような、そして、性風俗に従事することはあくまでも経済的理由によって選択されるときにのみその人生を生き抜く力が尊厳に値するのだ、とでもいうような規範がある。つまり、性暴力被害者と性風俗従事者は、いまだに性差別やジェンダー構造においてしか共通項を見出せていないのかもしれない。性風俗と性暴力の二つのスティグマの交差する地点にある性暴力を可視化するためには、差別的構造を批判的に見る視点を基盤にして、性風俗と性暴力の有機的で実質的なつながりに目を向ける必要があるだろう。

性風俗従事者たちが性風俗に従事するまでの背景は多様である。家庭内の（性）暴力や家庭の経済的困窮、離婚や家出から貧困に直面したり、身近な人から勧められたり依頼されたり、自暴自棄になったり、自分の「本当の」価値を探すためだったりとさまざまだ。また、性暴力後の身体的・精神的負担によって職を失ったり、満足に働けなくなって性風俗で生計を立てたりするようになる性暴力被害者も存在するし、性暴力の影響で性的関係を築くのが難しくなって年だけとっていく自分に焦りを感じて性風俗に踏み入る人もいる（女性ヘルプ・ネットワーク 2011, 2012）。性風俗の中で探していたものを見つける人もいれば、性暴力を受ける人もいるし、性暴力を受けて辞める人もいれば、性風俗に従事し続ける人もいる。「享楽的」「お金のため」と単純明快に語られてしまう性風俗の背景には、何万字にしても語り尽くせないトラウマが潜んでいる可能性があるし、その「トラウマから回復する手段」という地位は、経済的なこと以外の理由で動機づけられる性風俗従事にも認められるべきだろう。

生きることは複雑で、生きた証は一言では語りえない。性風俗従事の動機が「お金」であっても、「居場所の確保」であっても、「自己価値の探求」であっても、背景を一言で語ることで他の苦悩や背景がかき消されてしまい、性風俗に従事したという経験だけをもってある人が説明されてしまうのであれば、そのときに「サバイバル」という言葉が使われるべきだ。従来使われてきた意味、すなわち「今日の食事や寝床を確保するために性風俗に従事する」という意味においてだけでなく、「今日生きる意味を見出すために性風俗に従事する」という意味においても、それは今日を生き延びるための性的行為、「サバイバル・セックス」であると認められるべきだろう。

「サバイバル・セックス」という言葉は、「セックス」に「サバイバル」を付けることで、それが性的行為であることを完全には否定しないが、一方的な性的解釈を避ける。つまり、この言葉は「サバイバル」という何か条件付きの、いわく付きの性的行為であることを示唆するのである。「サバイバル」という言葉が多義的であり、サバイバー（「サバイバル」する人）たちが生き延びるための手段にどんな方法を選択するのかという定義権や決定権も含めて、「サバイバル」しなくてはならない背景をこの言葉にこめられるということは、ある人を一つの性質や社会的カテゴリーですべて説明できると考えられるような固定性を回避し、固定化された特性をもって性暴力が不可視化されるのを回避する可能性をもつことを意味している。「性風俗」が性的行為と対価の交換を意味することが自明になっている場において、「何からどんなふうに生き延びようとしているのか」という疑問を呼び起こすだけでも、「サバイバル・セックス」という言葉は性風俗従事者たちの背景や個性に目を向ける意識改革のツールとなりうるだろう。

さらに、「サバイバル・セックス」という言葉は、それが性的行為であることを手放さないことで、「性的支配を生き延びなければならない」ことに対する単純な批判を避け、「サバイバル」する主体と「セックス」する主体をつねに議論に巻き込むことを可能にする。「性風俗」がそこから主体を消し、「買売春」が何を売買するのかを曖昧にし、「セックスワーク」が個人の置かれた構造を見えにくくするのとは異なり、支配や差別と個人を結びつけ、つねに互いに互いを連想させ、ある「性的行為」と性暴力／性的支配との関係性を示唆し続けるのである。

では、性風俗にかかわる性的支配や性暴力を「サバイバル・セックス」という言葉に完全に置き換えてしまうことは可能だろうか。それは否である。「性暴力」という言葉が、出来事を「暴力」ではなく「合意の性的行為」に変換してしまうような解釈に異議申し立てする言葉として概念化されてきた過程は本書でも考察したが、「性暴力」を「サバイバル・セックス」に変換することは、「暴力」に

「合意があった」というような意味合いを再度呼び起こすことになってしまう。そのため、生命の危機にさらされ、サバイバルする手段を選ぶような余地も可能性もなかった性暴力に直面した被害者は特に、たとえ「サバイバル」が本来「生命を守ること」を意味するのだとしても、自分に起きたことの苦悩と恐怖が「セックス（合意の性的行為）」という言葉からはかけ離れて聞こえるだろう。起きた出来事を何と呼ぶかは、起きた出来事が（「性暴力ではなかった」とすることも含めて）何だったかを定義することであるから、第三者が「あなたはサバイバル・セックスをしていた」と定義づけることはできないし、それでは出来事を定義する当事者の権利を奪ってしまうことになる。

反対に、性風俗や買売春といった言葉を「サバイバル・セックス」に置き換えることは可能だろうか。これも否である。なぜなら、「サバイバル」がもちこむ「いわく付き」といったイメージから解放されたいと考える性風俗従事者も存在するし、「性風俗従事者はトラウマを抱えている」というスティグマ化を強化する危険性もあるからだ。また、性暴力と性風俗は本来かかわりない（他の労働環境と同じく、性風俗においてつねに性暴力が起こるわけではない）ことを説明し、「性風俗＝性暴力／性差別／性的搾取」といった図式が性風俗従事者の主体性や労働権を侵害するのを防ごうとする人たちもいる。

しかし、性暴力と性風俗の関係を示唆する言葉の一つとして「サバイバル・セックス」という言葉の存在を提示することは可能である。

「レイプ」や「性暴力」についての社会的イメージや認識と自分に起きた出来事が異なり、その出来事に「性暴力」という言葉をあてにくいと考える人も存在するし、性暴力の「暴力」という言葉が強すぎて、自分に起きた「暴力とはいえないような出来事」を「性暴力」といってしまっていいのか躊躇する人もいる（「暴力とはいえないような出来事」とは、身体的暴力が含まれていない性暴力を指すことが多い）。もちろんここで、「暴力」の意味が身体的暴力に限られないことを伝え、被害者にも加害者にもそれは「暴力」の一形態であったのだと認識してもらうことで、「暴力といえないような出来事」に影響されてさまざまな苦悩と苦痛を経験しているのはまさにそれが「暴力」だったからであるという整合性を得られる可能性もある。

しかし、ある人が自分の言動に落ち度を見出していたり、居場所が欲しかった、誰かと一緒にいたかったなど、自分自身にも利があったと感じていたりして、合意ではなかったにしてもどうしても起きた出来事を加害者による一方的な「暴力」と呼べないとき、あるいは、被害者と加害者の関係や被害者に対するスティグマ、被害者にも何かしらの利益があったことを理由に第三者が被害者の落ち度を追及しようとするとき、「サバイバル・セックス」という言葉は、「しかしそのときの被害者の行動は、被害者が自身を守り、生き延びるための手段だったのだ」ということを伝える力をもっている。

過去の出来事や自分の置かれた状況をどんなふうに定義し、何と呼ぶかは個人のもつ権利だ。そのため、すべての経験が「サバイバル・セックス」という言葉に集約される必要はないし、それは不可能だが、自分の置かれた状況を説明する的確な言葉をもたないために性暴力が不可視化されてしまうとき、この言葉の可能性を検討してもよいだろう。

「性暴力被害を語る資格と権利」の創出

これまでに見たように、性風俗従事者たちが「性風俗に従事すること」のスティグマを内面化している場合、性暴力に対する脆弱性が生まれるだけでなく、起きた性暴力を「自業自得」「仕方ない」と諦観してしまうことがある。それを克服するには、性暴力を受けたときに、性風俗従事者であっても性暴力被害を訴える資格や権利があることを認識する必要がある。そして、マリさんの事例に見たように、性暴力被害者として怒ったり、何かおかしいと感じたりして、それが「正しい」「当然」の感情だと他者から認められることも大きな力になる。

スティグマ化された人は、自分が追いやられた不当な立場や状況を「仕方ない」とあきらめて自分の可能性を制限してしまうことがあるといわれている。[8] 本書でも、スティグマの内面化による自尊心の低下や自己排斥などが、性暴力に対する脆弱性を高め、性暴力の不可視化を促す危険性があることを見てきた。部分的ではあっても自分がスティグマ化されるとき、その人は自分自身の可能性を「夢見る力（信じる力）」を得ることで、スティグマ化から脱却するための力を得る（Mansson & Hedin 1999; Baker et al 2010）。スティグマ化されうる人が性暴力を受けた場合、「スティグマ化された状態を物事のあるべき姿と捉えず、それは別の形になりうると信じるとき、あるいはより良いものを望むとき」（Cornish 2006: 463）、性暴力被害についての語りは生まれる。性暴力やスティグマ化によって自分の可能性を打ち砕かれるときに生じる恥や「汚」の感覚を回避し（Ehlers & Clark 2000; Feiring & Taska 2005）、性暴力被害について語る自分の可能性と、それが聴き入れられるだろうという自己価値を認識することで「性暴力被害を語る資格と権利」が獲得されるといえる。

性風俗従事者が「性風俗に従事すること」の肯定的な社会的意味を見つけ、スティグマを内面化することなく、起こりうる不利益の責任を拒否する力をはぐくんでいくことは可能だ。「性風俗に従事すること」の意味づけは多様であり、性風俗従事者たちは「ここまでなら大丈夫」というそれぞれの「線《ライン》」や各々の意味づけをもつことで「肯定的なアイデンティティ」を維持している（速水 1998; Arnold & Barling 2003; 要・水島 2005）。

また、性風俗に従事した後に「傷ついた」「汚れた」と感じて性風俗を否定的に考える性風俗従事者たちがいる一方で、性風俗に従事することで性風俗を肯定的に考えるようになる性風俗従事者たちも存在する（別冊宝島編集部編 1999; 要・水島 2005）。性風俗の中にある差異を確認し認め合っていくという作業が、性風俗従事者自身がもつ「性風俗に従事すること」に対するスティグマを変え、それが性暴力を受けたときの脆弱性の回避につながりうる。

性風俗従事者をエンパワメントする方法として、他の従事者から支援を得ることが重要であるといわれている（Fick 2005; Cornish 2006）。性風俗がスティグマ化されていると、性風俗について語られることが少ないために、その内容や実態がつかみづらく、情報が不足しがちである。また、形態によっては他の性風俗従事者との出会いも限られ、個々の性風俗従事者は孤立しやすく、さまざまな支援が得られにくい。そのため、交流会や掲示板サイトを開くことで性風俗に関する悩みを相談できる場所を確保することは、安全を守るための有益な情報交換の場所になり、精神的な居場所の確保や社会とのつながりを認識することで自尊心を高めることにもつながる。

日本では、ＳＷＡＳＨ（Sex Work and Sexual Health）という団体が「セックスワーカー」のための支援活動を行っている。そこでは、日本の性風俗従事者のための講演やワークショップ、性風俗従事者のための交流会が開催されたり、性感染症の情報や性風俗に従事するうえで知っておいた方がよい技術を掲載したガイドブックが配布されたりしている（ＳＷＡＳＨウェブサイト）[9]。同じような経験をした

（8）　抑圧された人々は、抑圧されるという状況が長く続いたために自分たちの抱えた困難は避けられないものであると感じ、抑圧された状況に抵抗するよりもそれを受け入れようとすることが指摘されている（Link & Phelan 2001; Montenegro 2002; Cornish 2006）。

人々が集まることで、性風俗に対するスティグマといった第一関門は乗り越えやすいし、すでに語る資格と権利を獲得した人々との「出会い」が、ある出来事が「性暴力」だったのではないかという「気づき」を促す。そして、その経験を「個人の経験」にとどめず問題化して語り合ったり相談し合ったりすることで、性暴力被害を語る資格と権利が保障されるといえる(10)。

「かかわる特質」の否定から「スティグマによる性暴力の不可視化」の否定へ

性風俗従事者に対する性暴力が「性風俗に従事している（いた）」という経験を理由に不可視化される場合は、「性風俗従事経験」のスティグマに直接アプローチすることも重要である。スティグマ化された性質や社会的カテゴリーを自分のかかわるものではないと否定することで性暴力を批判するのではなく、スティグマを性暴力の根拠とすることを批判する方法として少なくとも二つの方向性が考えられる。

一つは、スティグマ化された人々に対する性暴力が不可視化されていることとその差別性を明らかにすることである（Cornish 2006）。すなわち、「問題化される性暴力」の序列（例えば性風俗従事者と非性風俗従事者の二分化や序列化）にクレームをつけることだ。

その方法の一つとして、セックスワーク論が行ってきた性風俗従事者のスティグマ化に対する抗議が挙げられる（Cornish 2006; SWAN 2009）。これは、性風俗従事者が暴力を受けることや受けた暴力を訴えにくい理由として性風俗従事者の法的地位や性風俗のタブー視が挙げられるため、性風俗の社会的地位や従事環境の改善を法的観点から考えることで、性風俗従事者が暴力を受けるリスクを減らし、さらには性風俗従事者への社会的偏見や差別を軽減していくことを目指すものである。

性風俗従事者の従事環境や法的地位など性風俗従事者を取り巻くさまざまな環境によって性暴力が生じ、性暴力が助長されることは本書でも見てきた通りであり、そうした因子を一つ一つ取り除くことは、性暴力防止と性暴力を受けた後のレジリエンスを高める有効な手段だろう。また、法制度の改善により、性風俗において性暴力を受けた性風俗従事者が法的な処罰・更生の対象としてではなく、「性暴力被害者」として適切な対応を受けるべきことが公的機関に理解される点でも効果的である。(11)

また、中根真は、スティグマ化を克服する方法として、自助グループやワークショップを利用した「対立・葛藤モデル」を提唱している。スティグマ化はある集団が不平等を被ったり暴力を受けたりすることを正当化するため、ある集団に対する不平等や暴力が存在することや、それが是認されるような状況を疑問視する人も少ない。そこで、中根は、森田ゆりの「脱学習」という概念を踏まえ（森

（9）　SWASHは、ウェブサイトをはじめ、啓発のためのパンフレットやガイドブックを日本語・英語・タイ語・韓国語・中国語で提供しており、日本の性風俗で働く外国人を視野に入れた活動も行っている。

（10）　インドでも性風俗従事者のためのワークショップが開かれ、性風俗従事者としての自尊心を高めたり性風俗の技術や交渉術を学ぶ機会を提供したりすることで性風俗従事者たちが暴力や偏見にさらされるのを防ぐプロジェクトが始まっている。サヤンタン・ゴーサルらは、継続的な心理セッションによって、性風俗従事者たちの自尊心の向上や公共の場での（差別や偏見による）不快感の軽減、幸福感や将来への希望の増大などの変化が見られたと述べている（Ghosal et al. 2013）。

（11）　法改正やメディアを使った情報共有は、単に法の保護範囲や支援範囲が広がることのみを意味するものではなく、社会の意識変革にも大きな影響を及ぼす。例えば、二〇〇一年のDV防止法制定により、DV被害者の支援は法的に保障され、シェルターや相談窓口など利用できる支援制度は全国に広がっているが、それだけでなく、法制定後にはDVをテーマとするテレビドラマが放映されたり、女性被疑者の犯罪に至る背景としてDVが懸念されたりと、DVの認知度は確実に高まっており、法制度によってDVという問題に対する社会の意識が変化したといえる。

る「新たに学ぶよりも既に学んでいることを捨てることが新たな学びになる」脱学習がスティグマ化の打開には有効だと指摘する（中根 2010: 349–350）。中根によると、ワークショップといった交流の場を通して[12]、それぞれの立場からの発言にずれや誤解などの「対立」「葛藤」が導き出されることで、「スティグマに付随するカテゴリーではなく、その人自身への着目と関心」が生まれ、「相手が人間として見えてくる」ことで社会的な折り合いが見えてくる（同前: 350）。その対話がスティグマ化された性質や経験、社会的カテゴリーが性暴力を不可視化しうるものではないことを知る機会になる。

しかし、この「対立」や「葛藤」は、あくまでも性風俗従事者が異議を申し立てたり、ずれや誤解を修正できたりする状況で生まれることが重要だ。そうでなければ、スティグマ化されうる性暴力被害者は、第四章で見たような性暴力の不可視化をただ公に経験するだけになってしまう。特に、「スティグマ化されうる人」と「スティグマを付与しうる人」が同じ空間に集うときには、「スティグマを付与しうる人」の発言が中心になってしまわないように空間をコントロールするファシリテーターが必要であるし、「スティグマ化されうる人」には必ず仲間が必要である。

かかわる特質の否定ではなくスティグマによる性暴力の不可視化を批判するもう一つの方法は、性風俗従事者に対する性暴力に限らず、性暴力被害者がもちうるスティグマ化された性質や社会的カテゴリーを性暴力に結びつけることでその性暴力を不可視化するような信念や価値基準に異議を唱えることである。つまり、「性風俗従事経験」だけでなく、対価や性的プロフェッショナリズムの誤解、性的モノ化、不特定多数と性的行為に及ぶことなど、さまざまな性質や経験が「望ましくない」と判断されて、それにかかわる人に対する性暴力が「性風俗従事者に対する性暴力」と同じように不可視化されているとき、それらの判定をもって性暴力を不可視化し是認することに異議を申し立てるのである。

　この具体的な活動として「ふしだらな女たちの行進〔Slut Walk〕」と「デニムデー〔Denim Day〕」を例に挙げよう。「ふしだらな女たちの行進」は、二〇一一年四月に「下着姿」の人々[13]によってカナダで行われたデモ行進である。トロント警察の巡査が「女性は〔性〕被害に遭わないよう、ふしだらな服装を避けるべき」と発言したことに対し、性暴力が本当に起きたか否かが服装で判断されることや、性暴力が加害者の問題ではなく被害者が誘発するものであると考えられていることへの抗議として生まれた（Ringrose & Renold 2012; Carr 2013）[14]。

　このときのトロントの巡査の発言にあった「ふしだらな服装」は露出の多い服装を指していたと見られるが、「デニムデー」では、一見露出の少ないように思われるジーンズが問題となっている。デ

（12）例えば、スティグマ化されうる集団とその関係者や周囲の人々が集うことができるが、それはスティグマが生じる文脈の数だけ存在する。性風俗従事者と性風俗利用者、性風俗従事者と性風俗従業員、性風俗従事者と性風俗店のある地域住民など、性風俗従事者を取り巻くコミュニティとの対話をセッティングすることが可能だろう。

（13）実際には「下着姿」をしたのは一部の人々で、デモの呼びかけ表現は「ふしだらな服装をしてくること」と漠然としており、タンクトップやショートパンツなど比較的露出度は高いが下着ではない格好で行進した人々も多い。また、女性だけでなく男性やトランスジェンダーの参加者もいたが、この活動が「下着姿の女性」によるものだと強調されてメディアに報じられたことは、「ふしだらさ」を問題にすることのインパクトの強さと、その問題提起の難しさを表しているといえる。

（14）この抗議は世界中に広がり、その年の六月にはロンドンでも「ふしだらな女たちの行進」が行われている（AFP 2011）。

ニムデーは、一九九二年に当時一八歳だった少女が自動車教習所のインストラクター（当時四五歳）から性暴力を受けた事件について、「少女がジーンズを穿いていたこと」を理由に出来事を「合意の性的行為」と判断したイタリアの最高裁判所への抗議がもととなっている。被害を受けた少女はタイトなジーンズを穿いていたため、「少女の協力なしには、ジーンズを脱がせることはできなかっただろう」という憶測に基づいて加害者の有罪判決が覆された（Faedi 2009: 1）。

この二つの抗議は、性規範に反する行動はおろか、一見性規範に準ずるように思われる言動や性質さえも性暴力を不可視化するのに簡単に利用されることを示している。つまり、「露出の多い服装をしていれば被害に遭っても仕方ない」という誤認は、「露出の少ない服装をしていれば安全」という通念を支えることで、「露出の少ない服装をしている人が被害に遭ったならば、それはその人が同意したからだ」という考えに転換されてしまっている。(15) だからこそ、「露出の多い服装をしていれば被害に遭っても仕方ない」などという一つの神話やスティグマを否定するだけでなく、スティグマが性暴力を不可視化するのに利用されることそのものを批判する必要がある。ときには露出の多い服装をして、ときにはデニムに身を包みながら、それは「したいことをしているだけだ」と主張し、そこにそれ以上の意味をもたせて性暴力を不可視化するような解釈を批判するのである。

三　性暴力被害を聴く力

性暴力を可視化するためにもう一つ不可欠なのは、性暴力被害を聴く力である。性暴力についての被害者自身の解釈が無視されたり、性暴力の原因や責任が被害者に向けられたりしないような場を構築することで、「この人には語れるだろう」と被害者が想定できる場を広げることが重要だ。これまでに見てきたように、被害者のかかわるさまざまな性質や社会的カテゴリーは性暴力を不可視化することに利用されてしまうかもしれない。被害者の語る力を引き伸ばすだけでなく、聴き手の理解や気遣いを広げ、被害者が自分自身を守りながら語りの空間を確保できる方法を考える必要があるだろう。それにはまず、性暴力の存在や不可視化の構造を知る必要がある。

しかし、例えば「性風俗従事者に対する性暴力」についての語りを聴く人（被害者の周囲の人々）は、性風俗への理解と性暴力被害についての理解の両方を必ずしも示す必要はない。性暴力被害者がかかわりうるスティグマが多様で重層的であればあるほど、それらすべてに理解を示せるような聴き手を探すことは不可能に近い。性暴力被害者がその暫定的なアイデンティティによって性暴力被害を語るとき、聴き手はそれが暫定的なアイデンティティであることを知り、それを部分的に理解すればいい。全面的に同一化するか否かの二分法において、全面的に理解することが不可能ならば、性暴力被害者とその周囲の人々は両者の間の齟齬だけを浮き彫りにしながら平行線を辿ってしまう。それよりは、部分的に同一化できるところから広げていったり、理解できない部分のすり合わせを行っていったりすることで互いを認め合う方が、互いのずれや差異から性暴力を可視化させるという肯定的な結果を生むことにつながるだろう。

（15）服装をはじめとする行為と性暴力防止との関係についての議論は、一見、性暴力被害者に寄り添った防衛の話をしているようでも、実は性暴力の責任を覆い隠している。被害者が被害を受けたときにどんな格好をしていて、被害に遭ったときにどんな行動をとったかという情報をもとに「性暴力を自分で防がなかった」ことが責められているのであり、そこに加害者は見えてこない。

安全に性暴力を可視化できる場の創出——法的アプローチ

性暴力を安全に可視化する場はさまざまに構築可能だが、まず、裁判をはじめとする法的な場で被害について語る安全を守ることを考えてみたい。

性暴力被害者にとって法的な空間は限られた空間である。裁判を起こさない人も多いし、これまでに見てきた通り、法的に「性犯罪」だと認定されるにはいくつもの条件がある。それでも性暴力加害者に法的処罰（例えば加害者の逮捕や処罰、慰謝料の請求や被害者への接近禁止命令など）が下されることで被害者の生活の安全が守られるし、自分に起きた出来事を一段落させることができると考えたり、判決の内容にかかわらず「できることはすべてやった」という感覚をもったりすることが自信や自己防衛の感覚を取り戻すことにつながることもあり、法的アプローチは被害者にとって大きな意味をもっている。

しかし、法の空間は性暴力被害者に開かれた空間とはいえない。法の下では、被害の内容や被害時の被害者の行動を明らかにし、被害者が「性暴力を受けることは不当であった」ことを証明するよう求められる。「性暴力」だったのか「合意の性的行為」だったのかを最も厳密に証明することが求められるのは、法の場だといっても過言ではない。ここでは、被害とは関係ない被害者の交友関係や性行動が問題にされることはめずらしくないし、それゆえに被害者の語りや出来事そのものが不可視化されることもある（角田 2001）。被害者が加害者と過去に性的関係をもったことがあったり、性暴力を受けた同時期に被害者が複数人と性的関係をもっていたりすることが「出来事が被害者と加害者の合意の上の性的行為であった証」として採用されてしまう。そうした被害者の過去の性行動を「性暴力を合意の性的行為に変換する根拠」としてもちだすことを禁止する法的な試みの一つに、レイプ・シールド法がある。

レイプ・シールド法とは、主に北米で採用されている法律規定で、性暴力被害者の過去の性歴を裁判で問うたり、それに関連する証拠・証言の採用を許可したりしないことを定めたものである。性暴力被害者の性生活のプライバシーや名誉を守るため、米国では一九七四年に始まり、一九八〇年代初頭にはほぼ全州において制定された（Anderson 2002）。

しかし、米国のレイプ・シールド法には課題もある。ミシェル・アンダーソンによると、各州が制定しているレイプ・シールド法は基本的には被害者の過去の性行動を裁判の証拠として採用することを禁止しながらも、多くの場合「例外規定」を設けており、結果として「被告人と被害者が過去に性的関係にあった証拠」「被害者が被った精液、妊娠、病気または傷害が、被告人以外の者によることを示す証拠」「被害者が過去に性風俗に従事していた証拠」「被害者に性暴力を捏造しうる動機や先入観があることを示す証拠」「被告人が、被害者が性的行為に同意していたと誤認したことを示す証拠」「被害者の被告人以外との性歴」などが取り上げられ、実際の裁判においてはレイプ・シールド法が本来の目的を果たしていないという（Ibid.: 21–47）。

アンダーソンによると、先に挙げた「被害者の被告人以外との性歴」に関する被害者の証言の中でも、「バーやクラブ、パーティの常連で、性的に積極的」といった性行動が裁判で注目されやすく、軽蔑の対象になる（Ibid.: 21）。また、「被告人が、被害者が性的行為に同意していたと誤認したことを示す証拠」には、被害者と被告人が過去に性的関係にあった場合が挙げられ、被害者側の、いつ、誰と、どんな性的行為に及ぶのかといった性的自己決定権が無視されていることがわかる。さらに、被害者が性風俗に従事している場合は、被害者のプライバシーよりも性風俗の（米国の法規定における）違法性や問題の公共性が注目され、性風俗に従事したという過去の「性歴」が性暴力の信憑性を疑うことを正当とする証拠として採用されているという（Ibid.: 30–31）。

このようなレイプ・シールド法を日本にそのまま導入しても、ほとんど効力がないことは目に見えている。現に米国において、知人間の性暴力被害者や性風俗従事経験のある被害者は法廷で守られていないからだ。アンダーソンは、①「被害者が被った精液、妊娠、病気または傷害が、被告人以外の者によることを示す証拠」、②「被害者と被告人の間で行われた性的行為への同意を伝える特別な交渉方法、または問題となっている性的行為についての特別な交渉に関する証言」、③「被害者に性暴力を捏造しうる動機や先入観があることを示す証拠」のみを例外規定とし、裁判で問題となっている性暴力以外の性行動に関してはいっさい証拠として採用しないこと、特に性風俗従事経験については裁判で取り上げないことを推奨し、米国のレイプ・シールド法の改正を求めている（Ibid.: 50）[16]。

本書の立場から①に異論はないものの、②と③には若干の疑問も残る。②における「特別な交渉方法を示す証拠」とは、被害者と加害者の間に性的行為に関する特別なルールや同意を伝える交渉方法があり、例えば、「同意」を言葉ではなくモノや色で示すといった交渉方法や、特定の仮想「役割」に基づいた性的行為をしていた場合の証拠であり、該当の性的行為以外の性歴はこれには含まないという（Ibid.: 52）。しかし、ここから被害者の性風俗従事経験が開示される可能性も高く、性風俗に従事しているときに性暴力に遭ったことを訴えることが、すなわち過去の性行動に関する推測（過去にも性風俗に従事していて不特定多数と性的行為に及んだだろうとする憶測）を導き、不公平に利用される可能性もある。

また、③の「捏造」の証拠についてアンダーソンは、「被害者が過去に性暴力の虚偽の申し立てを行った証拠や、性暴力を虚偽に主張して威嚇した証拠など」を挙げているが (Ibid.: 55)、過去の判断そのものが「性風俗利用者が性風俗の利用料金を払わなかった腹いせ」や「被害者側が交際相手と別れたくないために交際相手を脅している」などと受け止められ、性暴力の捏造や虚偽と見なされた可能性も考えられる。虚偽や狂言であると判定された過去の裁判の決定や警察の判断がどのように下されたのかを理解するため、過去の記録を十分に分析するような副次的な指標をつけて取り入れる必要もあるだろう。

別の見方をすれば、レイプ・シールド法は被害者のスティグマと見なされるような因子を隠すものであり、本書の主張とはそぐわないのではないかと思われるかもしれない。性風俗従事経験や過去の性歴が法廷で明らかになろうが、それらをもとに「出来事が性暴力か否か」を判断すべきでないことを主張し、闘えばよいではないか、と。そのことに異論はない。裁判が扱う「該当事件」が「性風俗における性暴力」である場合は特に、性暴力被害者の性風俗従事経験を語らないことは不可能に近い。そのため、被害者がスティグマ化され、それが「出来事が性暴力であったか否か」や被害の重さを判定する根拠にされること自体をまずは批判していくべきだ。

しかし、そもそも裁判において、性暴力であったか否かを判定する根拠にされるべきでない情報が取り上げられていることを被害者の安全の観点から批判することも重要である。多くの場合、性暴力

（16）近年では、フェイスブックやインスタグラムといったソーシャルメディアに投稿されたコメントや写真が裁判で「証拠」として用いられる状況に鑑み、ソーシャルメディアを念頭に入れたレイプ・シールド法の改正も求められている (Janzen 2015)。

被害者は法のあり方を変えるために裁判を起こしているわけではない。だからこそ、「加害者を処罰してほしい」という被害者の訴えが安全な空間で主張されることを保障するためには、「開示したり共有されたりする必要のない情報を可視化しなくてよい」という当たり前のことが共通に認識され、保障されるべきだろう。

また、その他の法的取り組みとして、近年日本では性犯罪の非親告罪化が進められている。現刑法一八〇条によって（準）強姦罪と（準）強制わいせつ罪は親告罪とされており、被害者による告訴がなければ公訴を提起できないことになっているが、[17] 二〇一六年六月、被害者の告訴を訴訟条件としない非親告罪化を盛り込んだ刑法改正の要綱案が提出された。

性犯罪が親告罪とされている根拠には、第一に被害者の名誉やプライバシーの保護が挙げられる。性犯罪は性にまつわるきわめて私的な領域で起こりやすいため、出来事を事件化するか否かの決定を被害者の意思にゆだねているといえる。また、問題を出来事にかかわる個人間で解決することも「親告罪」には含まれているといえるかもしれない。例えば、黒澤睦によると、親族相盗といった身内で起きる犯罪は、「家族関係の尊重」（家族内で解決した方が家族関係の修復につながるという考え）を根拠として親告罪となっているものがあるが（黒澤 2001）、性犯罪においても、性という私的な領域の修復に国家は原則関与しない姿勢がとられていると考えることも可能だろう。

性暴力は家族や友人、知人といった身近な間柄で起きることが多く、被害者が第三者から二次加害を受けることも少なくない。被害者の意思を無視した捜査が開始されたり、被害者に出来事を詳しく説明させたりするような事態を避け、被害者と加害者の間で解決できる場合にはそれを促すという点では、親告罪は被害者の意思を尊重し被害者を保護する役割を担っているといえる。

しかし、性犯罪が親告罪であるためにさまざまな問題も生じている。性暴力被害者は被害後に身体的・精神的負担を抱えることも少なくないが、加害者の処罰や公訴について自分の意思を反映できる親告罪は反面、公訴やその後の一連の手続きの決定や、その責任の負担を被害者に与えることにもなる。齋藤実が指摘するように、自分の意思を反映できるといっても、被害者が実際に裁判に関与できる範囲も限られているのが現状だ（齋藤 2010）。また、原則として被害者が告訴しない限り加害者は起訴されないため、加害者側が被害者に示談や告訴取り消しを迫ることも多く、加害者は処罰を逃れ、被害者は「泣き寝入り」するという状況が生まれてしまう。身近な人からの性暴力であるからこそ関係の修復よりも加害者の処罰を望む場合もあるだろうし、関係の修復が難しいからこそ第三者や第三者機関に公訴を任せたいという被害者の思いもあるだろう（性犯罪の罰則に関する検討会 2015）。さらには、被害者の名誉やプライバシーを保護するためにあると考えられる親告罪だが、そもそもこの考え方自体が被害者の名誉を傷つけていると指摘することも可能だ。つまり、法が「性暴力は被害者にとって恥であり、名誉を奪うものである」ことを前提とし、被害者をスティグマ化しているといえる。

(17)　告訴できる人を「告訴権者」と呼ぶが、被害者が生存している場合の告訴権者は被害者と法定代理人（被害者の親権者や後見人）であり、被害者が死亡している場合は被害者の配偶者、直系親族、兄弟姉妹が告訴権者に該当する。ただし、被害者が生前に告訴を希望しない旨を明示している場合は他の告訴権者は告訴することができない。なお、強姦罪・強制わいせつ罪いずれについても、二人以上の集団による犯行である場合と致傷の結果を生じさせた場合は非親告罪とされている。これは、集団による犯行や致傷に至る犯行が被害者の名誉やプライバシーの問題を凌駕する「公益性」のある犯罪だと認識されるからである（井田 2015）。また、性犯罪の告訴期間は他の犯罪と同様、犯人を知ってから六カ月以内であったが、二〇〇〇年六月八日以降に起きた性犯罪については、該当罪の時効まで告訴することが可能になった。

このような問題に対し、公訴にかかわる被害者の負担軽減や加害者の適正な処罰、被害者の名誉についての解釈があらためて議論されるようになり、性犯罪の非親告罪化が求められるようになったのである。

性犯罪の非親告罪化が注目されることは、法改正を促し、被害者の告訴（被害者が被害を語る手段）の増加につながる可能性を秘めているだけでなく、被害者の抱える状況が広く認識され、被害者に対する理解が広まるきっかけになるという点においては重要だ。ただし、親告罪であるか否かにかかわらず公訴の提起後に二次加害が発生することはありうる（性犯罪の罰則に関する検討会 2015）。非親告罪化によって告訴取り消しや示談の圧力は減っても、捜査への協力や裁判の過程で批判や無理解にさらされる問題がなくならなければ、被害者が「安全に性暴力を可視化できる」環境とはいえない。

そのため、被害者の名誉やプライバシーを守りながら、被害者のニーズやさまざまな決定権を尊重するのであれば、性犯罪の非親告罪化だけでなく、非親告罪化後の被害者の権利保護についても議論すべきだろう。つまり、性犯罪の非親告罪化を被害者の名誉やプライバシーの問題、犯罪可視化の方法としてだけではなく、被害者がどのように事件解決にかかわるかといった被害者の権利の問題として捉えることが重要である。性犯罪が非親告罪化されても、被害者がいつ性暴力を可視化するかを決める権利や、裁判における証言の範囲（被害者がどこまで証言し、何を証言しないかを決定する権利）、どんなふうに証言するかを選択する権利は確保されるべきであり、非親告罪化に伴った制度の充実が求められる。(18)

安心して語れる場の創出——専門家の理解を広げる

ここでは、「専門家」と呼ばれる人の理解を広げる方法について考察してみたい。

性暴力被害者が良くも悪くも最も影響を受けるのは被害者に身近な人々であると考えられるし、被害者が性暴力被害に理解のある人を身近にもつことができれば、それは被害者の最大の支えになるだろう。しかし、被害者の家族やパートナー、友人などの身近な人がつねに性暴力被害に理解を示してくれるとは限らないし、身近な人々が性暴力加害者である場合もある。また、身近な人々が性暴力被害の語りを受け入れられない個別の事情をもっていることもあるだろう。身近な人から理解や支援を得られないときに、被害者が沈黙しないで済む場所をつくるのが専門家の役割（意義）でもある。

では、「専門家」とは誰なのか。例えば、警察や医療機関、弁護士や社会福祉施設の職員など、性暴力を受けた後に被害者が支援を求められる場所はたくさんある。このような公的機関や専門職は、犯罪や法律、医療など何らかの専門家として性暴力被害者に接しうるが、それは性暴力被害者支援の専門家であることを意味しない。そのため、これら「専門家」たちがそれぞれにもつ被害者像やスティグマによって、性暴力が起きていることが理解されず、性暴力被害の語りが不可視化されてしまう

（18）　二〇〇〇年五月一二日に「犯罪被害者保護二法（犯罪被害者等の保護を図るための刑事手続に付随する措置に関する法律、刑事訴訟法及び検察審査会法の一部を改正する法律）」が成立し、裁判においてモニターを利用して尋問を行うビデオリンクや被害者による意見陳述が可能になった。また、二〇〇八年には「被害者参加制度」が導入され、裁判所の許可をもらえば公判に参加することができ、証人に対する尋問や被告人質問、意見陳述ができるほか、これらの手続きを弁護士に委託することもできるようになった（付録1を参照のこと）。

ことがある。そこで、性暴力被害者に接しうる専門家に対して、性暴力被害への理解を促し、被害者が被害を語りづらい背景に気づけるような施策を講じ、被害者が安心して語れる場を構築する試みが必要である。

その取り組みの一つとして、一九七〇年代以降、米国を中心に進められている性暴力被害者支援看護職（SANE：Sexual Assault Nurse Examiner）の養成が挙げられる（Littel 2001）。SANEは、性暴力によって生じる身体的な傷の手当てだけでなく、DNA採取やその他の証拠品の保存、刑事・民事裁判を想定した診断書の作成を任されるほか、被害に遭って間もない被害者の身体に触れたり検診したりすることが与える被害者の精神的負担を理解し、和らげる役割も担っている。米国では実際に、SANE導入後には性暴力被害者の妊娠・性感染症検査率や証拠採取率が増えたことも明らかになっており（Crandall & Helitzer 2003）、被害者が「性暴力被害に遭ったこと」を伝えられるだけでなく、不安や心配事（妊娠や感染症など）を相談し、それが聴き入れられる空間が保障されていることを示しているといえる。[19]

また、米国では、警察へのアプローチとして、性暴力被害者に対応する専門チームSART（Sexual Assault Response Teams）の捜査への導入が州や国家レベルで進められている（Virginia Department of Criminal Justice Services 2011; Police Executive Research Forum 2012）。[20] SARTは、警察やアドボケーター、SANEなどで構成されたチームである。性暴力被害者に対する調書の取り方や捜査方法、被害者への二次加害防止などについての研修が警察や刑事弁護士を対象に広く行われており、警察がもっているレイプ神話（「男性は被害に遭わない」「知り合いからは被害に遭わない」など）が解消されたという効果が報告されている（The National Center for Women and Policing 2001; Police Executive Research Forum 2012; Human Rights Watch 2013）。その中には、性風俗従事者に対するスティグマについて、以前は「犯罪者」としてのイメージが強かったが、研修やSART導入後には性風俗従事者の薬物や暴力に対する脆弱性が認識されたという変化があったという報告もあり（Human Rights Watch 2013）、性暴力被害の内容や文脈、被害者の置かれた環境を正確に知ることによって、あるいはこれまでもっていたイメージや神話を脱学習することによって、被害者ではなく社会や状況を非難する視点が生まれ、被害者の背景への気づき、語りづらさへの気づきが培われているといえる。(21)

さらに、性風俗従事者に対する性暴力を可視化するためには、組合などを利用しながら性風俗従業員へのコンサルタントや教育を実施する方法もある。性風俗においては、性風俗従業員が性風俗従事者に最も近い存在である場合も多い。そのため、性風俗従業員次第で性風俗従事者の従事環境は良くも悪くもなるし、性風俗従事者を性風俗利用者の性暴力から守れるかどうかや、性暴力を受けた性風

（19）　SANEについては日本でも養成講座が開かれており、すでに四三〇名が研修を修了している（女性の安全と健康のための支援教育センター・ウェブサイト）。しかし、日本においては性暴力被害者に対して専門的な医療ケアを行う病院やレイプクライシスセンターの数が限られており、SANEの資格をもっている看護師が病院レベルでその能力を発揮するのは難しい現状がある。そのため、レイプクライシスセンターそのものの設立や、医療機関単位で性暴力被害者支援を進めていくことが急務となっている。

（20）　SARTは、その定義や研修内容に幅があるため、その水準を定めることが今後の課題となっている（Police Executive Research Forum 2012）。

（21）　SARTは日本には導入されていないが、各都道府県の警察本部には「性犯罪捜査指導官」と「性犯罪捜査指導係」が設置され、性犯罪の捜査にかかわる指導や捜査官の育成が行われているほか、性暴力被害者に対して病院への付き添いや事情聴取の補助、関連機関やカウンセラーの紹介などを行う「指定被害者支援要員制度」が各都道府県で導入されている（警察庁犯罪被害者支援室 2015）。

俗従事者をどれだけケアできるかも性風俗従業員にかかっているといえる。例えば、性風俗従事環境に組み込まれた「避妊具不使用のシステム」を改善していくには、性風俗従業員たちの協力は必須である。また、地域の性風俗店が提携して性風俗利用者によるストーカーを防止したり、悪質な性風俗利用者の情報を共有したりすることも可能である（福島県男女共生センター 2005）[22]。

さらに、彼ら・彼女ら自身に向けられたスティグマについてカウンセリングやコンサルタントの機会を提供することも、ひいては性風俗従事者を守るための支援的ネットワークを構築することにつながる。性風俗従業員は性風俗については「専門家」でもある。彼ら・彼女らの理解が広がれば、性風俗従事者たちはスティグマ化されることもなく、また、それを解消することから始める必要もなく、性暴力について語る場を得られるだろう。

このような専門家の理解や専門の機関・制度が拡充したならば、それを周知することも重要である。マリさんの事例では、マリさんがウリの経験やウリにおける出来事を語る相手を慎重に選んでいたことを見てきた。マリさんがウリについて語るために、「ここなら（この人なら）理解してくれる可能性が高い」と判断する過程には、筆者についての情報が重要な鍵であった。つまり、性暴力被害者が「ここは安全だろうか」「ここでは安心して語れるだろうか」と人や場所を見定めるとき、聴き手が「キーワード」や情報を発信することは、安心して語れる場を被害者に知らせる重要な方法である。

例えば、警察が「女性被害110番」や「レディースライン」などを設置することで、性暴力被害者は「ここの警察官は被害者に理解があるか、特別な訓練をしているのかもしれない」と想定できる[23]。また、「レイプクライシス」センターや「性的トラウマを抱える人のための」クリニックなど、誰のための空間なのかを提示することで、性暴力被害者は「性暴力被害者である」ことを語ってよい場があることを知ることができる。被害者が今すぐにそうした支援にアクセスできなくとも、被害者がもっている可能性や選択肢を被害者に知らせることが、被害者の安心につながるだろう。

被害者の身近な人を支える

これまで、法制度や専門家の育成など公的な場での性暴力の可視化について考えてきたが、ここでは性暴力被害者とその身近な人々（家族やパートナー、友人など）との間につくられる空間について考えてみたい。

マリさんは、今回のインタビュー調査の場所を決める際に、安全・安心のほかに「気楽」にインタビューできることを条件として提示した。マリさんが提示した「気楽」さは、主にインタビューに赴くための距離や時間のことを指していたが、「気楽」さの意味はそれだけではないはずだ。第四章の第二節で挙げた事例で、性風俗従事者が「事情がわかっている」病院で感染症検査をするのが「気楽」だと語っているように、それは無用な説明をしなくてよいことをも意味している。

性暴力被害者の身近な人々の反応は、性暴力を不可視化／可視化するのに最も影響を与えるものだ

(22)　近年、性風俗の組合や同業団体も結成されている（マガジンハウス 2003; 福島県男女共生センター 2005）。

(23)　「女性」という言葉が付くだけで性犯罪やＤＶを想起できるのは、これらが「女性の問題」とされてきたからであり、被害者に女性が想定されているからである。このことについて、性暴力を被害者ではなく加害者の責任・問題として概念化したり、男性も被害者になりうることを周知したり、「性犯罪専門」というふうに被害者のジェンダーではなく具体的な専門分野を提示して窓口を設置したりすることを求めることも可能だ。警察の相談窓口については現在はさまざまな名称が混在しているものの、「性犯罪被害１１０番」や「性犯罪相談電話」のように掲示している場合もある。

ろう。だからこそ、性暴力被害者とその身近な人たちとの空間は、被害者が改まって何かを理路整然と話し出さなければならない空間ではなく、「小さな悩み」相談が「共通の課題」として概念化されたり、被害者の認識を支えたりする力をもつ空間として成立するとよい。被害者が、身近な人だからこそ異議申し立てもずれの修正もきっとできるだろうと考え、難しい言葉を使わずに自分の感情をさらけ出せる場所だと信じて性暴力被害について相談できる場が広がればよいし[24]、そのためには、これまで考察してきたような被害者の苦悩や被害者が置かれた状況を周囲が知り、理解していくことが大切だ。

しかし、性暴力被害者の身近な人は当然、被害者をスティグマ化する人にもなりうる。また、「専門家」になろうと考えていなかったにもかかわらず、なぜ自分が性暴力や被害者の抱える「スティグマ」に向き合わなくてはならないのかと理不尽に感じることもあるだろう。マリさんの事例で考察した彼女の母親の反応のように、被害者が身近な存在だからこそ、被害に対する怒りが自分自身の怒りになってしまうこともあるし、なぜ自分の娘／息子が、パートナーが、友人が、このような目に遭わなくてはならないのかという怒りや苦しさを整理できず、それが被害者非難につながってしまうこともあるだろう。

性暴力被害者の身近な人々は、被害者に物理的に近く、被害者と同じようにスティグマ化されたり、被害者と同じような怒りを抱えたりする可能性をもっているにもかかわらず、性暴力の「被害者」としては語れないという複雑な位置に立たされている。被害者の身近な人々は、被害者がスティグマ化されている場合は特に、スティグマ化されうる人（被害者）について誰かに相談することが難しくなり、スティグマ化されうる人がみずからのアイデンティティを管理するのと同じように、その被害者について何をどれだけ語るかを管理しなくてはならない。このことを無視して、性暴力被害者が安全・安心に語れる場だけを確保しようとすれば、聴き手の「聴かない」権利は剝奪されてしまうし、聴き手がもちうる背景（もしかしたら聴き手も性暴力被害者かもしれない）への気づきは消えてしまう。[25]そうすれば、もしかすると最も共感し、支え合うことができる可能性を秘めた関係性や空間を性暴力被害者から奪ってしまうことにもなる。

ピエール・ブルアールとキャロライン・ウィルズは、スティグマ化されうる人の身近な人々のためにワークショップや自助グループを設けることが、スティグマ化のメカニズムを理解し和らげるための重要な方法であるとしている（Brouard & Wills 2006）。問題となっている「当事者」の自助グループやサポートグループだけでなく、その「当事者」の身近な人々のためのグループが運営されることで、

（24）　性暴力被害者支援に携わる支援者が「ジェンダー」や「性的自己決定権」といったフェミニズム／ジェンダー論の用語を使用して性暴力を説明する際に、支援者と被害者との間に理解や感じ方のずれが生じることについては、田中（2011a）を参照のこと。

（25）　一名の性風俗従事者をインタビュー調査したミユキ・トムラは、その性風俗従事者が、彼女の息子が一五歳になったときに、彼女の「仕事」について説明した過程を分析している。彼女が「仕事」について打ち明けたときの息子の反応は、性風俗従事者に対する社会の偏見とそれに母親が携わっていることに対する後ろめたさ、そして、自分の生活が彼女の「仕事」の収入で支えられていることに対するジレンマで、およそ否定的な反応だったという（Tomura 2009: 70）。インタビュー調査そのものは、性風俗従事者が彼女に向けられた偏見や差別をいかに管理しているかを分析することが目的とされており、この性風俗従事者が性風俗の比較的フレキシブルな従事時間や性風俗利用者に対する教育的・治療的効果、収入などを挙げ、性風俗を肯定的に語ることで家族の偏見を解く過程が分析されている。息子の反応は、そうした彼女の開示に対する周囲の人々の反応の一例として記述されているが、このようなスティグマ化されうる「当事者」の身近な人々の衝撃や負担についてもさらに研究が進められるべきだろう。

彼女ら・彼らもまた安心・安全に語る場所を得ながら被害者を支えることができる。彼女ら・彼らが「性暴力被害者を支える人」というカテゴリーに同一化したり、「身近な人の性暴力被害を語る資格と権利」を得たりすることもある条件の下では認められるべきだ。

また、性暴力被害者を支える人同士が集まることは、被害者の支え方に違いがあることに参加者が気づくきっかけにもなるだろう。マリさんの事例で考察した友人と母親の怒り方の違いのように、被害者の身近な人が被害者の支え方の違いに気づくことで、性暴力被害者にとっての支援的環境が広がっていくといえる。

性風俗における性暴力からの脱却

これまで、性風俗に従事しているときに受けた性暴力を訴える方法や、性風俗に従事した過去が性暴力の是認に利用されることを回避する方法を中心に性暴力の可視化について検討したが、性風俗に従事することが性暴力に直結しているような場合に、そこから脱却する方法についてもここで触れておきたい。もしも性風俗従事者が、性風俗に従事することを強要されていたり性風俗で常習的に性暴力を受けていたりする場合、その状況を変えることが性暴力からの脱却と性暴力の可視化を意味することもあるだろう。

ヴァランドラは、アフリカ系アメリカ人の性風俗従事者たちが性風俗を辞めるのを阻害する因子として、生計の代替がないこと、薬物依存やアルコール依存、親密な人（特にパートナー）や性風俗従業員からの暴力、コミュニティからの自己排斥を挙げており（Valandra 2007: 201）、これらに焦点を当てて暴力からの脱却を考えることもできる。本書で性風俗従事者たちを取り巻く環境を考察してきたように、性風俗従事者たちの多くが経済的理由から性風俗に従事するようになったり、経済的理由が性暴力への脆弱性を高めたりすることを考えると、性風俗従事者が性風俗を辞めることを希望するときには経済的なサポートを優先しなければならないことは明らかである。また、性風俗従業員からの暴力について、性風俗従事者に比較的自由がある場合は店舗や業種を替えて暴力を回避することも可能だが（要・水島 2005）、パスポートを没収されて暴力を行使されている場合や監禁・軟禁状態である場合は、警察などの公的機関の介入が必要である。また、親密な人からの暴力については、擬似的な親密性が性風俗従事や従事者の望まない性的行為につながることもある。このような場合は、ＤＶ防止法または売春防止法に基づいたシェルターや経済支援を利用できることが周知されるべきだろう。[26]

コミュニティからの自己排斥は、性風俗従事者がさまざまな暴力や問題に直面したときに、支援的ネットワークやサポートへアクセスするのを妨げてしまう。これは、スティグマの内面化によって起きると考えられるが、性風俗従事者であることを後ろめたく考えたり恥であると考えたりしないで済むような機会が与えられるべきだろう。また、性風俗従事者の中には、「性風俗を始めたのは自分だ」という意識が強いために、暴力を受けていても性風俗を辞めることに自責の念をもっていたり、経済的事情が望まない性的行為につながっていても、身体的な暴力を受けていないために「被害者」意識が弱かったりする人もいる。[27] そのため、自分は支援や制度を利用するに値しないと考えていたり逮捕されることを恐れたりして、性暴力を受けても支援機関につながりにくい。マリさんの事例にも共通するが、自分のしている行為に罪悪感があると、自分自身の「被害者性」よりも「加害者性」や「違

（26）　ＤＶ防止法および売春防止法に基づき、地方自治体の男女共同参画センターや婦人相談所、関連民間団体を通して、全国に設置されている婦人保護施設やシェルターを利用できる。

法性」に焦点が当たり、「被害者」として助けを求めることから遠ざかってしまう。そのため、例えばポスターやリーフレットなどで加害者側の犯罪性だけを強調するのではなく、被害者意識を高めるようなメッセージを送ることも必要であるし、相談窓口も増設されるべきだろう[28]。

また、諸外国では、性風俗従事者が社会的支援にアクセスしにくいことを考慮し、性風俗従事者に焦点化したワークショップの中に情報提供やピアサポート・ピア教育を取り入れることで、従事者たちが抱えうる薬物依存やアルコール依存などの治療やその継続を促す試みも実践されている（Strega et al. 2009）。しかし、直接的に「性風俗」や「買売春」といった言葉を使ってワークショップや相談窓口を開設しても、性風俗に強いスティグマがある場合は参加しづらい。もちろん、薬物依存やアルコール依存の治療、精神科への通院などもスティグマ化されうる可能性があるため（大谷 1993; White 2009）[29]、どんな「キーワード」を使用するかは慎重に議論されるべきだが、性風俗従事者を取り巻く環境として考えうる「性風俗に限定しない性暴力」や「生活保護」などをテーマとしてワークショップを開き、必要な参加者に性風俗に焦点化したグループやセッションを紹介するといった二段階の呼びかけも有効だろう。

さらに、リンダ・ベーカーらは、職業や性別役割など恒常化しているものや常習行為の変化に対応するための二つの一般モデル（Ebaugh 1988; Prochaska et al. 1992）と、性風俗一般を辞めるための二つのモデル（Mansson & Hedin, 1999; Sanders, 2007）を比較検討し、六つの段階からなる「街娼を辞めるための統合モデル」を提出しており、より暴力被害率の高い性風俗形態からの脱却を考えるうえで重要である。六つの段階とはすなわち、性風俗を辞めたり生活を変えたりすることに対する意識的な気づきや考えのない「没入〔Immersion〕」、自分の現状に不満や違和感、疑問をもつ「気づき〔Awareness〕」、性風俗を辞めるために公的機関や身近な人に相談したり具体的・意図的な情報収集や計画を立てたりする「企図〔Deliberate Planning〕」、生活に必要な支援制度や治療を受けるといった公的・私的サポートを実際に利用するようになる「最初の離脱〔Initial Exit〕」、性風俗を辞める障害となっているものに直面し再度性風俗に戻る「出戻り〔Reentry〕」、性風俗への出入りを繰り返したのちに完全に性風俗を辞める「最終的な離脱〔Final Exit〕」である（Baker et al. 2010: 590–593）。

現状に対する不満や疑問をすでにもっている性風俗従事者（性風俗従事者が性風俗を辞めたり形態や状況を変えたりしたいと思っているような状況）に対しては、その人の経済的・社会的背景や被暴力状況を整理することでその人が性暴力や性的支配の「被害者」であるという意識を高め、支援へのアクセスにつなげることができる。また、性風俗に従事することに疑問や不満をもち始めた人が、費用や報酬などの面から現状にとどまるのと現状を変えるのとどちらがよいかを考える中で、結婚や年齢といった特別な出来事や状況の変化が性風俗を辞めたり形態を替えたりするきっかけにもなる（Ibid.: 581–582）。「性風俗を辞める」「形態を替える」ということにひとたび意識的になれば、それにはどんな方法があ

（27）特に未成年の場合は、スカウトや出会い系サイトを通して性風俗に携わるようになることから、自分から性風俗に従事し始めたのだという認識が強く、被害者意識よりも罪悪感が強い少女たちが多いという（沖縄タイムス 2013.9.19）

（28）日本においては、人身取引防止を目指すＮＰＯ法人「人身取引被害者サポートセンター ライトハウス〔旧ポラリス〕」と「ポルノ被害と性暴力を考える会（ＰＡＰＳ）」が、性風俗に従事することを強要された人々を対象とした相談窓口（ウェブサイト）をもっている。

（29）ウィリアム・ホワイトによると、依存症の患者は、クリニックに通うことで新たにスティグマ化されたり、依存症であることが周囲に知れてしまうことを恐れたりし、クリニックに通うこと自体に恥の感覚をもつという（White 2009）。

るか、その際の障害になっていることは何かを整理し、障害となるもの（経済的困窮や物理的な衣食住の問題など）を解決するための制度や支援を探すことができる。性風俗従事者が自責の念や後ろめたさをもっているときは、性風俗従事者の年齢や生活スタイルの変化など、性風俗従事者が性風俗を辞めることを「正当化するきっかけ」（Ibid.: 582）を見つけることも重要である。そして、「最終的な離脱」の段階では、過去の自分を完全に排除したり否定したりするのではなく、性風俗に従事していた「過去の役割」を現在の「新しい役割」から引き離すことで（「過去の役割」をつくる〔Creating an ex-role〕）、過去（の役割）から感情的な距離をとるのである（Ebaugh 1988: 149）。

性風俗従事者は性風俗に従事し続けることに各々の意味をもっているが、それが性風俗を辞めるきっかけをつくりにくくしていることがある。そして、「性風俗を辞めること」が性風俗に従事していた自分を丸ごと否定したり過去を否定したりすることと混同されてしまうこともある。このような場合、性風俗従事者が生きた経験や過去を自分自身でスティグマ化せずに肯定していく方法として、ベーカーらのモデルは有効だろう。

ただし、「性風俗に従事することが強要されている状況」あるいは「職場でセクシュアル・ハラスメントを受けている状況」を誰が判断するのかには慎重になるべきだ。本書は一貫して、「性風俗従事者に対する性暴力」を可視化させるときに起こりうる「被害者」の代弁や名指しの危険性と、問題を概念化するときに参照される基準が内包する被害者非難の構図を明らかにしてきた。ある事象を「これは性暴力である」と問題化することは、性暴力の種類や性暴力被害者の差異を不可視化してしまう危険性をもっている。また、ある人を「あなたは性暴力被害者だ」とか「あなたは性暴力被害者ではない」と名指しすることは、ある人が性暴力被害者であるか否かを判断する基準を第三者が一方的にもつということであり、その基準がどのように構築されているのかを慎重に問わなければ、ある人の権利を侵害し、その人へ向けられる性暴力を不可視化してしまう危険性をもっている。そのため、性風俗を辞めることを善とするような固定観念をなくし、窓口を広げ、ある人がそのときに何を必要としているのかに耳を傾けることが大切だろう。

終章　性暴力のありか

「性暴力」という課題に対する関心は近年高まりつつあり、日本においても政府・民間による被害者支援が拡充され始め、被害者が「相談していいのだ」と思えるような社会環境が構築されつつある。しかし、被害者と加害者の関係性や受けた性暴力の内容・文脈によっては、被害者は自分を責めたり落ち度があるように他者から責められたりしながら、性暴力について沈黙を守っている。

本書では、性風俗従事者に対する性暴力を中心に、可視化されにくい性暴力とその背景を考察した。そして、不可視化される性暴力を可視化するための人と人との結びつきや社会的取り組みを検討した。性風俗従事者に対する性暴力は、刑法の性犯罪に規定されるような性暴力だけではない。性風俗従事者を取り巻く環境や性風俗に従事する背景そのものが性暴力になりえたり、性暴力を可能にしたりする。また、性風俗従事者に対する性暴力が、社会的な性意識や性行動、性風俗や性風俗従事者に対するスティグマによって助長されたり、不可視化されたりする。

このとき、それらの事象を「性暴力」になりうるものとして提示したり、さまざまな性暴力（と被害者）のあり方を提示したりすることは、投企的カテゴリーを構築することで性暴力被害者の選択肢を増やし、性暴力を可視化する可能性を広げることを意味する。また、「性暴力の不可視化」が性暴力加害者と被害者の間だけで生まれる現象や、特定の性質や社会的カテゴリーをもつ人々だけに起こる問題ではなく、きわめて社会的に、そしてときには政治的に生まれることを明らかにすることは、性暴力をめぐる問題の所在を示し、社会の「聴く力」を育てる契機となるだろう。

「性暴力被害者が語りたいと思うときに被害を語れる環境を構築すること」「性暴力被害者の声に耳を傾けられるような聴き手の可能性を広げること」を大きな目標とした本書が、個々の「語りづらさ」の相違とその背景に向き合い、多様な「性暴力」を概念化し（「投企的カテゴリー」をつくることを試み）、そこに自分を同一化して声を上げることができるような「性暴力被害者の選択肢」を広げるための一つの知見として役立てばよいと思う。

一　「問題」の可視化

本書では、性暴力の不可視化や序列、スティグマの「問題」を可視化することを試みたが、本書が内包する危険性や限界についても今一度触れておきたい。

一つは、明らかにされつつある性暴力を「不可視の性暴力」と表現することで、その性暴力の不可視性を正当化しうる危険性だ。本書で見てきた通り、性風俗従事者に対する性暴力は、これまでにも語られてきた。しかし、性風俗従事者への性暴力が公的機関や性暴力被害者支援機関で中心的課題になることは少なく、また、性風俗そのものが「問題」とされることで、その中で起こりうる性暴力が副次的に扱われてしまうこともある。そのため、従来の議論や調査が性風俗従事者への性暴力を明らかにしてきたことを踏まえつつ、いまだ理解されにくいものの存在を明らかにし、それにどのようにアプローチできるかを考えていくことが重要であることを記しておきたい。

そして二つ目は、「性風俗のスティグマ」を考えることで、性風俗や性風俗従事者に対するスティグマを自明のものとしたり、強化したりしてしまう危険性だ。スティグマが人と人との間で文脈依存的に生まれることは何度も前置きしたが、本書でスティグマを軸に性風俗を議論する中で、十分に回避できなかった部分もあるように思う。性風俗従事者たちの発言を引用する際は特に、その人の意味づけや前後の変化をできるだけ示し、引用した部分が固定的な考えやアイデンティティだと受け止められないよう注意した。また、引用や主張が、性風俗のどの部分・どれだけの部分について当てはまることなのか全体像を把握できるよう、できるだけ量的データを先に挙げる工夫もしたが、ここであらためて、本書で見てきた「スティグマ」は自明のものではないこと、そして、起こりうるスティグマを知り、「固定されたアイデンティティ」を少しずつずらしていくことに意味があることを述べておきたい。

最後に、本書で性風俗従事者に対する性暴力を他の性暴力と区別すること自体が、性風俗従事者への性暴力を特異視し、性風俗従事者に対する性暴力を正当化することにつながりうる危険性である。確かに、性風俗従事者が性暴力を受けたときの反応（恐怖やショック、誰にも語れないと考えたり、自分が悪かったと自分を責めたりすること）は、非性風俗従事者と区別されることなく起こりうるものである。

しかし、あえて性風俗従事者に対する性暴力を考察した理由は、スティグマ化されうる人が性暴力を受けるとき、そこには性暴力被害についての語りづらさの重層性があることを明らかにし、どんなふうにその重層性を解消できるかを考えたかったからである。

暗数が多いとはいえ、性風俗における性暴力は性風俗以外の場で起こる性暴力よりも多発している。それはなぜなのか、この業界の特殊性とは何なのかには目を向けるべきだし、その特殊性を特異視して放置するのではなく、性風俗における性暴力を特殊なものにしている背景を追究し、改善の余地を模索することは重要だろう。「性暴力を受けた後の性風俗従事者の反応も非性風俗従事者の反応も同じなのだから、等しく性暴力を批判すればよい」と考えるだけでは、性暴力被害者の沈黙の理由は問われないままになってしまう。そして、性暴力について沈黙することを「選択」することさえも、被害者の責任や同意のように捉えられることで、性暴力の被害者と加害者との力関係や、被害者が背負った人間関係・社会関係、性暴力が生じた背景や沈黙の苦悩が暴かれないままになってしまう。そのため、どんな性質や社会的カテゴリーのスティグマが性暴力を不可視化するのに利用されるのかといった「問題化される性暴力」の序列について考察し、問題化されにくい性暴力を可視化させたうえで、その序列を支える支配的・文化的信念の広範囲にわたる影響を捉えることで特殊性を自明のものとすることを避け、相対的に生まれるスティグマと性暴力不可視化の問題解決の糸口を人と人とのつながりに立ち返って考えることが重要だ。

本書では性風俗従事者に対する性暴力を取り上げたが、性風俗従事者に対する性暴力だけでなく、男性や知的障害・精神障害をもつ人々への性暴力、近親者からの性暴力やセクシュアル・マイノリティに対する性暴力など、不可視化されやすい性暴力はその他にも存在する。性風俗従事者たちがそうした社会的カテゴリーに何重にも属していることもあるだろう。こうした性暴力の不可視化に共通するのは、本来性暴力の原因とは無縁であるはずの被害者側のセクシュアリティや日常の言動、そして被害者個人ではなく被害者の属する社会的カテゴリーのスティグマ化によって性暴力が不可視化されているということである。そして、それに目を向けないことも是認されている。

しかしまた、こうした性暴力は、性暴力が可能になる背景や不可視化される文脈をそれぞれに異なる形でも保持している。そのため、スティグマ化されることで出来事を不可視化されてしまうような性暴力被害者たちが性暴力被害について語ったり性暴力の不可視化に異議を申し立てたりする方法や知見を応用しながら、さまざまな性暴力や性暴力被害が存在するという事実とそれぞれの不可視化の背景を明らかにし、「問題」を可視化していくこと（あるいは大きな「共通課題」の中の差異を可視化していくこと）が今後の課題となるだろう。

二　性暴力の加害責任

本書では、「性風俗従事者に対する性暴力」という形で、主に第三章と第四章で「一次的性暴力の加害者」を可視化した。しかし、性暴力被害者から見た加害者を提示し、また、被害者とその周囲の人々との間で起こる性暴力の不可視化と可視化の可能性についても考察したため、「性暴力加害者」への対策を十分に説明できなかったように思う。一次的性暴力の加害者の言動を具体的に記述すると、それを読む人の精神的負担が増えるため削除せざるをえなかった部分もあるが、ある人の身体や精神を傷つける加害者は「実体」として存在することをここであらためて確認し、その対策について触れたい。

本書で見たような性風俗利用者の「からかい」や「提案」、「ほのめかし」について、性風俗利用者はそれを性暴力になりうるものと考えていない場合も多く、性風俗従事者も「サービス」の授受関係がある以上、不快感を伝えるのが難しい場合がある。こうしたからかいやほのめかし、性的中傷や言葉によるセクシュアリティに対する攻撃などについては、性風俗利用者に対する直接的な教育が必要である。例えば、性風俗店や性風俗従事者によって禁止されている言動が何かを性風俗利用者にあらかじめ伝えたり、「不快な行為」のリストを作成して具体的に説明したりする方法もありえるだろう。そうした事前説明を行い、「性暴力になりうるもの」を性風俗利用者に対しても可視化することで、性風俗従事者の安全を確保していくのである。また、性暴力をふるう性風俗利用者や従業員を性風俗の契約・雇用違反者としてではなく性犯罪者として適切に処罰できるよう、従事者の法的地位が守られ、「性風俗従事者に対する性暴力」が周知されるべきだ。

本書では、性風俗において性暴力を行使する性風俗利用者や性風俗従業員を見てきた。もちろん、性風俗の関係者全員が性暴力を行使するわけではない。しかし、「性暴力加害者」と性風俗の強い関係も明らかにされている。例えば、マーティン・モントとディアナ・ジョルカの調査では、街娼を利用しようとした罪で逮捕された男性のうち、性風俗を「商品」だと考える男性はレイプ神話を信じる傾向があり、これらの性風俗利用者は性的行為の中に暴力行為を求め、性風俗従事者に対して避妊具の使用を拒否する傾向があるという結果が出ている (Monto & Julka 2009: 7–8)。また、メリッサ・ファーリーらの調査では、性風俗利用者は性風俗を利用しない男性よりも「強姦」に当たる性暴力を行使しやすいことや、「性風俗従事者は他の女性とは本質的に異なる」と考えていることが明らかになっている (Farley et al. 2015: 13–16)。さらに、ファーリーらの別の調査では、性風俗を頻繁に利用する男性は、性風俗をほとんど利用したことがない男性よりも、性風俗に従事していないパートナーに対して望まない性的行為を強要する傾向があることが明らかにされている (Farley et al. 2011: 6)。つまり、「性暴力加害者」に対する直接的なアプローチが、性風俗における性暴力を防止することにもつながるといえる。

近年、何を性暴力とするのか、性暴力のどんな責任を誰が負うのかについて議論が精緻化されてきた。性暴力についての議論の流れとして、性暴力加害者に対する非難や処罰を求める声は年々大きくなっており、性犯罪者更生プログラムや性犯罪の厳罰化が進められるようになった。

性犯罪者の再犯率は他の犯罪に比べて高く、特に加害者が若年層であればあるほど再犯率が高いとされている[1]。そのため、海外では性犯罪者に焦点を当てた再犯防止プログラムが実施されており（Smith et al. 2000; D'Orazio et al. 2013）、日本においても二〇〇六年に「刑事収容施設及び被収容者等の処遇に関する法律」が施行され、性犯罪者処遇プログラムが実施されている（性犯罪者処遇プログラム研究会 2006; 牧野 2013）。同プログラムでは、認知療法やグループワークを取り入れて性暴力被害者への理解を深めたり、対人関係の築き方などを学んだりすることが期待されており、その効果も報告されている（法務省矯正局成人矯正課 2012）[2]。また、性犯罪の中でも未成年を対象とした性犯罪の再犯率が高いことを受けて、処遇プログラムよりも一足早い二〇〇五年には、再犯防止を目的とした「子ども対象・暴力的性犯罪の出所者による再犯防止に向けた措置」制度が導入・施行され、満期釈放者の居住地の把握や、付きまといといった再犯の前兆が見られる者への指導などが制度化された（太田 2015）。本制度は二〇一一年に改正され、希望者への面談の提供や所在把握の徹底など、制度が改善された。

性犯罪の厳罰化についても議論されており、現在強姦罪の下限が三年以上であるものを五年以上に、強姦致死傷罪の下限が無期または五年以上であるものを無期または六年以上に引き上げることが検討されている（性犯罪の罰則に関する検討会 2015; 法制審議会刑事法（性犯罪関係）部会 2016）。

性暴力加害者に対する非難や厳罰化を求める流れは、被害者に語る勇気を与え、被害者の自責を和らげる効果をもたらすだろうし、実際に加害者が処罰されることで被害者の生活の安全や精神的な安心感が守られる。ただし、本書で見てきた通り、性暴力被害者を苦しめるのは一次的性暴力の加害者だけではない。一次的性暴力の加害者がいて初めて性暴力による苦しみが生まれることや、加害者がいつまでも存在することに対する恐怖や不安が被害者を苦しめたり、生活を制限したりすることは何度強調しても足りないし、その防止には全力が注がれるべきだろう。

しかし、被害者に対するスティグマと性暴力の不可視化について考えると、性暴力の「加害者性」はより広がる。社会全体に広がるような性暴力の加害者性や責任について問うことで、被害者の苦悩の深さや長期性を理解し、被害者を置き去りにしないことが目指されるべきだろう。

（1）　牧野雅子は、若年性犯罪者の再犯率が高いことを指摘したうえで、一般的に加害者が若年である場合は刑が軽くなったり更生がより期待されたりする日本の「重刑事情」との齟齬を問題視している（牧野 2013: 201）。

（2）　二〇〇七年に出所した受刑者のうち、プログラム受講者と非受講者の出所後三年間の再犯率を比較した調査では、性犯罪を含めた総再犯率がプログラム受講者では二一・九%であったのに対し、非受講者は二九・六%となり、わずかながら効果が見られた（日本経済新聞 2012.12.21; 法務省矯正局成人矯正課 2012）。しかし、プログラム受講者による強制わいせつの再犯率が低下したのに対し、強姦の再犯率については受講者と非受講者との間に有意な差が見られないといった問題もあり（法務省矯正局成人矯正課 2012）、プログラムの改善が求められている（浅野 2012）。

三　「部外者」から「聴き手」になる

本書では、性暴力の内容や影響、その概念化・可視化の過程を追ったが、それでも性暴力の重圧や影響は十分には理解されえないかもしれない。性暴力は身体のプライベートな部位や性的行動にまつわる暴力だと解釈されがちだが、性暴力の影響はもっと広く、深い。

性暴力を理解するために、性暴力を「性」と「暴力」に分け、この二つの言葉の関係はどうなっているのかを一度考えてみてもよいかもしれない。性に対する暴力、性をめぐる暴力、性を利用した暴力、暴力の中の性。

「性」と「暴力」は、本来は相反するものとして存在している。「性」は人を産み、人を愛し、人を楽しみ、自分を表現するために存在するが、「暴力」はそのような性のあり方を裏切り、覆し、破壊することで、個人がもつ性の意味を変えていく。「私は汚されてしまった」「私はもう人を愛せないのかもしれない」「自分の身体を楽しめない」「相手に好意を伝えたいのにその表現にとまどってしまう」といった混乱や恐怖を性暴力被害者が抱えるのは、性があまりにも人々の生活に浸透しており、暴力があまりにもその性を否定していくからだ。性が多様で複雑で、愛情深い意味をもっていればいるほど、性暴力によって傷つけられる範囲は広がり、その痛みは深まる。被害者がどんな被害に遭ったかを語れたとしても、その人が経験している本当の性暴力の影響は計り知れない。

そのうえ、性暴力は理不尽だ。加害者はそれを暴力だと考えていない場合もあるし、暴力だと認識していても「一瞬の痛み」程度にしか考えていないかもしれない。しかし被害者は、受けた行為の意味や、なぜ自分が被害に遭ったのかを繰り返し考え、被害者が性暴力に遭う以前にもっていた価値観や安全感、人への信頼や愛情さえも疑わなくてはならなくなることもある。

多くの場合、加害者と被害者の間には権力差やネットワークの差がある。加害者は経済力や社会的地位、支援的ネットワークをもっていることが多く、被害者の社会的地位が低かったり支援的ネットワークをもたなかったりすることにつけ込むことで加害に及ぶ。一方被害者は、被害の影響から精神的にも経済的にも不安定になることがある。加害者を法的に訴えるために情報収集や金銭的負担を余儀なくされ、自分自身を支えるための治療や支援を自分で探さなくてはならない。その治療費を自分自身で負担しなくてはならないことも多い。「加害者は汚名を着せられることもなく生きているのに、自分は泣き寝入りするしかないのか」という怒りがこみ上げることもあるだろうし、「これだけ自分を傷つけたのは加害者の方なのに、性暴力の影響に苦しみ治療を受けるのはなぜ自分の方なのか」と、加害者よりも自分の方が「異常」だといわれているような気がして支援を受けることに対しても悔しさがこみ上げ、受けられる支援さえ拒否してしまうかもしれない。

性暴力被害者が自身の被害について語らない背景や被害を語る過程、語りたいと考える可能性は、本書が検討したもの以外にも多様に存在するだろう。はたして被害を語ることが最善の方法なのかという疑問もあるだろう。はじめに述べた通り、語りたくないことは語らなくてよいし、語りえないものがすべて語りうる状態になるのは不可能だ。また、性暴力被害者が性暴力という出来事を自分自身だけで消化していきたいと考えるなら、それも一つの方法であるし、その方法が尊重されるべきだ。

しかしそれらは、性暴力被害者が誰かに助けを求めることが被害者のもつ当然の権利であるということが共通に認識された上に成り立つ被害者の「選択肢」であるべきだ。その選択肢を知っておくことは、性暴力被害者の「語る準備」を促すし、性暴力被害者が被害について語り、助けを求めるためには多様な困難を乗り越えなくてはならないこと、そして、そこにどんな困難や苦悩があるのかを知っておくことは、周囲の人々の「聴く準備」を促すだろう。

本書では、性暴力被害者の語る力に焦点を当ててきた。それは、どんな領域においても、「当事者」であることは当事者にしかわからない感情や諸条件をもとにした「気づき」や「疑問」を問題提起する力になるからだ。しかし、当事者であるほど目の前の苦難や障害と闘い続けることに精いっぱいで、周りとの共通点が見えにくかったり、個的な感情や言動を歴史的・社会的背景と結びつけにくかったりすることもある。性暴力被害者は被害後に身体的・精神的負担を抱えることも多く、さまざまな感情を抱えていることも多い。被害者が抱える怒りやわだかまり、恥や自分を責める気持ち、「加害者を許さなくてはいけないのか」という疑問と加害者をどうしても許せない自分に対する失望……。さまざまな感情を抱えて告発や異議申し立てをすることは、いつ崩れるのかわからない、あるいは自分自身で崩してしまうかもしれない不安定な足場をもつことである。

性暴力被害者がそうした足場に立っているとき、そこから少し距離をおいている語り手の「聴く力」に意味が生まれるのではないか。被害者は加害者を許さなくていい、と筆者は信じている。自分に危害を加えた加害者をストレートに憎むことは被害者の権利である。怒りを第三者にぶつけたり、どこにもぶつけられない怒りを自分自身に向けたりすることもあるかもしれないが、泣き崩れたり開き直ったりするような不安定な時間を誰にも急かされることなく、誰にも責められることなく過ごす権利が被害者にはある。そして、その権利を支えられるのは、聴き手である。

そうした被害者の感情や時間に目を向け、被害者の権利を尊重しながら、「当事者が見る現実」とは異なる現実がありうることや、異なる視点から見たときに浮かび上がる支援の形や回復の方法がありうることを提示できるのは、当事者を当事者たらしめる出来事の渦中から一歩外にいる者のもつ可能性でもある。そして、性暴力加害者の多様性や加害者の背景、加害者はどのように更生できるのか、どうしたら性暴力がなくなるのか、どうしたら被害者に二次加害を向けないのかといった性暴力をめぐる問いは、性暴力から距離をおける者だからこそ考えていくべきだろう。

被害者の声を素通りしていく「部外者」から、性暴力の存在に気づき、被害者の沈黙に耳を傾けられる「聴き手」になることが求められている。

付記　性暴力被害者へのインタビュー調査方法

本インタビュー調査にあたり、事前説明日を設けた。性暴力被害者を対象とした質的調査で調査方法の検討や配慮を公開しているものはほとんどないため、DV被害者を対象とした調査（高井 2003; 吉浜・釜野編 2007）、ライフストーリー調査法全般（桜井編 2003; 桜井・小林編 2005; 桜井 2007）、米国の倫理規定や研究（American Sociological Association 1999; Faulkner 2004; American Counseling Association 2005）をもとに調査方法を検討し、次に示す調査方法や発表方法を記したインタビュー説明書を作成し、マリさんの同意を得た。

具体的な調査方法

調査回数、調査の日時および場所はマリさんの希望を優先して決定することとし、大きな質問テーマについては事前に説明することとした。

調査場所を調査協力者の要望に沿う形で決めることは、調査協力者の不安要素を最小限にするために重要である。性暴力や性風俗など一般的に「語りにくい」テーマの調査を、公共の場で実施するのは難しい場合も多い。また、調査協力者の自宅については、調査協力者が最も落ち着く場所として指定する可能性もあるが、プライバシーの問題や加害者が同居している場合を考えると基本的には避けた方がよいだろうし、自宅で行う場合は、調査中に家族が帰宅した場合には話題を変えるといった配慮が必要だろう（吉浜・釜野編 2007）。

また、性暴力被害者は、被害を受けた場所だけでなく二次加害を受けた場でもフラッシュバックを起こす可能性があるため、調査者が一見安全だと考えるような病院や学校といった公共施設を安易に調査場所に設定せず、調査協力者の意向を優先すべきである。本書の調査では、調査場所を決める際に、マリさんから「安心」「安全」「気楽」という条件が提示された。調査内容の性質上、「安心」「安全」かどうかが注目されやすいが、調査を受ける気楽さや調査場所へ赴く際の気楽さは調査を継続する点でも重要だといえる。

本調査は複数回の調査を想定したため、調査の頻度についてもマリさんと話し合った。質問テーマによって答えやすさや語りやすさが異なり、調査後の調査協力者の精神消耗の程度も変わるため、質問テーマに応じて次回の調査までの期間を設定することにした。マリさんの場合、記念日反応（被害を受けた季節や日時が近づくにつれて、一時的に体調不良になること）など、体調不良になりやすい時期を認識していたため、そうした時期を確認し、それを避けて調査日を設定した。そのような情報を確認できない場合も、そうした時期や時間帯があることを念頭に入れておいた方がよい。

録音の承諾および録音データの取り扱い

マリさんにはインタビュー内容を録音する承諾を得たうえで、録音器は最低二台用意すること、録音されたものはテープ起こしした段階で確認してもらい、原稿が確認され次第、録音データをすぐに破棄することを説明した。

テープ起こしした資料の受け取り方法については、マリさんに確認を取ったうえで資料に暗証番号をかけてメール添付する形を取った。ただし、加害者がパソコンを閲覧したり郵送物を確認したりする可能性がある場合は調査協力者に危険が及ぶため、資料の確認方法や受け取り方法については調査協力者と十分に話し合う必要がある。録音データの破棄については、プライバシー保護と二次加害防止の観点から不可欠である。

守秘義務

名前、居住地域、年齢、現在の職業等は記載せず（あるいは仮名を使用）、インタビュー内容からマリさんを特定されないよう努めることを説明した。

性暴力は顔見知りから受けることが圧倒的に多く、調査を受けたことが加害者に知れたり、調査内容が調査協力者にとって身近な人に漏れたりすることで、調査協力者に危険が及ぶこともある。質的調査の場合、調査協力者の属性ゆえに調査の質や独創性が高まるため、調査協力者の属性を最小限にしか公開しない調査結果にはさまざまな限界を認めざるをえない。このようなライフストーリー研究の独創性と調査協力者の匿名性との関係は、ライフストーリーの「ディレンマ」とも表現されるこの分野の共通課題だが（桜井 2007）、調査の質よりも調査協力者の安全確保を第一優先することが求められる。

調査協力者の体調のサポートと調査の中断

調査を通して、フラッシュバックを起こしたり体調を崩したりする可能性があることをマリさんに伝え、マリさんの必要とするタイミングで調査を中断できることを説明した。さらに、体調が悪くなった場合のサポート態勢について事前に話し合った。

性暴力の被害内容や被害後の影響を語ることはつらい作業になることもあるため、調査の過程で起こりうるデメリットについて適切に説明しておく必要がある。今回は、調査の過程で起こりうるフラッシュバックや体調不良についての説明に加え、調査自体も中断できること、発表したくない内容を調査後に申し出ることができることを注意深く説明した。

また、本調査では、事前説明終了後にマリさん用の「緊急時対応マニュアル」を作成した。調査の過程で体調が悪くなった場合のサポート態勢について、マリさんが利用している医療機関や相談窓口の連絡先、場所、担当医師、担当医師の勤務日等を尋ね、調査の日程や場所についても掛りつけの医師が緊急時に対応できる距離や日程で組んだ。調査協力者が複数いる場合は、調査協力者ごとにマニュアルをつくっておくことが、緊急時の調査者の混乱を避け、適切な対応につながるだろう。なお、調査協力者が掛りつけの医師をもっていない場合や個人情報を調査者に開示したくない場合、あるいは量的調査の場合は、紹介できる病院やサポート機関の情報を事前に説明したり、支援機関リストを作成して調査協力者に渡したり（吉浜・釜野編 2007）、フラッシュバックといった緊急時の対処法を調査者が準備しておいたりする必要があるだろう。

調査内容の発表方法

調査内容が学位論文や学会誌、個人報告や出版などで発表されたり、二次転用されたりする可能性を伝えた。さらに、調査内容を発表する際には、事前にマリさんに発表内容を確認することを説明した。

調査協力者は、調査されること自体が初めてだったり、調査発表の場や発表方法になじみがなかったりすることが多い（宮地 2007）。そのため、調査をまとめたものから調査協力者が特定されないことは最も重要なことであり、本調査においてもマリさんの最大の関心事であった。

マリさんからはさらに、調査結果をまとめる過程、いわば未完の状態において誰が調査内容の添削や修正にかかわるのかについても説明を補足するよう求められた。調査内容の守秘義務については、投稿論文や出版など「公」になる場合の守秘義務について議論されることが多い。しかし、未完の状態が最も危険であるとも考えられ、担当教官や他の研究者に研究報告や添削依頼を行う場合にも、守秘義務に注意し、録音データおよび資料の保存方法について、誰が資料にアクセス可能なのかを調査協力者に示す必要がある（Faulkner 2004）。

他の調査協力者への依頼

マリさんに別の調査協力者を紹介してもらう場合は、調査協力者同士の関係性に十分配慮し、第一調査協力者（先に調査した人）であるマリさんの要望に沿う形で調査依頼を行うことを説明した。

調査協力者が性暴力被害者であったりスティグマ化されうる属性をもっていたりする場合、調査協力者が性暴力を受けたことや被害内容、スティグマ化されうる性質や社会的カテゴリーを他者に話したことがない場合も多い。そのため、第一調査協力者が第二調査協力者に自分の被害や過去についてどこまで話しているのかを事前に確認したうえで、第二調査協力者の調査方法および調査説明を検討する必要がある。また、第二調査協力者が第一調査協力者の近親者である場合は報告結果から調査協力者を特定しやすくなるため、依頼方法に加え、調査結果をまとめるうえでの注意が必要である。調査協力者と知り合った方法やその過程の説明は調査報告の必須事項と見なされることが多いが、調査内容によっては記載方法に十分な配慮が必要である。

説明時に出た検討事項――「差しさわりのあるもの」について確認

調査協力者の体調に配慮するため、調査協力者の嫌いなものや差しさわりのあるものを事前に確認しておいてもよいだろう。調査協力者によっては、特定の色や匂い、音でフラッシュバックを起こすことも考えられる。調査協力者自身がフラッシュバックの因子を認識していない場合もあるが、あらかじめ確認しておくことで回避できることもある。

あとがき

米国で性暴力被害者支援の研修を受けて帰国した後、私は性暴力被害者支援のためのいくつかの団体に携わり、支援活動を進める中で、多くの支援者や性暴力被害者に出会いました。研究という方法以外に社会問題に向き合う方法に触れたことで、研究がおろそかになったこともありました。ひたすら研究を続けることに何の意味があるのだろうかとか、研究が「当事者」の助けになるのだろうかといった疑問を抱きながら、やるべきことが見えやすい現場の支援活動により携わるようになりました。

ただ、支援の現場では、また別の問題もありました。運営のことや法的なこと、今日のことを考えるのに精いっぱいで、自分たちの支援のあり方や被害者に必要な支援をマクロな視点で整理できていなかったり、学術の場ではすでに何度も交わされて精緻化された議論や課題が現場には十分に浸透しておらず、性暴力被害者の置かれた状況に十分な理解が得られなかったりと、さまざまな課題を抱えていました。そんな研究と現場に片足ずつ浸かりながら、中途半端さと闘いながら、それでも二つのフィールドにいることを生かして二つの架け橋になれるよう努めながら、この「問題」に向き合っています。

本書は二〇一五年三月に一橋大学に提出した博士論文『性暴力と被害者の属性——性風俗従事者に対する性暴力の不可視化』をもとに構成を組み直し、諸制度の情報などを更新して執筆したものですが、本書をつくり上げるには、多くの人の支えが必要でした。研究や支援活動の中で、ただただこの問題の大きさや複雑さに疲弊し、この問題の不平等さや理不尽さに怒りでいっぱいになってしまって冷静になれないとき、そして、自分のしていることが支えたいと思う誰かをむしろ傷つけているのではないかという恐怖で動けなくなってしまうとき、現場の支援者や被害者の声、励ましや期待、叱責は、研究を継続する力になりました。私がこの問題にかかわり続けられるのも、性暴力被害者や被害者を一緒に支えようとする仲間、少しずつでもいいから社会を良くしていきたいと考える同志がそばにいるからです。

＊

大学三年生からお世話になっている宮地尚子先生には心から感謝申し上げます。一〇年にもわたる長い間、研究をご指導いただきました。先生のゼミに入門したとき、私はすでに「性風俗」や「買売春」という問題にこだわっていましたが、この問題と国際的な人身取引との関係や国策など非常にマクロな次元で性風俗という事象を捉えていました。しかし、先生に出会い、ある人が人生を変えられてしまうような出来事とただただ向き合い闘うことの苦しみや葛藤に目を向けるようになりました。そのような視点を教えていただいたことは「生き苦しさ」との出会いでもありましたが、私の研究や活動の視点、人生の方向性まで変えていきました。人生で最も影響を受けやすく、さまざまな転機が訪れる二〇代という時期に出会い、学ばせていただけたことに感謝しています。

また、副教官である小林多寿子先生にも感謝申し上げます。先生との出会いは、私にとって「ライフストーリー」研究との出会いでもありました。ライフストーリーは、人間を描くためのとても魅力的な手法でした。一人一人の「経験」を大切にし、そこから歴史や社会を読み取るこの方法に大きな魅力を感じました。また、研究者や調査者のポジショナリティに鋭い視線を向け続けるこの研究分野の誠実さにも憧れました。私の論文の質を高め、視点を広げてくださったことを、とても感謝しています。

安川一先生、青山薫先生にも感謝申し上げます。特に博士論文の審査では貴重なご意見をいただきました。いただいた言葉の意味や深さが、あとになってじわじわとしみてくることもあり、自分の課題や可能性に向き合う機会になりました。

本書の編集を担当してくださった西浩孝さんにもお礼申し上げます。私にとって初めての出版だったため、一からその作法を教えていただきました。気持ちが滅入って執筆作業が進まないときにも温かい言葉をかけてくださり、一歩ずつ、根気よく進む力になりました。

また、本書の出版にあたり、一般財団法人竹村和子フェミニズム基金より助成を受けました。ここに謝意を記します。

＊

支援・研究生活だけでなく、生活や心の支えになってくれた家族にも感謝します。私の研究や活動を意義あるものとして見守り、賛同し、応援してくれたことは、かけがえのないものです。また、私が葛藤し、挫折し、楽観視してはまた挫折するという繰り返しを間近で見ていて、私が自堕落になっているときには活を入れ、心が折れているときにはいつも励ましてくれたパートナーにも、感謝でいっぱいです。

一日、一日を、人の悲しみや怒り、苦しみや絶望に向き合って対話し続けられるのは、人を信じることをやめない人々の情熱と愛情、温かい力に支えられているからです。

田中麻子

二〇一六年七月一日

事項索引

ア　行

カ　行

サ　行

タ 行

ナ 行

ハ　行

マ　行

ヤ　行

ラ　行

ワ　行

人名索引

ア 行

カ 行

サ 行

ラ 行

参考文献

日本語文献

青山薫（2007）『「セックスワーカー」とは誰か——移住・性労働・人身取引の構造と経験』大月書店

赤川学（1995）「売買春をめぐる言説のレトリック分析——公娼・廃娼論争から〈性の商品化〉問題へ」江原由美子編『フェミニズムの主張2　性の商品化』勁草書房

浅井賢・赤嶺敏之・益田嘉朗・山添昭二（1957）「性病実態調査報告　特に，売春防止法その他の問題について　第1編　業態婦について」『四国医学雑誌』11(4)

浅井春夫（2000）『セクシュアル・ライツ入門——子どもの性的人権と性教育のための20章』十月舎

浅井春夫（2010）「買売春をめぐる論点と47号特集の内容を補正するために」『季刊セクシュアリティ』48

浅野正（2012）「性犯罪に関する最近の研究動向と矯正施設における性犯罪再犯防止指導」『人間科学研究』34

浅野千恵（1998）「セックスワーカーを搾取しないフェミニズムであるために」河野貴代美編『シリーズ〈女性と心理〉2　セクシュアリティをめぐって』新水社

浅野千恵（2001）「暴力的ポルノグラフィをめぐる日本の現状」ポルノ・買春問題研究会『論文・資料集2　映像と暴力——アダルトビデオと人権をめぐって』2

アジアの児童買春阻止を訴える会編（1996）『アジアの子ども買春と日本』明石書店

阿部彩（2014）『子どもの貧困Ⅱ——解決策を考える』岩波書店

安藤奈緒子（2011）『セックスに溺れた私——客に恋した風俗嬢・なお』幻冬舎

池上千寿子・要友紀子・木原雅子ほか（2000）「日本在住のCSWにおけるHIV, STDの関連知識・行動及び予防・支援対策の開発に関する研究」木原正博『平成11年度厚生科学研究費補助金エイズ対策研究事業　HIV感染症の疫学研究　研究報告書』

池田恵理子（1998）「立教大学・学生のアンケート調査からみる引き継がれる買春意識」『女たちの21世紀』16

石井加代子・山田篤裕（2007）「貧困の動態分析——KHPSに基づく3年間の動態およびその国際比較」樋口美雄・瀬古美喜・慶應義塾大学経商連携21世紀COE編『日本の家計行動のダイナミズム［Ⅲ］　経済格差変動の実態・要因・影響』慶應義塾大学出版会

石川准（1995）『マイノリティの〈存在証明〉——「生きる様式」の社会学的研究』東京大学（博士論文）

石川直美（2012a）「沖縄の混血児の文化的アイデンティティ」『九州コミュニケーション研究』10

石川亮太郎（2012b）『2012年度若手研究助成研究報告書　精神的汚染を生じさせる性被害の特徴とその症状の維持・憎悪させる認知的要因の検討——性被害によって発症する強迫性障害』千葉大学大学院医学研究院認知行動生理学教室

石野環（1999）「コスプレ天国。癒されて綾波レイ」別冊宝島編集部編『ザ・風俗嬢——これが私たちの生きる道！』宝島社

井田良（2015）「性犯罪処罰規定の改正についての覚書」『慶應法学』31
板谷利加子（1998）『御直披』角川書店
一條和樹（2011）『出張ホスト――僕のさまよい続けた7年間の記憶』幻冬舎
伊藤富士江（1985）「「売春を経験した少女たち」について――性非行で補導された女子少年に関する調査から」『青少年問題』32(11)
伊藤麻貴（1990）『楽園の女たちソープランドの街・笑いと涙の物語』データハウス
稲本絵里・クスマノ・ジェリー（2009）「犯罪被害者に対する社会的偏見――強姦神話と犯罪被害の暗数との関連」『上智大学心理学年報』33
井上幹次・高橋昭一（1954）「売春婦の月経に関する調査」『北海道医学雑誌』29(2)
岩井宜子（1995）「性犯罪法の保護するもの」『犯罪社会学研究』20
宇井美代子・松井豊・福富護・成田健一・上瀬由美子・八城薫（2008）「成人男性の買春行動及び買春許容意識の規定因の検討」『心理学研究』79(3)
上野千鶴子（1998）『発情装置――エロスのシナリオ』筑摩書房
上野千鶴子（2002）『差異の政治学』岩波書店
上野千鶴子（2011）『ケアの社会学――当事者主権の福祉社会へ』太田出版
上野千鶴子編（2005）『脱アイデンティティ』勁草書房
上野千鶴子・宮台真司（1999）「(対談）援助交際は売春か？」SEXUAL RIGHTS PROJECT 編『買売春解体新書――近代の性規範からいかに抜け出すか』つげ書房新社
NHK「日本人の性」プロジェクト編（2002）『データブック NHK 日本人の性行動・性意識』NHK 出版
江原由美子（1985）『女性解放という思想』勁草書房
江原由美子（1991）『ラディカル・フェミニズム再興』勁草書房
江原由美子（1995）『装置としての性支配』勁草書房
江原由美子（2000）『フェミニズムのパラドックス――定着による拡散』勁草書房
江原由美子（2001）『ジェンダー秩序』勁草書房
江原由美子（2005）「「労働」概念に何がかけられているのか」姫岡とし子・池内靖子・中川成美・岡野八代編『労働のジェンダー化――ゆらぐ労働とアイデンティティ』平凡社
江原由美子編（1995）『フェミニズムの主張2　性の商品化』勁草書房
太田達也（2015）「性犯罪受刑者の釈放と再犯防止――保護観察以外の取組みを中心として」『慶應法学』31
大谷藤郎（1993）『現代のスティグマ――ハンセン病・精神病・エイズ・難病の艱難』勁草書房
大庭佳奈子（2005）『風俗依存症――私が本当の居場所を見つけるまで』文芸社
大淵憲一・石毛博・山入端津由・井上和子（1986）「レイプ神話と性犯罪」『犯罪心理学研究』23(2)
大森みゆき（2005）『私は障害者向けのデリヘル嬢』ブックマン社
大藪順子（2007）『STAND――立ち上がる選択』いのちのことば社
荻上チキ（2012）『彼女たちの売春（ワリキリ）――社会からの斥力，出会い系の引力』扶桑社
沖縄タイムス（2013）「連載　少女よ　売買春事件から考える」9月10日～10月3日
オグレディ，ロン（1995）『アジアの子どもとセックスツーリスト――続アジアの子どもと買春』明石書店

桶谷正一（1999）「素顔の売春少女たち」『婦人公論』84(2)
小澤千咲（2015）『女性性産業従事者における職業に対する態度の形成および変容プロセス——M-GTA および心理検査を用いて』国際医療福祉大学（博士論文）
小俣謙二（2010）「犯罪加害者への責任帰属に関連する心理的要因の検討——傷害致死事件の場合」『駿河台大学論叢』40
小俣謙二（2013）「性犯罪被害者に対する第三者の非難と心理的被害の過小評価に影響を及ぼす要因——被害者の社会的尊敬度と暴力的性に対する女性の願望に関する誤解」『社会心理学研究』29(1)
小俣謙二（2014）「知人レイプ被害者に対する第三者の態度を規定する要因——対処可能性と共感の役割」『駿河台大学論叢』48
海渡双葉（2012）「夫婦間レイプの刑事法上の位置付け」『Law & Practice』 6
角矢博保・中園直樹・大國剛（2002）「性産業労働者（CSW）での STD 感染に関連する要因の検討——クラミジア感染とコンドーム使用状況を中心として」『神戸大学医学部保健学科紀要』18
要友紀子（2012）「風俗の非店舗化がもたらすリスク」『女たちの21世紀』72
要友紀子・水島希（2005）『風俗嬢意識調査——126人の職業意識』ポット出版
加納実紀代（1996）「フェミニズムのヘクトパスカル13　性と〈人間の尊厳〉」『インパクション』95
上瀬由美子（2002）『ステレオタイプの社会心理学——偏見の解消に向けて』サイエンス社
上瀬由美子（2011）「性の商品化と職業スティグマ——キャバクラに対する成人男女の意識調査から」『GEMC Journal』 5
かりん（2003）「最悪なお店」松沢呉一編『ワタシが決めた 2 』ポット出版
河合みく（2003）「女の子には優しくしてあげて下さいね」松沢呉一編『ワタシが決めた 2 』ポット出版
川畑智子（1995）「性的奴隷制からの解放を求めて」江原由美子編『フェミニズムの主張 2　性の商品化』勁草書房
川畑智子（1999a）「「売春」の禁止と父権制支配」『ソシオロゴス』23
川畑智子（1999b）「売春防止法が女性に与える影響——性風俗産業で働く女性たち」SEXUAL RIGHTS PROJECT 編『買売春解体新書——近代の性規範からいかに抜け出すか』つげ書房新社
川平那木（2005）『性虐待の父に育てられた少女——蘇生への道』解放出版社
神原文子（2008）「子づれシングルと子どもたち——貧困のメカニズム」『女性学連続講演会第12期　社会的排除とジェンダー』大阪府立大学女性学研究センター
菊島充子・松井豊・福富護（1999）「「援助交際」に対する態度——雑誌や評論の分析と大学生の意識調査から」『東京学芸大学紀要　第 1 部門　教育科学』50
菊地夏野（2001）「フェミニズムと「売買春」論の再検討——「自由意志対強制」の神話」『京都社会学年報』 9
喜多加実代（2005）「性暴力試論——暴力性と人格毀傷性をめぐって」『福岡教育大学紀要第 2 分冊　社会科編』54(2)
木下直子（2013）『「慰安婦」言説再考——日本人「慰安婦」の被害者性をめぐって』九州大学（博士論文）
木原正博（2000）「日本人の HIV/STD 関連知識，性行動，性意識についての全国調査」『平

成11年度厚生科学研究費補助金エイズ対策研究事業　HIV感染症の疫学研究　研究報告書』
君和田和一編（1995）『性被害のふせぎ方――家庭と学校』法政出版
木村定（1958）「売春法実施に伴う接客婦の精神医学的調査――その生活史を中心として」『京都医学会雑誌』9(2)
木本絹子（2001）「セックスワーカーにおけるピル使用，コンドーム使用，および性感染症歴の関連」『日本公衆衛生雑誌』48(4)
清永賢二・月村祥子・戸崎義文・内山絢子（1989）「少女売春の実態1　売春少女の行為実態と意識（資料）」『科学警察研究所報告防犯少年編』30(1)
金城清子（2011）「女性差別撤廃条約と日本」『龍谷法学』43(3)
クープ，ステファニー（2012）『国際刑事法におけるジェンダー暴力』日本評論社
黒澤睦（2001）「親告罪における告訴の意義」『法学研究論集』15
黒羽幸宏（2013）『神待ち少女』双葉社
警察庁（1973）「第5章　生活環境の安全浄化」『昭和48年　警察白書　警察活動の現況』https://www.npa.go.jp/hakusyo/s48/s480500.html
警察庁（1974）「第6章　生活の安全と環境の浄化」『昭和49年　警察白書　警察活動の現況』https://www.npa.go.jp/hakusyo/s49/s490600.html
警察庁（1977）「第5章　生活の安全の確保と環境の浄化」『昭和52年　警察白書　警察活動の現況』
警察庁（1978）「第6章　生活の安全の確保と環境の浄化」『昭和53年　警察白書　警察活動の現況』
警察庁（1984）「第4章　生活の安全の確保と環境の浄化」『昭和59年　警察白書　警察活動の現況』
警察庁（1990）「第5章　生活の安全の確保と環境の浄化」『平成2年　警察白書　警察活動の現況』
警察庁（2011）『第二次犯罪被害者等基本計画』
警察庁（2013）「特集Ⅱ　子供・女性・高齢者と警察活動」『平成25年　警察白書』
警察庁（2016）『第三次犯罪被害者等基本計画』
警察庁生活安全局少年課（2014）『平成26年中における少年の補導及び保護の概要』
警察庁犯罪被害者支援室（2015）『警察による犯罪被害者支援』
警察庁保安課（2015）『平成26年中における人身取引事犯の検挙状況等について』
警視庁（2013）『児童虐待及び福祉犯の検挙状況等』
警視庁（2005-2012）「家出人の犯罪（刑法犯）及び被害・転落状況」「行方不明者の犯罪（刑法犯）及び被害・転落状況」『警視庁の統計』
警視庁生活安全部少年育成課（2014）『少年非行の傾向（平成26年）』
恵泉女学園大学平和文化研究所編（2007）『占領と性――政策・実態・表象』インパクト出版会
厚生労働省（2011）「ひとり親世帯の平成22年の年間収入」『平成23年度全国母子世帯等調査結果報告』
厚生労働省（2012）「性別にみた賃金」『平成24年賃金構造基本統計調査（全国）』
厚生労働省（2015）「母子生活支援施設入所世帯（母親）の状況」『児童養護施設入所児童等調査結果』

国立社会保障・人口問題研究所（2013）『被保護実世帯数・保護率の年次推移』http://www.ipss.go.jp/s-info/j/seiho/seiho.asp
小島恭美（2004）「女が男を買う，女性向け性感マッサージの実際」『インパクション』142
小西聖子（1996）「日本の大学生における性被害の調査」『日本＝性研究会議会報』8(2)
小西吉呂（2001a）「性被害調査をめぐる諸問題——質問紙調査に寄せられた自由記述をもとに」『沖縄大学法経学部紀要』1
小西吉呂（2001b）「大学生の性被害実態に関する一考察——誰が，いつ，どこで，誰から」『沖縄大学地域研究所所報』23
小林美佳（2008）『性犯罪被害にあうということ』朝日新聞出版
小林美佳（2010）『性犯罪被害とたたかうということ』朝日新聞出版
小宅理沙（2007）「『望まない強制妊娠』をした性被害女性への支援活動と被害者女性の人権——産む・産まないの二項対立を超えて」『Core ethics』3
小谷野敦（2007）『日本売春史——遊行女婦からソープランドまで』新潮社
齋藤実（2010）「フィンランドにおける刑事司法の現在」『学習院法務研究』2
酒井あゆみ（2001）『眠らない女——昼はふつうの社会人，夜になると風俗嬢』幻冬舎
酒井あゆみ（2005）『レンタル彼氏』幻冬舎
酒井あゆみ（2006）「下流風俗嬢」『新潮45』25(7)
酒井あゆみ（2007）「ルポ・“普通の主婦”が性を売る事情　なぜ彼女たちは熟年風俗嬢になったのか」『婦人公論』1237
坂元ひろ子（2005）「「集団自決」の問いかけ 連鎖する被害／加害——沖縄戦・日中戦争での性暴力」『図書新聞』2741
桜井厚（2002）『インタビューの社会学——ライフストーリーの聞き方』せりか書房
桜井厚（2007）「ライフストーリー研究における倫理的ディレンマ」『先端社会研究』6
桜井厚編（2003）『ライフストーリーとジェンダー』せりか書房
桜井厚・小林多寿子編著（2005）『ライフストーリー・インタビュー——質的研究入門』せりか書房
笹川真紀子・小西聖子・安藤久美子・佐藤志穂子・高橋美和・石井トク・佐藤親次（1998）「日本の成人女性における性的被害調査」『犯罪学雑誌』64(6)
佐々木綾子（2011）「「人身売買」の定義再考にむけて——「いわゆる人身売買」と労働搾取問題」『大原社会問題研究所雑誌』627
佐野眞一（2000）『東電 OL 殺人事件』新潮社
佐野眞一（2001）『東電 OL 症候群』新潮社
四方由美（2011）「日本の犯罪報道における女性——女性被害者・女性被疑者」『アジア女性研究』20
四方由美・中野玲子（2006）「従軍慰安婦問題をめぐる言説の現在　メディアはどう伝えたか」『宮崎公立大学人文学部紀要』14(1)
島田法子編著（2009）『写真花嫁・戦争花嫁のたどった道——女性移民史の発掘』明石書店
嶋津格（1998）「慰安婦問題の周辺」江原由美子編『フェミニズムの主張 4　性・暴力・ネーション』勁草書房
下川耿史（1992a）『男性の見た昭和性相史 1』第三書館
下川耿史（1992b）『男性の見た昭和性相史 2』第三書館
下川耿史（1993a）『男性の見た昭和性相史 3』第三書館

下川耿史（1993b）『男性の見た昭和性相史４』第三書館
JICA（2004）『開発課題に対する効果的アプローチ――リプロダクティブヘルス』国際協力機構国際協力総合研修所調査研究グループ
謝花直美（2008）『証言 沖縄「集団自決」――慶良間諸島で何が起きたか』岩波書店
女性ヘルプ・ネットワーク（2011）『性的虐待体験者が性産業で働く理由とその実態調査』
女性ヘルプ・ネットワーク（2012）『性的虐待体験者が性産業で働く理由とその実態調査 支援編』
城田すず子（1971）『マリヤの讃歌』日本基督教団出版局
人身取引対策推進会議（2015）『人身取引対策に関する取組について』
新日本婦人の会（2012）『第57回国連女性の地位委員会への声明』http://www.shinfujin.gr.jp/genre/wp-content/uploads/2013/06/57th_csw_seimei.pdf
新吉原女子保健組合（1990）『赤線従業婦の手記――明るい谷間』土曜美術社
杉田聡（1999）『男権主義的セクシュアリティ――ポルノ・買売春擁護論批判』青木書店
杉田聡（2001）「レイプ神話学――新たな『レイプ神話』の誕生」『人文社会科学論集』10(4)
杉田聡（2003）『レイプの政治学――レイプ神話と「性＝人格原則」』明石書店
鈴木水南子（1997）「セックスワーカーを「貶めない」性教育を」『We』6(5)
鈴木水南子（1998）「男性はなぜ買春するのか――社会的抑圧が性欲に集約させられる構造に目を」『季刊女子教育もんだい』74
スタジオ・ポット編（2000）『売る売らないはワタシが決める――売春肯定宣言』ポット出版
須藤八千代・宮本節子編著（2013）『婦人保護施設と売春・貧困・DV問題――女性支援の変遷と新たな展開』明石書店
性犯罪者処遇プログラム研究会（2006）『性犯罪者処遇プログラム研究会報告書』
性犯罪の罰則に関する検討会（2015）『「性犯罪の罰則に関する検討会」取りまとめ報告書』http://www.moj.go.jp/content/001154850.pdf
SEXUAL RIGHTS PROJECT編（1999）『買売春解体新書――近代の性規範からいかに抜け出すか』つげ書房新社
千田有紀（2005）「アイデンティティとポジショナリティ――一九九〇年代の「女」の問題の複合性をめぐって」上野千鶴子編『脱アイデンティティ』勁草書房
総理府（1986）『売春対策の現況』
高井葉子（2003）「インタビューの現象学――〈あなた〉の前にいる〈私〉の経験」桜井厚編『ライフストーリーとジェンダー』せりか書房
高島智世（1998）「国家による性規制の論理と性的自己決定権――「夫婦間強姦」にかんする議論をめぐって」江原由美子編『フェミニズムの主張４　性・暴力・ネーション』勁草書房
高橋昭一・井上幹次・橋場亮二（1954）「売春婦の性病罹患回数の分析的観察」『北海道医学雑誌』29(2)
高橋良彰・西村春夫（1976）「売春婦（街娼とトルコ従業員）の実態」『警察学論集』29(7)
高良沙哉（2007）「在沖米軍構成員による性的自由・性的自己決定権侵害に関する一考察」『沖縄大学法経学部紀要』8
拓殖あづみ（2000）「女性の人権としてのリプロダクティブ・ヘルス／ライツ」『国立婦人教

育会館研究紀要』4
多田良子（2007）「「性風俗サービス業」利用男性の意識とパートナーとの関係性」『F-GENS ジャーナル』9
多田良子（2009）「売春女性の語られ方――1970年代における雑誌記事分析を中心に」『Science of Human development for restructuring the "gap widening society"』4
田中亜衣子（2007）「ウーマン・リブの「性解放」再考――ベッドの中の対等性獲得に向けて」『女性学年報』28
田中麻子（2011a）「日本の性暴力サバイバー支援の課題と今後」日本女性学習財団『2011年度「日本女性学習財団賞」受賞レポート集――学びがひらく』
田中麻子（2011b）「買売春調査におけるジェンダー非対称性と性暴力調査の在り方」『ジェンダー研究』14
田中利幸（2008）「国家と戦時性暴力と男性性――「慰安婦制度」を手がかかりに」宮地尚子編著『性的支配と歴史――植民地主義から民族浄化まで』大月書店
田中雅一（2014）「〈特集論文〉「やっとホントの顔を見せてくれたね！」――日本人セックスワーカーに見る肉体・感情・官能をめぐる労働について」『コンタクト・ゾーン』6
田中理絵（1998）「養護施設における子どものスティグマに関する研究」『教育社会学研究』63
男性と買春を考える会（1998）『「買春に対する男性意識調査」報告書』アジア女性資料センター
ちぃ（2003）「本番？ Sex？ ヘルス嬢ちぃとホントのあたし」松沢呉一編『ワタシが決めた 2』ポット出版
茶園敏美（2002）「語り尽くされること／了解されてしまうこと――「パンパン」という表象」『女性学年報』23
茶園敏美（2014）『パンパンとは誰なのか――キャッチという占領期の性暴力と GI との親密性』インパクト出版会
辻村みよ子・金城清子（1992）『人間の歴史を考える 8　女性の権利の歴史』岩波書店
角田由紀子（1999）「売春女性に対する差別意識を考える――「東電 OL 殺人事件」差別報道から見えるもの」SEXUAL RIGHTS PROJECT 編『買売春解体新書――近代の性規範からいかに抜け出すか』つげ書房新社
角田由紀子（2001）『性差別と暴力――続・性の法律学』有斐閣
東京都教育庁指導部（2015）『平成26年度インターネット等の適正な利用に関する指導事例集・活用の手引』東京都教育委員会
東京都福祉保健局（2011）『東京都における児童養護施設等退所者へのアンケート調査報告書』
遠野零二（2006）『アナザーラブ』コアマガジン
土佐弘之（1999）「戦時における性暴力の廃絶と〈声／沈黙〉の政治学――国際人権レジームの再ジェンダー化過程との関連で」『女性学評論』13
内閣府（2013）「犯罪被害実態（暗数）調査について」『平成25年版　犯罪被害者白書』
内閣府（2015）「第１部　子供・若者の状況」『平成27年版　子供・若者白書』
内閣府政府広報室（1957）『売春問題に関する世論調査』http://survey.gov-online.go.jp/s32/S32-05-32-04.html
内閣府政府広報室（1959）『売春防止法に関する世論調査』http://survey.gov-online.go.jp/s33/

S34-02-33-12.html
内閣府政府広報室（1976）『売春に関する世論調査』http://survey.gov-online.go.jp/s51/S51-07-51-07.html
内閣府男女共同参画局（2011）『配偶者暴力等被害者支援緊急対策事業　パープルダイヤル—性暴力・DV 相談電話—集計結果』
内閣府男女共同参画局（2015）『男女間における暴力に関する調査報告書』
内閣府犯罪被害者等施策推進室（2012）『性犯罪・性暴力被害者のためのワンストップ支援センター開設・運営の手引——地域における性犯罪・性暴力被害者支援の一層の充実のために』
内藤みか（2007）『男はときどき買えばいい』マガジンハウス
中里見博（2000）「「ポルノグラフィと法規制」のためのノート(1)」ポルノ・買春問題研究会『論文・資料集 1 』
中里見博（2007）「ポストジェンダー期の女性の性売買——性に関する人権の再定義」『社会科学研究』58(2)
中根真（2010）「スティグマの克服と解消はいかにして可能か？——対話の意義と必要性の検討」『龍谷大学論集』474(475)
中野栄三（1981）『廓の生活』雄山閣
中村淳彦（2010）『名前のない女たち最終章——セックスと自殺のあいだで』宝島社
中村淳彦（2012）『デフレ化するセックス』宝島社
中村うさぎ（2006）『私という病』新潮社
中山美里（2005）『16歳だった——私の援助交際記』幻冬舎
夏原武（1999）「その女，狂暴につき！」別冊宝島編集部編『ザ・風俗嬢——これが私たちの生きる道！』宝島社
菜摘ひかる（2000）『風俗嬢菜摘ひかるの性的冒険』光文社
菜摘ひかる（2002）『えっち主義』角川書店
七瀬みく（1999）『わたし，風俗嬢になりました』青弓社
波平勇夫（1970）「混血児の研究(I)」『沖大論叢』10(1)
西倉実季（2009）『顔にあざのある女性たち——「問題経験の語り」の社会学』生活書院
西山智則（2006）「文化としてのトラウマ——いかに体験をもの「語／騙る」のか」『埼玉学園大学紀要・人間学部篇』 6
日本基督教団社会部（1949）『売春行為の真相』
日本経済新聞（2012）「性犯罪矯正教育「一定の効果」法務省調査」12月21日
日本弁護士連合会（2013）『性犯罪・性暴力被害者のためのワンストップ支援センターの設置に関する意見書』http://www.nichibenren.or.jp/library/ja/opinion/report/data/2013/opinion_130418_2.pdf
沼崎一郎（1997）「〈孕ませる性〉の自己責任——中絶・避妊から問う男の性倫理」『インパクション』105
野坂祐子（2004）『高校生の性暴力被害実態調査』女性のためのアジア平和国民基金
売春対策審議会（1959）『売春対策の現況』大蔵省印刷局
売春対策審議会（1968）『売春対策の現況』大蔵省印刷局
長谷川華（2011）『ママの仕事はデリヘル嬢』ブックマン社
速水由紀子（1998）「援助交際を選択する少女たち」宮台真司・速水由紀子・山本直英・宮

淑子・藤井誠二・平野広朗・金住典子・平野裕二『〈性の自己決定〉原論——援助交際・売買春・子どもの性』紀伊国屋書店
速水由紀子（1999）「女たちの「逆」援助交際」『AERA』2(2)
晴野まゆみ（2001）『さらば，原告 A 子——福岡セクシュアル・ハラスメント裁判手記』海鳥社
東優子（2012）「個別施策層（とくに性風俗に係る人々・移住労働者）の HIV 感染予防対策とその介入効果に関する研究」『平成23年度厚生労働科学研究費補助金エイズ対策研究事業　総合研究』
東野充成（2005）「児童買春・児童ポルノ処罰法立法過程に見る子ども観」『共栄学園短期大学研究紀要』21
ヒューマンライツ・ナウ（2016）『日本：強要されるアダルトビデオ撮影　ポルノ・アダルトビデオ産業が生み出す，女性・少女に対する人権侵害　調査報告査』
深沢薫（1999）「地回りヤクザの接吻」別冊宝島編集部編『ザ・風俗嬢——これが私たちの生きる道！』宝島社
吹上流一郎（1999）「面接調査　女子高校生売春の実態」『婦人公論』84(2)
福島県男女共生センター（2005）『男性の性意識に関する実証的研究——セクシュアリティの歴史的表象と性風俗産業のフィールドワーク』財団法人福島県青少年育成男女共生推進機構
福富護（1998）『「援助交際」に対する女子高校生の意識と背景要因報告書』女性のためのアジア平和国民基金
福富護（1999）『「援助交際」に対する男性の意識の分析』女性のためのアジア平和国民基金
福富護（2000）『「援助交際」に対する成人男性の意識と背景要因』女性のためのアジア平和国民基金
福本博文（1999）「プライドの迷宮」別冊宝島編集部編『ザ・風俗嬢——これが私たちの生きる道！』宝島社
伏見憲明（1991）『プライベート・ゲイ・ライフ——ポスト恋愛論』学陽書房
藤目ゆき（1997）『性の歴史学——公娼制度・堕胎罪体制から売春防止法・優生保護法体制へ』不二出版
藤目ゆき（2006）『性暴力問題資料集成　解説・総目次』不二出版
別冊宝島編集部編（1999）『ザ・風俗嬢——これが私たちの生きる道！』宝島社
法制審議会刑事法（性犯罪関係）部会（2016）『第 7 回会議配布資料要綱（骨子）修正案』
宝泉薫（1999）「走れ！パンパン屋台!!」別冊宝島編集部編『ザ・風俗嬢——これが私たちの生きる道！』宝島社
法務省（2014）「罪名別　被疑事件の受理の人員」『検察統計年報』
法務省矯正局成人矯正課（2012）『刑事施設における性犯罪者処遇プログラム受講者の再犯等に関する分析　研究報告書』
細谷実（2003）「リブの売春論とセックス・ワーク論とをつなぐ——聖母／娼婦の分断への視角」『女性学』10(94)
堀田義太郎（2007）「性売買と性暴力——身体性の交換と自己決定の限界」『女性・戦争・人権』 8
ボッツ，マリー＝フランス（1997）『子どものねだん——バンコク児童売春地獄の四年間』社会評論社

ポルノ・買春問題研究会（2001）『論文・資料集 2　映像と暴力――アダルトビデオと人権をめぐって』
ポルノ被害と性暴力を考える会（2010）『証言・現代の性暴力とポルノ被害――研究と福祉の現場から』東京都社会福祉協議会
本田優子・久野由賀・猪俣瞳（2009）「性被害の実態と中学生の性に関する悩みや不安」『熊本大学教育学部紀要. 自然科学』58
マガジンハウス（2003）「連合も見習わんか！という声も　風俗嬢の労働組合「風組」の燃える斗い」『ダカーポ』23(8)
牧野雅子（2013）『刑事司法とジェンダー』インパクト出版会
松浦理恵子（1995）「嘲笑せよ，強姦者は女性を侮蔑できない」井上輝子・上野千鶴子・江原由美子編『日本のフェミニズム 6　セクシュアリティ』岩波書店
松倉すみ歩（2006）『ウリ専！――♂が♂に体を売る仕事』英知出版
松沢呉一（2002）『風俗ゼミナール　上級　女の子編』ポット出版
松沢呉一（2003）『風俗ゼミナール　上級　お客編』ポット出版
松沢呉一編（2000）『ワタシが決めた』ポット出版
松沢呉一編（2003）『ワタシが決めた 2』ポット出版
松村泰子・佐藤りか・苫米地伸・平野亜矢・岡井崇之（1999）「大人向け雑誌における「女子高生」の性的商品化と思春期女子の性行動の変化に関する研究」『厚生科学研究費補助金（子ども家庭総合研究事業）研究分担研究報告書』
圓田浩二（1998）「「援助交際」というコミュニケーション――援助交際の社会学①」『関西学院大学社会学部紀要』81
圓田浩二（1999）「援助交際女性の類型論――援助交際の社会学②」『関西学院大学社会学部紀要』82
圓田浩二（2001）『誰が誰に何を売るのか？――援助交際にみる性・愛・コミュニケーション』関西学院大学出版会
水島希（2005）「セックスワーカーの運動――それでも現場はまわっている」姫岡とし子・池内靖子・中川成美・岡野八代編『労働のジェンダー化――ゆらぐ労働とアイデンティティ』平凡社
水島希（2008）「セックスワーカーと警察――セックスワーカー蔑視が容認するものは何か」『女たちの21世紀』53
嶺山敦子（2012a）「戦後の「混血児問題」をめぐって――久布白落実の論稿を中心に」『社会福祉学』52(4)
嶺山敦子（2012b）「久布白落実の廃娼論をめぐって――女性福祉の視点から」『Human Welfare』 4 (1)
宮淑子（1998）「性の自己決定とフェミニズムのアポリア」宮台真司・速水由紀子・山本直英・宮淑子・藤井誠二・平野広朗・金住典子・平野裕二『〈性の自己決定〉原論――援助交際・売買春・子どもの性』紀伊国屋書店
宮仕聖子（2010）「心理的援助要請態度を抑制する要因についての検討――悩みの深刻度，自己スティグマとの関連から」『日本女子大学大学院人間社会研究科紀要』16
宮地尚子（1998）「孕ませる性と孕む性――避妊責任の実体化の可能性を探る」『現代文明学研究』 1
宮地尚子（2005）『トラウマの医療人類学』みすず書房

宮地尚子（2007）『環状島＝トラウマの地政学』みすず書房
宮地尚子（2008）「性暴力と性的支配」宮地尚子編著『性的支配と歴史――植民地主義から民族浄化まで』大月書店
宮地尚子（2013）『トラウマ』岩波書店
宮下忠子（2008）『赤いコートの女――東京ホームレス物語』明石書店
宮台真司・速水由紀子・山本直英・宮淑子・藤井誠二・平野広朗・金住典子・平野裕二（1998）『〈性の自己決定〉原論――援助交際・売買春・子どもの性』紀伊国屋書店
宮本晴美（2007）「宮本の発信――性暴力被害者の家族として」『宮本の発信』http://www.geocities.jp/asshor15/seikoukai/miyamoto.doc
村山綾・三浦麻子（2015）「被害者非難と加害者の非人間化――2種類の公正世界信念との関連」『心理学研究』86(1)
モーリス＝スズキ，テッサ（2005）「暴力を語ることは可能か」モーリス＝スズキ，テッサ・倉沢愛子・杉原達・成田龍一・油井大三郎・吉田裕編『岩波講座　アジア・太平洋戦争 1　なぜ，いまアジア・太平洋戦争か』岩波書店
桃河モモコ（1997）「セックスワーカーから見たピル」『インパクション』105
桃河モモコ（1998）「だれのための買売春議論か」『女たちの21世紀』16
森岡正博（2008）「膣内射精性暴力論の射程――男性学から見たセクシュアリティと倫理」『倫理学研究』38
森田成也（2010）「ポルノ被害とはどのようなものか」ポルノ被害と性暴力を考える会『証言・現代の性暴力とポルノ被害――研究と福祉の現場から』東京都社会福祉協議会
森田ゆり（2000）『多様性トレーニング・ガイド――人権啓発参加型学習の理論と実践』解放出版社
安冨成良（2001）「「戦争花嫁」と日系コミュニティ（II）――ステレオタイプに基づく排斥から受容へ」『嘉悦大学研究論集』44(1)
矢野裕子（2007）「DV 支援現場における支援者による被害――二次被害当事者へのインタビューから」『西山学苑研究紀要』2
山上俊彦（2010）「日本における貧困議論の現状と展望」『日本福祉大学経済論集』41
山谷哲夫（2005）『じゃぱゆきさん』岩波書店
山本巧（1998）「「援助交際」の語り方――逸脱創出言説における「子ども」と「性」」『中央大学紀要社会学科』8
山本哲司（2008）「ライフヒストリー研究における物語の位相――「被差別の語り」をめぐって―」『龍谷大学社会学部紀要』33
吉田秀弘（2000）『日本売春史・考――変遷とその背景』自由社
吉田裕子（1996）「男性はナゼ買春をするのか――琉球大学生によるアンケート結果から」『女たちの21世紀』9
吉浜美恵子・釜野さおり編（2007）『女性の健康とドメスティック・バイオレンス――WHO 国際調査／日本調査報告書』新水社
読売新聞大阪本社社会部（2011）『性暴力』中央公論新社
労働省婦人少年局（1953）「売春婦並びにその相手方についての調査」（1991）『戦後婦人労働・生活調査資料集23』クレス出版

英語文献

AFP (2011) *'Slut Walk' hits London Street*, Marie-Pierre-Ferey, Jun 11, 2011

Alegria, Margarita, Mildred Vera, Daniel H. Freeman, Rafaela Robles, Maria del Carmen Santos & Rivera, Carmen L. (1994) HIV Infection, Risk Behaviors, and Depressive Symptoms among Puerto Rican Sex Workers. *American Journal of Public Health*, 84(12)

Alicke, Mark D. (2000) Culpable control and the psychology of blame. *Psychological Bulletin*, 126 (4)

Allison, Anne (1994) *Night Work*. The University of Chicago Press

American Counseling Association (2005) *ACA Code of Ethics.*

American Sociological Association (1999) *Code of Ethics and Policies and Procedures of the ASA Committee on Professional Ethics.*

Anderson, Michelle J. (2002) From Chastity Requirement To Sexuality License: Sexual Consent and a New Rape Shield Law. *George Washington Law Review*, 70

Angell, Jeannette (2004) *CALLGIRL*. Permanent Press［＝那波かおり訳 (2006)『コールガール——私は大学教師，そして売春婦』筑摩書房］

Arata, Catalina M. (1999) Coping with Rape: The Roles of Prior Sexual Abuse and Attributions of Blame. *Journal of Interpersonal Violence*, 14(1)

Arnold, Anne Kana & Barling, Julian (2003) Prostitution: An Illustration of Occupational Stress in 'Dirty Work', In Dollard, Maureen, Winefield, Helen R. & Winefield, Anthony H. (eds.) *Occupational Stress in the Service Professions*. CRC Press

Badour, Christal L., Rachel Ojserkis, Dean McKay & Feldner, Matthew T. (2014) Disgust as a unique affective predictor of mental contamination following sexual trauma. *Journal of Anxiety Disorders*, 28(7)

Baker, Lynda M., Rochelle L. Dalla & Williamson Celia (2010) Exiting Prostitution: An Integrated Model. *Violence Against Women*, 16 (5)

Beneke, Timothy (1982) *Men on Rape: What They Have to Say About Sexual Violence*. St. Martin's Press［＝鈴木晶・幾島幸子訳 (1988)『レイプ・男からの発言』筑摩書房］

Blakely, Tony, Simon Hales & Woodward, Alistair (2004) Poverty: Assessing the distribution of health risks by socioeconomic position at national and local levels. *Environmental Burden of Disease Series*, 10, World Health Organization Protection of the Human Environment Geneva, 2004. WHO

Boyer, Debra & James, Jennifer (1983) Prostitutes as Victims. In MacNamara, Donal E. J. & Karmen Andrew (eds.) *Deviants: Victims or Victimizers?* Sage Publications

Boyle, Frances, Shirley Glennon, Jake Najman, Gavin Turrell, John S. Western & Wood, Carole (eds.) (1997) *The Sex Industry: A Survey of Sex Workers in Queensland, Australia*. Aldershot: Ashgate Publishing

Brannigan, Augustine & Brunschot, Erin Gibbs Van (1997) Youthful Prostitution and child sexual trauma. *International Journal of Law and Psychiatry*, 20(3)

Breitenbecher, Kimberly H. (2006) The relationships among self-blame, psychological distress, and sexual victimization. *Journal of Interpersonal Violence*, 21(5)

Brouard, Pierre & Wills, Caroline (2006) *A Closer Look: The Internalization of Stigma Related To HIV*. USAID

Burnette, Mandi L., Emma Lucas, Mark Ilgen, Susan M. Frayne, Julia Mayo & Weitlauf, Julie C.

(2008) Prevalence and Health Correlates of Prostitution Among Patients Entering Treatment for Substance Use Disorders. *Archives of General Psychiatry*, 65(3)

Burt, Martha R. (1980)Cultural Myths and Supports for Rape. *Journal of Personality and Social Psychology*, 38(2)

Burt, Martha R. (1991) Rape Myths and Acquaintance Rape. In Parrot, Andrea & Bechhofer, Laurie (eds.) *Acquaintance Rape. The Hidden Crime*. Wiley

Butler, Judith (1997) *Excitable Speech: A Politics of the Performative*. Routledge [＝竹村和子訳(2004)『触発する言葉――言語・権力・行為体』岩波書店]

Campbell, Catherine (2003) "*Letting Them Die": Why HIV/AIDS Prevention Programmes Fail (African Issues)*. Indiana University Press

Carr, Joetta L. (2013) The SlutWalk Movement: A Study in Transnational Feminist Activism. *Journal of Feminist Scholarship* 4

Chapkis, Wendy (1997) *Live Sex Acts: Women Performing Erotic Labor*. Routledge

Church, Stephanie, Marion Henderson, Marina Barnard & Hart, Graham (2001) Violence by clients towards female prostitutes in different work settings: questionnaire survey. *the British Medical Journal*, 322

Cler-Cunningham, Leonard & Christenson, Christine (2001) Studying violence to stop it - Canadian research on violence against women in Vancouver's street level sex trade. *Research for Sex Work*, 4, June 2001

Conley, Terri D., Ali Ziegler & C. Moors, Amy (2013) Backlash from the Bedroom: Stigma Mediates Gender Differences in Acceptance of Casual Sex Offers. *Psychology of Women Quarterly*, 37(3)

Cornish, Flora (2006) Challenging the Stigma of Sex Work in India: Material Context and Symbolic Change. *Journal of Community & Applied Social Psychology*, 16(6)

Covenant House (2013) *Homelessness, Survival Sex and Human Trafficking: As Experienced by the Youth of Covenant House New York*. May 2013

Crago, Anna-Louise, Aliya Rakhmetova & Shields, Acacia (2010) The police beat you up, demand money and will detain you until you pay -Police violence against sex workers in eleven countries in Europe and Central Asia. *Research for Sex Work: Sex Work and Violence*, 12

Crandall, Cameron S. & Helitzer, Deborah (2003) *Impact Evaluation of Sexual Assault Nurse Examiner (SANE) Program*. the U.S. Department of Justice

Crocker, Jennifer & Major, Brenda (1989) Social stigma and self esteem: The self-protective properties of stigma. *Psychological Review*, 96

Crocker, Jennifer, Brenda Major & Steele, Claude (1998) Social Stigma. In Gilbert Daniel Todd, Fiske Susan T. & Lindzey Gardner (eds.) *The Handbook of Social Psychology* (4th ed., 2), McGraw-Hill

Crocker, Jennifer, Kristin Voelkl, Maria Testa & Major, Brenda (1991) Social stigma: The affective consequences of attributional ambiguity. *Journal of Personality and Social Psychology*, 60(2)

Cwikel, Julie, Koren Ilan & Chudakov, Bella (2003) Women brothel workers and occupational health risks. *Journal of Epidemiology & Community Health*, BMJ Journal, 57

Davies, Michelle, Jennifer Gilston & Rogers, Paul (2012) Examining the Relationship Between Male Rape Myth Acceptance, Female Rape Myth Acceptance, Victim Blame, Homophobia, Gender Roles, and Ambivalent Sexism. *Journal of Interpersonal Violence*, 27(14)

Delacoste, Frederique & Alexander, Priscilla (eds.). (1988) *Sex Work: Writings by Women in the Sex Industry*. Cleis Press［＝パンドラ監修（1993）『セックス・ワーク――性産業に携わる女性たちの声』パンドラ］

Ditmore, Melissa & Poulcallec-Gordon, Catherine (2003) Human rights violation: The acceptance of violence against sex workers in New York. *Research for Sex Work*, 6

D'Orazio, Deirdre, David Thornton & Beech, Anthony (2013) A Program Evaluation of In-Prison Components. *The Colorado Department of Corrections Sex Offender Treatment and Monitoring Program*. Central Coast Clinical and Forensic Psychology Services, Inc

Dussich, John, Yoshiko Fujiwara & Sagisaka, Asami (1996) Decisions not to Report Sexual Assault in Japan. *International victimology: Selected papers from the 8th International Symposium: proceedings of a symposium held 21-26 August 1994*

Ebaugh, Helen Rose Fuchs (1988) *Becoming an ex: The process of role exit*. University of Chicago Press

Ehlers, Anke & Clark, David M. (2000) A cognitive model of posttraumatic stress disorder. *Behaviour Research and Therapy*, 38(4)

Elliott, Gregory, Herbert L. Ziegler, Barbara M. Altman & Scott, Deborah R. (1982) Understanding stigma: Dimensions of deviance and coping. *Deviant Behavior*, 3(3)

Evans, Gary W. & Kim, Pilyoung (2013) Childhood Poverty, Chronic Stress, Self-Regulation, and Coping. *Child Development Perspectives*, 7(1)

Faedi, Benedetta (2009) Rape, Blue Jeans, and Judical Developments in Italy. *The Columbia Journal of European Law Online*, 16

Fairbrother, Nichole & Rachman, Stanley (2004) Feelings of mental pollution subsequent to sexual assault. *Behavior Research and Therapy*, 42(2)

Farley, Melissa, Isin Baral, Merab Kiremire & Sezgin, Ufuk (1998) Prostitution in Five Countries: Violence and Post-Traumatic Stress Disorder. *Feminism & Psychology*, 8(4)

Farley, Melissa & Barkan, Howard (1998) Prostitution, Violence Against Women, and Posttraumatic Stress Disorder. *Women & Health*, 27(3)

Farley, Melissa, Ann Cotton, Jacqueline Lynne, Sybille Zumbeck, Frida Spiwak, Maria E. Reyes, Dinorah Alvarez & Sezgin, Ufuk (2003) Prostitution and Trafficking in Nine Countries: An Update on Violence and Posttraumatic Stress Disorder. *Journal of Trauma Practice*, 2(3/4)

Farley, Melissa, Jan Macleod, Lynn Anderson & Golding, Jacqueline M. (2011) Attitudes and Social Characteristics of Men Who Buy Sex in Scotland. *Psychological Trauma: Theory, Research, Practice, and Policy*

Farley, Melissa, Jacqueline M. Golding, Emily Schuckman Matthews, Neil M. Malamuth & Jarrett, Laura (2015) Comparing Sex Buyers with Men Who Do Not Buy Sex: New Data on Prostitution and Trafficking. *Journal of Interpersonal Violence*. Online Publication August 31. 2015

Faulkner, Alison (2004) *The ethics of survivor research: Guidelines for the ethical conduct of research carried out by mental health service users and survivors*. The Policy Press

Feiring, Candice & Taska, Lynn S. (2005) The Persistence of Shame Following Sexual Abuse: A Longitudinal Look at Risk and Recovery. *Child Maltreatment*, 10(4)

Fick, Nicole (2005) Coping with stigma, discrimination and violence: Sex Workers talk about their experiences. *N (o) vib*

Frese, Bettina, Miguel Moya & Megias, Jesus L. (2004) Social Perception of Rape: How Rape Myth

Acceptance Modulates the Influence of Situational Factors. *Journal of Interpersonal Violence*, 19 (2)

Gartner, Richard B. (2001) *Betrayed as Boys: Psychodynamic Treatment of Sexually Abused Men*. Guilford Press［＝宮地尚子監訳，岩崎直子・村瀬健介・井筒節・堤敦朗訳（2005）『少年への性的虐待——男性被害者の心的外傷と精神分析治療』作品社］

Gerger, Heike, Hanna Kley, Gerd Bohner & Siebler, Frank (2007) The Acceptance of Modern Myths About Sexual Aggression Scale: Development and Validation in German and English. *Aggressive Behavior*, 33(5)

Ghosal, Sayantan, Smarajit Jana, Anandi Mani, Sandip Mitra & Roy, Sanchari (2013) *Sex Workers, Stigma and Self- Belief: Evidence from a Psychological Training Program in India*. From: https://editorialexpress.com/cgi-bin/conference/download.cgi?db_name=NEUDC2013&paper_id=403

Gibson, Lisa (2003) Innocence and purity vs. deviance and immorality: the spaces of prostitution in Nepal and Canada. *Institute of Development Studies*, University of Sussex, Brighton, MA Thesis

Giusta, Marina Della, Maria Laura Di Tommaso & Strom, Steiner (2004) *Another Theory of Prostitution*. Henley University of Reading

Goffman, Erving (1963) *Stigma: Notes on the Management of Spoiled Identity*. Prentice-Hall［＝石黒毅訳（2001）『スティグマの社会学——烙印を押されたアイデンティティ』せりか書房］

Graham, Sandra & Juvonen, Jaana (1998) Self-blame and peer victimization in middle school: An attributional analysis. *Developmental Psychology*, 34(3)

Heflick, Nathan A., Jamie L. Goldenberg, Douglas P. Cooper & Puvia, Elisa (2011) From women to objects: Appearance focus, target gender, and perceptions of warmth, morality and competence. *Journal of Experimental Social Psychology*, 47(3)

Herman, Judith (1997) *Trauma and Recovery: The aftermath of Violence-from Domestic Abuse to Political Terror*. Basic Books［＝中井久夫訳（1999）『心的外傷と回復』みすず書房］

Herman, Judith (2007) Shattered Shame States and their Repair. *The John Bowlby Memorial Lecture*. From: http://www.challiance.org/Resource.ashx?sn=VOVShattered20ShameJHerman

Hochschild, Arlie Russell (1983) *The Managed Heart: Commercialization of Human Feeling*. University of California Press［＝石川准・室伏亜希訳（2000）『管理される心——感情が商品になるとき』世界思想社］

Human Rights Watch (2013) *Improving police Response to Sexual Assault*. Human Rights Watch

Jackson, Tom, Tricia Witte & Petretic-Jackson, Patricia (2001) Intimate Partner and Acquaintance Violence and Victim Blame: Implications for Professionals. *Brief Treatment and Crisis Intervention*, 1(2)

Janoff-Bulman, Ronnie (1979) Characterological versus behavioral self-blame: Inquiries into depression and rape. *Journal of Personality and Social Psychology*, 37(10)

Janzen, Sydney (2015) Amending Rape Shield Laws: Outdated Statutes Fail to Protect Victims on Social Media. *The John Marshall Law Review*, 48(4)

Johnson, Marilynn S. (2003) *STREET JUSTICE A history of police violence in New York City*. Beacon Press

Jones, Edward E., Amerigo Farina, Albert H. Hastorf, Hazel Markus, Dale T. Miller & Scott, Robert A. (eds.) (1984) *Social stigma: The psychology of marked relationships*. W. H. Freeman & Company.

Jordan, Jan (2004) Beyond Belief? Police, Rape and Women's credibility. *Criminal Justice*, 4(1)

Kanekar, Suresh & Seksaria, Veenapani（1993）Acquaintance versus stranger rape: Testing the ambiguity reduction hypothesis. *European Journal of Social Psychology*, 23
Kelly, Theresa Claire（2009）Judgments and Perceptions of Blame: The Impact of Benevolent Sexism and Rape Type on Attributions of Responsibility in Sexual Assault. *Department of Adult Education and Counselling Psychology Ontario Institute for Studies in Education University of Toronto*
Kilpatrick, Dean & Aciemo, Ron（2003）Mental Health Needs of Crime Victims: Epidemiology and Outcomes. *Journal of Traumatic Stress*, 16(2)
Kramer, Lisa A. & Berg, Ellen C.（2003）A Survival Analysis of Timing of Entry into Prostitution: The Differential Impact of Race, Educational Level, and Childhood /Adolescent Risk Factors. *Sociological Inquiry*, 73(4)
Kurzban, Robert & Leary, Mark R.（2001）Evolutionary Origins of Stigmatization: The Functions of Social Exclusion. *Psychological Bulletin*, 127(2)
Lai, Jennifer Y.M., Ka Wai Antia Chan & Lam, Long W.（2013）Defining who you are not: The roles of moral dirtiness and occupational and organizational disidentification in affecting casino employee turnover intention. *Journal of Business Research*, 66(9)
Lehman, Carolyn（2005）*Strong at the Heart: How It Feels to Heal from Sexual Abuse*. Farrar, Straus and Giroux（BYR）［＝小西敦子訳（2009）『私たちは，性犯罪被害者です――実名で告白する，「レイプ・性虐待の恐怖」と「克服する勇気」』青志社］
Lerner, Melvin J.（1980）*The belief in a just world: A fundamental delusion*. Springer
Lerner, Melvin J. & Miller, Dale T.（1978）Just world research and the attribution process: Looking back and ahead. *Psychological Bulletin*, 85(5)
Lindeland, Betsy（2010）*Trauma Symptomatology in Female Sex Workers: A Review of Recent Literature*. Master's thesis, Pacific University
Link, Bruce G. & Phelan, Jo C.（2001）Conceptualizing Stigma. *Annual Review of Sociology*, 27
Littel, Kristin（2001）*Sexual Assault Nurse Examiner (SANE) Programs: Improving The Community Response to Sexual Assault Victims*. U.S. Department of Justice, Office of Justice Programs, Office for Victims of Crime
Lonsway, Kimberly A. & Fitzgerald, Louise F.（1994）Rape Myths. *Psychology of Women Quarterly*, 18
Loughnan, Steve, Nick Haslam, Tess Murnane, Jeroen Vaes, Catherine Reynolds & Suitner, Caterina（2010）Objectification leads to depersonalization: The denial of mind and moral concern to objectified others. *European Journal of Social Psychology*, 40(5)
Lowman, John（2000）Violence and the outlaw status of (street) prostitution in Canada. *Violence Against Women*, 6(9)
Luginbuhl, James & Mullin, Courtney（1981）Rape and responsibility: How and how much is the victim blamed? *Sex Roles*, 7(5)
Mansson, Sven-Axel & Hedin, U-C.（1999）Breaking the Matthew effect on women leaving prostitution. *International Journal of Social Welfare*, 8(1)
May, Tiggey, Alex Harocopos & Hough, Michael（2000）*For Love or Money: Pimps and the management of sex work (Police Research Series Paper)*. Great Britain, Home office, Policing and Reducing Crime Unit
McGarty, Craig, Vincent Yzerbyt & Spears, Russell (eds.)（2002）*Stereotypes as Explanations. The Formation of Meaningful Beliefs about Social Groups*. Cambridge University Press［＝国広陽子・

有馬明恵・山下玲子訳（2007）『ステレオタイプとは何か――「固定観念」から「世界を理解する“説明力”」へ』明石書店］
Miller, Audrey K., Keith D. Markman & Handley, Ian M.（2007）Self-Blame Among Sexual Assault Victims Prospectively Predicts Revictimization: A Perceived Sociolegal Context Model of Risk. *Basic and Applied Social Psychology*, 29(2)
Montenegro, Marisela（2002）Ideology and community social psychology: Theoretical considerations and practical implications. *American Journal of Community Psychology*, 30(4)
Monto, Martin A. & Julka, Deana（2009）Conceiving of Sex as a Commodity: A Study of Arrested Customers of Female Street Prostitutes. *Western Criminology Review*, 10(1)
O'Connell Davidson, Julia（1998）*Prostitution, Power and Freedom*. Policy Press
Olatunji, Bunmi O., Lisa S. Elwood, Nathan L. Williams & Lohr, Jeffrey M.（2008）Mental Pollution and PTSD Symptoms in Victims of Sexual Assault: A Preliminary Examination of the Mediating Role of Trauma-related Cognitions. *Journal of Cognitive Psychotherapy*, 22(1)
Page, Amy Dellinger（2010）True Colors: Police Officers and Rape Myth Acceptance. *Feminist Criminology*, 5(4)
Petretic-Jackson, Patricia A., Genell G. Sandberg & Jackson, Thomas L.（1994）The Domestic Violence Blame Scale (DVBS). In Vande Creek Leon, Knapp Samuel & Jackson Thomas L. (eds.). *Innovations in Clinical Practice: A Source Book*. 13
Pheterson, Gail（1988）The Social Consequences of Unchastity. Delacoste, Frederique & Alexander, Priscilla (eds.) *Sex Work: Writings by Women in the Sex Industry*. Cleis Press［＝パンドラ監修（1993）『セックス・ワーク――性産業に携わる女性たちの声』パンドラ］
Plummer, Ken（1994）*Telling Sexual Stories: Power, Change and Social Worlds*. Routledge［＝桜井厚・好井裕明・小林多寿子訳（1998）『セクシュアル・ストーリーの時代――語りのポリティクス』新曜社］
Police Executive Research Forum（2012）*CRITICAL ISSUES IN POLICING SERIES Improving the Police Response to Sexual Assault*. Police Executive Research Forum
Pollard, Paul（1992）Judgments about victims and attackers in depicted rapes: A review. *British Journal of Social Psychology*, 31(4)
Prochaska, James O., Carlo C. DiClemente & Norcross, John C.（1992）In search of how people change: Applications to addictive behaviors. American Psychologist. 47(9)
Raphael, Jody & Myers-powell, Brenda（2010）From Victims to Victimizers: Interviews with 25 Ex-Pimps in Chicago. *The Schiller DuCanto & Fleck Family Law Center of DePaul University College of Law*, DePaul University.
Ringrose, Jessica & Renold, Emma（2012）Slut-shaming, girl power and 'sexualization': thinking through the politics of the international Slut Walks with teen girls. *Gender and Education*, 24(3)
Roe-Sepowitz, Dominique E.（2012）Juvenile Entry Into Prostitution: The Role of Emotional Abuse. *Violence Against Women*, 18(5)
Roxburgh, Amanda, Louisa Degenhardt & Copeland, Jan（2006）Posttraumatic stress disorder among female street-based sex workers in the greater Sydney area, Australia. *BMC Psychiatry*, 6(24)
Rudman, Laurie A. & Mescher, Kris（2012）Of animals and objects: Men's implicit dehumanization of women and likelihood of sexual aggression. *Personality and Social Psychology Bulletin*, 38(6)

Sanders, Teela (2005) 'It's Just Acting': Sex Workers'Strategies for Capitalizing on Sexuality. *Gender, Work and Organization*. 12(4)

Sanders, Teela (2007) Becoming an Ex-Sex Worker Making Transitions out of a Deviant Career. *Feminist Criminology*. 2(1)

Scambler, Graham (1984) Perceiving and coping with stigmatizing illness. Fitzpatrick, Ray, John Hinton, Stanton Newman, Graham Scamber & Thompson, James (1984) *The experience of illness*. London: Tavistock

Sedgwick, Eve (1985) *Between Men: English Literature and Male Homosocial Desire (Gender and Culture)*. Columbia University Press [＝上原早苗・亀澤美由紀訳(2001)『男同士の絆――イギリス文学とホモソーシャルな欲望』名古屋大学出版会]

Seib, Charrlotte (2007) *Health, well-being and Sexual Violence among Female Sex Workers: A Comparative Study. PhD thesis*, Queensland University of Technology

Simons, Ronald L. & Whitbeck, Les B. (1991) Sexual abuse as a precursor to prostitution and victimization among adolescent and adult homeless women. *Journal of Family*, 12(3)

Smith, Cindy J., Barbara Hayler & Craig, Kimberly S. (eds.) (2000) *The Illinois Department of Corrections' Juvenile Sex Offender Treatment Program: The Final Report of the Program Evaluation*. Illinois Criminal Justice Information Authority

Steele, Claude M. & Aronson, Joshua (1995) Stereotype Threat and the intellectual test performance of African Americans. *Journal of Personality and Social Psychology*, 69(5)

Strega, Susan, Lauren Casey & Rutman, Deborah (2009) Sex Workers Addressing Treatment. *Women's Health and Urban life*, 8(1)

SWAN (2009) Arrest the Violence. Human rights abuses against sex workers in central and Eastern Europe and Central Asia. *Sex Workers & Rights Advocacy Network*.

Szymanski, Dawn M., Lauren B. Moffitt & Carr, Erika R. (2011) Sex and Objectification of Women: Advances of Theory and Research. *The Counselling Psychologist*, 39(1)

Tangney, June P., Patricia Wagner, Carey Fletcher & Gramzow, Richard (1992) Shamed into anger? The relation of shame and guilt to anger and self-reported aggression. *Journal of Personality and Social Psychology*, 62(4)

The National Center for Women and Policing (2001) *Successfully Investigating Acquaintance Sexual Assault. A National Training Manual for Law Enforcement*. The National Center for Women and Policing

Tilghman-Osborne, Carlos (2007) The Relation of Guilt, Shame, Behavioral Self-Blame, and Characterological Self-Blame to Depression in Adolescents Over Time. *Master of Science in Psychology*, Graduate School of Vanderbilt University

Tomura, Miyuki (2009) A Prostitute's Lived Experiences of Stigma. *Journal of Phenomenological Psychology*, 40

Tyler, Kimberly A., Dan R. Hoyt & Whitbeck, Les B. (2000) The Effects of Early Sexual Abuse on Later Sexual Victimization Among Female Homeless and Runaway Adolescents. *Sociology Department, Faculty Publications Paper*, 33, University of Nebraska

Uji, Masayo, Masahiro Shono, Noriko Shikai & Kitamura, Toshinori (2007) Case Illustrations of Negative Sexual Experiences Among University Women in Japan. Victimization Disclosure and Reactions of the Confidant. *International Journal of Offender Therapy and Comparative Criminolo-*

gy, 51(2)
UNIFEM, UNFPA & OSAGI (2005) *Combating Gender-Based Violence: A key to Achieving the MDGS*. UNIFEM
UNSD (2010) *The World's Women 2010 Trends and Statistics. Department of Economic and Social Affairs.* the United Nations
Vaddiparti, Krishna, Jane Boggetto, Catina Callahan, Arbi B. Abdallah, Edward L. Spitznagel & Cottler, Linda B. (2006) The Effects of Childhood Trauma on Sex Trading in Substance Using Women. *Archive of Sexual Behavior*, 35(4)
Valandra (2007) Reclaiming Their Lives and Breaking Free, An Afrocentric Approach to Recovery From Prostitution. *Affilia*, 22(2)
Virginia Department of Criminal Justice Services (2011) *Sexual Assault Response Teams (SART): A Model Protocol for Virginia*. From: http://www.dcjs.virginia.gov/victims/documents/DCJSSARTProtocol2011.pdf
Vogel, David L., Rachel L. Bitman, Joseph H. Hammer & Wade, Nathaniel G. (2013) Is Stigma Internalized? The Longitudinal Impact of Public Stigma on Self-Stigma. *Journal of Counseling Psychology*, 60(2)
Wahab, Stephanie (2004) Tricks of the Trade: What Social Workers Can Learn about Female Sex Workers through Dialogue. *Qualitative Social Work*, 3(2)
Walls, N. Eugene & Bell, Stephanie (2011) Correlates of Engaging in Survival Sex among Homeless Youth and Young Adults. *Journal of Sex Research*, 48(5)
White, William L. (2009) *Long-term strategies to reduce the stigma attached to addiction, treatment, and recovery within the City of Philadelphia (with particular reference to medication-assisted treatment/recovery)*. Philadelphia: Department of Behavioral Health and Mental Retardation Services

ウェブサイト

NHK（2006-2012）「ハートをつなごう」http://www.nhk.or.jp/heart-net
「女性の安全と健康のための支援教育センター」http://shienkyo.com
「人身取引被害者サポートセンター ライトハウス」http://lhj.jp
「SWASH」http://swashweb.sakura.ne.jp
「性暴力禁止法をつくろうネットワーク」http://svkinshiho.blog.fc2.com
「ポルノ被害と性暴力を考える会（PAPS）」https://paps-jp.org

資料1　性暴力および性風俗にかかわる法律

法令（略称）	概要
風俗営業等の規制および業務の適正化等に関する法律（風営法）	1948年施行
・風営法は「善良の風俗と清浄な風俗環境」の保持と「少年の健全な育成」を阻害しないことを目的として（第1条），風俗営業および性風俗営業の営業時間や営業区域などを規制するものである。 ・風俗営業には飲食店やダンスホール，料理店や喫茶店，バーやパチンコ店，キャバクラ・クラブ・スナックが含まれる。比して，「性的好奇心」が業務の中心となる性風俗営業は，店舗型・無店舗型性風俗，映像送信型性風俗，電話異性紹介営業等があり，ソープランドやファッションヘルス，デリバリーヘルスやチャットレディ，テレクラやポルノグラフィなどが対象となる。 ・大幅な改正を見ていくと，1966年改正では個室付浴場業（トルコ風呂・ソープランドなど）および興行場営業（ストリップ劇場など）が，1972年改正ではモーテル営業（ラブホテル・レジャーホテルなど）が，1998年改正では無店舗型営業（デリバリーヘルスなど）やインターネット上の映像配信が規制対象となり，2005年には風俗営業・性風俗営業にかかわる客引きが禁止された。	
売春防止法（売防法）	1957年施行
・「総則」「刑事処分」「補導処分」「保護更生」の4つで構成され，売春を「人としての尊厳」「性道徳」「社会の善良の風俗」を害すものとし（第1条），売春を運営する者を処罰対象，売春する者や売春する恐れのある女性を補導および更生の対象としているが，性風俗利用者は処罰・更生対象となっていない。 ・売春防止法の「売春」は「対償を受け，又は受ける約束で，不特定の相手方と性交すること」とされており（第2条），売春防止法違反に当たらないよう，現在日本における性風俗の多くは非性交形態となっている。 ・売春防止法が処罰の対象としているのは，勧誘，周旋，売春強要，対価の収受，前貸，売春をさせる契約，資金提供などであり（第5条〜第16条），業者や性風俗従業員の処罰に重きを置いている。 ・「性行又は環境に照して売春を行うおそれのある女子」は「要保護女子」と呼ばれ（第34条），売春防止法によって全都道府県に設置が義務づけられている婦人相談所または婦人保護施設（全都道府県の設置義務なし）で保護される。	
児童買春，児童ポルノに係る行為等の規制及び処罰並びに児童の保護等に関する法律（児童買春・ポルノ禁止法）	1990年施行
・児童買春の処罰と被害児童の保護を目的に，児童に対する性的搾取および性的虐待，その周旋を禁止したものであり（第1条），「児童」とは18歳未満の男女を指し，「買春」とは児童との性交および性交類似行為を意味する（第2条）。 ・日本人による海外での児童買春（同法第10条により，海外での児童買春行為も処罰対象になる）や，中高生など未成年を対象とした買春の社会問題化と，ポルノグラフィにおける未成年の搾取が問題化した流れを汲み，制定された。 ・2014年の改正で，ポルノグラフィの単純所持が処罰対象となった（2015年施行）。 ・アニメーションや漫画をポルノグラフィに含むか否かは，性的自己決定権と言論の自由の観点から争点となっている（杉田 1999）。	
ストーカー行為等の規制等に関する法律（ストーカー規制法）	2000年施行
・「特定の者に対する恋愛感情その他の好意の感情又はそれが満たされなかったことに対する怨恨の感情を充足する目的」で，待ち伏せや住居への押しかけ，面会要求やメール送信など行うことを「つきまとい行為」，それを反復することを「ストーカー行為」とし，双方を規制している（第2条）。 ・上記の行動をする者は警告，禁止命令，処罰などの対象となる（第4条〜第15条）。	
配偶者からの暴力の防止及び被害者の保護等に関する法律（DV防止法）	2001年施行
・配偶者（男女の規定なし）からの暴力の防止と被害者の保護を目的として制定された。 ・「配偶者からの暴力」は，「身体に対する暴力」「心身に有害な影響を及ぼす言動」を意味し（第1条），被害者を保護するための支援施設・警察・福祉施設などによる被害者の保護方法や通報等について定めている（第3	

条～第９条)。	
インターネット異性紹介事業を利用して児童を誘引する行為の規制等に関する法律（出会い系サイト規制法）	2003年施行
・インターネットサイトを介して18歳未満の児童を「買春」したり，性風俗に従事するよう周旋したりすることを禁止している（第６条)。 ・実際に性的行為に至らなくとも，インターネットのサイト上に18歳未満の児童を対象とした性風俗斡旋を書き込むこと自体が罰則の対象となっている。 ・インターネット上の書き込みチェックや未成年のサイト侵入阻止などに力が入れられているが（例えば，東京都教育庁指導部 2015)，出会い系サイトの開閉が著しいことに加え，隠語（例えば，「瓜」＝ウリや「ホ込」＝ホテル代込みなど）が多用されているため，児童の保護や取り締まりが困難であることが課題となっている。	
人身取引対策行動計画	2004年発表
・人身取引の防止やブローカー（仲介業者）の摘発，被害者保護などを明記したものであり，これに伴って2005年には刑法が改正され「人身売買罪」（刑法第226条の２）が新設された。 ・性風俗従事の強制，違法な性風俗の周旋は，性犯罪や売春防止法違反，風営法違反の観点からだけでなく，人身取引としても検挙されることになった。	
犯罪被害者等基本法	2004年施行
・犯罪被害者等（被害者およびその家族や遺族）の被害からの回復についての支援や，犯罪被害者等の刑事に関する手続きへの関与について定めている（第２条)。 ・犯罪被害者等のための相談施設や情報提供，給付金や賠償金請求，住居・雇用の安定などに関する施策が挙げられている。	
私事性的画像記録の提供等による被害の防止に関する法律（リベンジポルノ防止法）	2014年施行
・性的画像記録を不特定又は多数の人に提供することが処罰対象となっている（第２条・第３条)。 ・インターネットに公開された画像等は，プロバイダ等を通じて削除請求できる。 ・被害者本人が亡くなっている場合は，その遺族が掲載削除を請求することもできる。	

注）その他，性風俗従事者が18歳未満の場合，児童福祉法や青少年保護育成条例などによって保護対象になる場合もある。児童福祉法は障害や虐待，非行などを中心に児童の福祉を守るための施設や業務に関する法律であり，青少年保護育成条例は地方自治体の条例で，詳細は各自治体によって異なるが，有害図書の指定や青少年の非行・わいせつ行為防止などを定めた条例である。

出典）筆者作成

資料2　性風俗の歴史的変遷

年代	形態例	概要
江戸・明治時代	公娼制度	・私娼が増えて風紀が乱れることが懸念され，軍の士気向上や接待の便として始まった（吉田 2000） ・1872年に，人身取引を禁止し前借金を解除する「芸娼妓解放令」が通達されるが，職を失った私娼が「自由意思」の形で一定の場所を借りたことから事実上は遊郭が継続された ・1946年，連合国軍最高司令官総司令部（GHQ）の指令によって廃止された
1945年〜	赤線	・公娼制度廃止後，旧遊郭地区（吉原，新宿，洲崎，玉の井，鳩の街など）は「特殊喫茶」として営業が認められ，これらの地域はのちに「赤線」と呼ばれた（藤目 1997; 吉田 2000; 福島県男女共生センター 2005）
1950年代	トルコ風呂	・売春防止法施行（1957年）後に増加した（福島県男女共生センター 2005）
1960年代	個室付浴場／店舗型性風俗	・1964年の東京オリンピック以降には，トルコ風呂と比べて低料金のピンクサロン（ピンサロ）などの店舗型性風俗が増加した（福島県男女共生センター 2005）
1970年代	個室付浴場／ノーパン喫茶／ストリップ劇場／キャバレー	・1973年の不況後，トルコ風呂は「低料金の大衆トルコと高級トルコ」に分化した（福島県男女共生センター 2005） ・性風俗全体で安価で露出の多い性的行為が提供されるようになった（警察庁 1978） ・低料金のキャバレーが地方に営業拡大した（警察庁 1977）
1980年代	キャバクラ／個室ヌード／愛人バンク・デートクラブ／テレフォンクラブ（テレクラ）	・キャバレーとクラブを合体させた「キャバクラ」が登場した ・1983年初めに愛人バンクやデートクラブが出現した（警察庁 1984; 下川 1993b） ・性風俗従事者の低年齢化が進み，未成年や外国人など社会的に弱い立場の人々がより危険で露出や接触の多い性風俗に携わるようになった
1990年代	無店舗型性風俗／テレクラ／援助交際	・ポケベルや携帯電話，パソコンといったITの普及が進み，性風俗がより巧妙になった（警察庁 1990） ・1994年に「援助交際」という言葉が全国紙に登場した（圓田 1998; 菊島ほか 1999）
2000年代	援助交際／神待ち／JKビジネス	・出会い系サイトやメイド喫茶を利用した性風俗が増加した

出典）筆者作成

資料3　レイプ神話を軸にした性風俗従事者に対する性暴力の不可視化

不可視化の種類	例
性暴力の無化	・性風俗における性暴力は訴えられるはずがない ・性風俗において性暴力などそもそも起こっていない ・性風俗従事者はすべての情報を得て性風俗を選んだのだから，そこで起こることは納得済みだ
性暴力の矮小化	・性風俗従事者は対価をもらえば性風俗利用者の要求に応えなくてはならない（対価を払えば何でもするだろう） ・性風俗従事者をからかってもよい ・性風俗従事者に性交をほのめかすのは社交辞令である ・性風俗従事者との値段交渉は性暴力にはつながりえない ・性風俗従事者は性的行為のプロフェッショナルだから，どんな性的行為にも応じてくれる ・性風俗従事者は性的行為のプロフェッショナルだから，性暴力を行使されても防げるはずだ（防げないとしたら，性風俗従事者が至らなかったからか，防ぐ意思がなかったからだ） ・ポルノグラフィはすべて演技／ヤラセだ ・性風俗従事者はつねに「サービス」の向上を目指す必要がある（どんな行為も受け入れるべきだ）
被害者の願望化	・性風俗従事者は性的行為が好きで性風俗に従事している（からどんな行為も受け入れるだろう） ・性風俗従事者はつねにどんな性的行為にも応じたいと考えている
被害者に対する制裁・教訓の正当化	・性風俗従事者は自分で自分を貶めた（から何をしてもよい） ・性風俗従事者は社会的支援を受けるに値しない ・性風俗従事者が性暴力を受けるのは自業自得だ ・興味本位に性風俗を選んだ性風俗従事者が悪い

出典）筆者作成

資料4　性風俗利用者に関する調査

調査	調査対象	調査方法	調査目的	質問項目
労働省婦人少年局（1953）	東京都内，売春等取締条例違反で検挙された売春婦161名，相手方の男性44名	取調べ係官が調査票に記入	買売春の実態把握	属性，生活環境，買春の条件
吉田（1996）	大学のレポート提出者93名（女性55名，男性38名）により抽出された男性465名	琉球大学の集中講義の一環として1人あたり5人の男性に質問	男性の買春に関する意識調査	男性の買春動機，じゃぱゆきさんについての認識，女性の人権保護
池田（1998）	大学のレポート提出者144名（女子108名，男子36名）により抽出された男性405名（有効回答）	立教大学の講義レポートの一環として1人あたり3人の男性に質問	性意識・性行動に関する男女のギャップの把握	男性の買春動機，援助交際について，初回買春の動機と年齢，買春の頻度
男性と買春を考える会（1998）	質問票配布2万部のうち回収した男性2502名	無記名方式 質問表送付	男性の買春経験の実態，意識・考え方の把握	属性，買春経験，買春意識
福富（1999）	首都圏在住，30歳以上の男性社会人33名	インタビュー調査	女子高校生を取り巻く大人（男性）側の意識や役割の把握	属性，援助交際についての意識
福富（2000）	首都圏，20～59歳の男性，1400名のうち有効回答664名	無作為抽出・無記名 質問紙郵送	男性の意識調査	属性，一般的な性意識・性行動，援助交際についての性意識
福島県男女共生センター（2005）	福島県郡山市および愛知県名古屋市緑区，20～60歳の男性，2000名のうち有効回答228名，その他，性風俗産業の従業員4名，20歳以上の男性13名	選挙人名簿からの系統抽出法・郵送法，性風俗産業の従業員と13名の男性のインタビュー調査	性風俗に対するイメージ，「性」に関する意識調査	属性，性意識，性風俗従事者についてのイメージ，性風俗利用者についてのイメージ
多田（2007）	首都圏，男性5000人うち有効回答4771名	インターネット調査，29人の性風俗利用者にインタビュー調査	性風俗利用経験と現在のパートナーとの関係性	属性，性風俗利用経験，形態，パートナーとの関係性
宇井ほか（2008）	首都圏在住，20～59歳の男性1400名うち有効回答664名	単純無造作二段抽出	性風俗を利用する心理的要因の検討	属性，性風俗利用経験，性風俗許容度，ぬくもり希求

注）各種の表現はそれぞれの文献に従った
出典）筆者作成

資料5　性風俗従事者に関する調査

調査	調査対象	調査方法	調査目的	質問項目
日本基督教団社会部(1949)	遊郭392名，街娼165名		実態把握	属性，相手について，希望する生活，性病の知識
労働省婦人少年局(1953)	東京都内，売春等取締条例違反で検挙された売春婦161名，相手方の男性44名	取調べ係官が調査票に記入	買売春の実態把握	経歴と生活環境，転落前後の事情，現在の状況
高橋ほか(1954)	定期健診を受ける目的で調査者の病院を訪れる売春婦中，接客経験6カ月以上1年半未満の80名	面接の上，問診形式	性病に罹患しやすい売春婦の性行動の把握	属性，売春経験期間，売春の条件，相手について，飲酒量，飲酒時の性病予防の有無，妊娠回数，性病の知識，避妊具の使用状況
井上・高橋(1954)	北海道立某性病診療所に定期的健診を受ける目的で来訪する18〜26歳の売春婦100名	問診形式	売春婦に対する月経についての指導の充実化	初潮年齢，月経周期，月経持続日数，月経時の症状，処置方法，月経中の接客の有無
浅井ほか(1957)	滋賀県下集娼地区における従業婦214名	調査票記入形式	売春防止法施行前後の従業婦の性病実態調査	属性，家庭状況，動機，収入，借金の有無，将来展望
木村(1958)	京都府婦人相談所において，接客婦および少数の転落の恐れのある者40名	インタビュー調査	接客婦の心理的・精神医学的実態把握	家庭環境，生活史，現在の状態
売春対策審議会(1959)	東京地方検察庁に設置された更生保護相談室で対応した売春経験者3660名		相談室運営状況，保護更生措置の状況把握	属性，動機，家庭状況，経験年数，検挙回数，性病の有無，保護措置
売春対策審議会(1968)	東京地方検察庁に設置された更生保護相談室で対応した売春経験者1493名		相談室運営状況，保護更生措置の状況把握	属性，検挙回数，売春開始期，相談回数，性病の有無，保護措置
高橋・西村(1976)	売春防止法により検挙された街娼78名，トルコ従業員52名	質問紙調査	売春婦の性心理・性行動のメカニズム分析，社会的背景の考察	属性，収入，結婚の有無，少年院等の入所歴，犯罪歴，初交の状況，初回売春時の年齢，売春動機，売春経験年数，売春形態，将来の希望

伊藤(1985)	東京，千葉，埼玉において，性非行で補導された女子251名		性意識・性行動把握，家庭の事情，一般女子との比較	家庭の事情，小遣いと金銭への欲求，将来展望，性情報との接触，性的成熟と性体験，性意識と売春観
総理府(1986)	警察，検察，矯正施設，厚生省で対応した売春経験者947名		相談室の運営の状況把握，保護更生措置の状況把握	属性，性病罹患経験，薬物使用経験，家庭状況，両親の問題行動，社会適応度，初回売春時の状況，将来展望
福富(1998)	首都40キロ圏，高校在学の女子960名，うち有効回答600名	単純無作為二段抽出，訪問留置法	援助交際に対する女子高校生たちの意識，背景要因把握	属性，学校生活，仕事，友人，性格，性意識，性行動，援助交際意識，将来展望，健康状態，家庭環境
池上ほか(2000)	東京26名，関西37名の性風俗従事者	東京・大阪の二地点のヘルス店で，調査員が経営者に依頼，回答者が封をして返送	非性交形態の性風俗従事者の性感染症知識および行動の実態把握	性感染症の知識，避妊具（コンドーム）の使用状況，避妊具の不使用理由，性感染症予防法，性感染症検査
角矢ほか(2002)	大阪府の診療所の性病科外来を受診した性産業労働者296名（趣意書を提示して同意が求められた人）	全問自己記入方式	性産業労働者の性行動における避妊具（コンドーム）の使用状況，性感染症に対する危険意識の把握	属性，性病科来院歴，嗜好，初交時期，職務期間，顧客数，業種，避妊具の使用状況，ピルの服用，性感染症罹患歴，エイズ検診の有無，性病感染の知識，妊娠歴，出産歴
要・水島(2005)	東京都の風俗嬢126名	インタビュー調査	風俗嬢の労働に関する意識と実態把握	属性，動機，収入，サービス内容，仕事に対する認識，客／店／仕事の実態，性感染症の検診

注）各種の表現はそれぞれの文献に従った
出典）筆者作成

付録1　主な被害者支援制度

<table>
<tr><th>問い合わせ先</th><th>支援制度</th><th colspan="2">概要</th></tr>
<tr><td rowspan="7">警察
※居住地域または犯罪発生地を管轄する警察署または警察本部
※性犯罪被害相談窓口</td><td>性犯罪被害相談</td><td colspan="2">性犯罪被害者に対するカウンセリング・精神医療の提供，関連支援機関の紹介</td></tr>
<tr><td>性犯罪に対する公費支出制度</td><td colspan="2">診断書作成料，診察料，緊急避妊薬（アフターピル）費用，性感染症検査費用，人工妊娠中絶費用，カウンセリング費用の負担
※警察に被害届の提出が必要</td></tr>
<tr><td>宿泊施設提供制度</td><td colspan="2">犯罪被害者とその親族に対して，原則3泊を上限として宿泊施設を提供</td></tr>
<tr><td rowspan="4">犯罪被害給付制度</td><td colspan="2">「犯罪被害者等給付金の支給等による犯罪被害者等の支援に関する法律：犯罪被害者等給付金支給法」（1980年制定，1981年施行）に基づき，犯罪行為による死亡，重傷病または障害を負った犯罪被害者に給付金を支給
※死亡・重症病・障害の発生を知った日から2年以内，死亡・重傷病・障害の発生から7年以内に申請可能</td></tr>
<tr><td>遺族給付金</td><td>犯罪によって死亡した被害者の遺族に対して支給</td></tr>
<tr><td>障害給付金</td><td>犯罪によって身体に障害が残った被害者に対して支給</td></tr>
<tr><td>重傷病給付金</td><td>犯罪によって重大な負傷や疾病を受けた被害者に支給
※原則として加療期間1カ月以上かつ入院期間3日以上の被害者を対象とするが，PTSD等の精神疾患は症状が3日以上の就業を困難にする程度の場合は入院期間不要</td></tr>
<tr><td>警察・検察</td><td>被害者連絡制度</td><td colspan="2">捜査状況や被疑者検挙・被疑者の属性・処分状況などを被害者に通知
※被害者がそのような連絡を望まない場合は通知されない</td></tr>
<tr><td>検察官</td><td>被害者参加制度</td><td colspan="2">強制わいせつ・強姦罪，その未遂罪に関する刑事裁判に被害者およびその遺族，配偶者，直系親族，兄弟姉妹が直接参加できる。公判期日の出席，意見陳述，証人尋問，被告人質問などができるほか，これらを弁護士に委託することができる
※起訴後，いつでも申請可能</td></tr>
</table>

法テラス	国選弁護制度	経済的余裕のない犯罪被害者（資力要件あり）を対象に，裁判所が被害者参加弁護士を選定し，国が費用を負担
	民事法律扶助	民事裁判等手続きにかかわる無料法律相談，裁判・弁護士・司法書士費用の立て替えを提供
	犯罪被害者法律援助（民事裁判を除く）	犯罪被害者およびその親族・遺族（資力要件あり）を対象に，刑事裁判，示談，少年審判等手続，行政手続にかかわる弁護士費用等を援助
	子どもに対する法律援助	20歳未満の犯罪被害者を対象（資力要件あり）に，行政機関との交渉代理，虐待者との交渉代理，刑事告訴手続の代理等にかかわる弁護士費用等を援助
裁判所・弁護士・法テラス	損害賠償命令制度	刑事裁判で有罪が確定した後，引き続き損害賠償請求の審理を行う制度で，損害賠償に関する新たな訴訟を提起するよりも立証の負担が軽減される
裁判所	被害者参加旅費等支給制度	被害者参加制度を通して刑事裁判に参加する際（傍聴を除く）にかかる旅費，日当，宿泊費等を国が支給 ※検察庁・裁判所にて配布される「被害者参加旅費等請求書」に記載し出席する裁判所へ提出 ※海外からの裁判参加にかかる費用も負担される
都道府県市町村	犯罪被害者のための見舞金	「犯罪被害者等支援条例」に基づき犯罪被害者に見舞金を支給
	自立支援医療「精神通院医療」	都道府県・指定都市において，精神疾患・精神障害，精神障害のために生じた病態についての通院にかかる医療費（外来，投薬，訪問看護も含む）を負担 ※入院，病院や診療所以外のカウンセリングは対象外
婦人相談所・犯罪被害者支援センター	一時避難支援	婦人相談所または民間のシェルターで一時避難先を提供
公益財団法人犯罪被害救援基金	奨学金等給付事業	犯罪により死亡または犯罪被害者等給付金支給法の４級以上の障害を受けた被害者およびその子弟に対し，教育のための奨学金を提供 ※犯罪発生時に日本国籍を有し日本国内に住居を有す人対象
	支援金支給事業	犯罪被害者またはその遺族に対し，加害者に賠償等を請求できずかつ犯罪被害者のための救済制度を利用できない場合に支援金を支給

注）2016年７月現在
出典）筆者作成

付録2　ワンストップセンター一覧

北海道・東北	北海道	性暴力被害者支援センター北海道 SACRACH（さくらこ）
	青森県	性暴力被害専用相談電話「りんごの花ホットライン」
	宮城県	性暴力被害相談支援センター宮城
	山形県	やまがた性暴力被害者サポートセンター
	福島県	性暴力等被害救援協力機関（SACRA ふくしま）
関東	茨城県	性暴力被害者サポートネットワーク茨城
	栃木県	とちぎ性暴力被害者サポートセンター（とちエール）
	群馬県	群馬県性暴力被害者サポートセンター（Save ぐんま）
	埼玉県	性暴力等犯罪被害専用相談電話「アイリスホットライン」
	千葉県	千葉性暴力被害支援センターちさと
	東京都	レイプクライシスセンター TSUBOMI
		性暴力救援センター東京（SARC 東京）
		性暴力救援ダイヤル NaNa
	神奈川県	かながわ性犯罪・性暴力ホットライン
中部	新潟県	性暴力・性犯罪被害者ワンストップ支援センター（2016年12月開設予定）
	富山県	Let's Voice
	福井県	性暴力救済センターふくい「ひなぎく」
	岐阜県	ぎふ性暴力被害者支援センター
	愛知県	ハートフルステーション・あいち
		性暴力救援センター日赤なごや・なごみ
	三重県	みえ性暴力被害者支援センターよりこ
近畿	滋賀県	性暴力被害者総合ケアワンストップびわ湖 SATOCO
	京都府	京都性暴力被害者ワンストップ相談支援センター京都 SARA
	大阪府	性暴力救援センター大阪 SACHICO
	兵庫県	性暴力被害者支援センターひょうご
	和歌山県	性暴力救援センター和歌山（わかやま mine）
四国・中国	島根県	しまね性暴力被害者支援センターさひめ
	岡山県	被害者サポートセンターおかやま（VSCO）
	徳島県	性暴力被害者支援センターよりそいの樹とくしま
	高知県	性暴力被害者サポートネットワーク こうち専用相談電話「コーラル・コール」

九州・沖縄	福 岡 県	性暴力被害者支援センターふくおか
	佐 賀 県	性暴力救援センターさが（さが mirai）
	長 崎 県	性暴力被害者支援「サポートながさき」
	熊 本 県	性暴力被害者のためのサポートセンター「ゆあさいどくまもと」
	大 分 県	おおいた性暴力救援センターすみれ
	鹿児島県	性暴力被害者サポートネットワークかごしま（FLOWER）
	沖 縄 県	沖縄県性暴力被害者ワンストップ支援センター

注）2016年７月現在
出典）筆者作成

著者
田中麻子（たなか あさこ）
一橋大学大学院社会学研究科博士後期課程修了。博士（社会学）。2009年，米国カリフォルニア州レイプクライシスセンター研修修了。NPO法人レイプクライシスセンターTSUBOMI理事（2012～2016年）。Center for HEART/HEARTカウンセリングセンター事務局長。ポータルサイトSurvivors Resource共同代表。論文に，「日本の性暴力サバイバー支援の課題と今後」（2011年度日本女性学習財団賞奨励賞受賞），「買売春調査におけるジェンダー非対称性と性暴力調査の在り方」（『ジェンダー研究』第14号，2011年12月）など。

装幀　鈴木 衛

不可視の性暴力――性風俗従事者と被害の序列

2016年8月24日　第1刷発行

定価はカバーに表示してあります

著　者　田中麻子
発行者　中川　進

〒113-0033　東京都文京区本郷2-11-9

発行所　株式会社　大月書店

印刷　太平印刷社
製本　ブロケード

電話(代表)03-3813-4651　FAX 03-3813-4656／振替 00130-7-16387
http://www.otsukishoten.co.jp/

ISBN 978-4-272-35042-1　C0036　Printed in Japan

"記憶"と生きる
元「慰安婦」姜徳景の生涯
土井敏邦 著
四六判二三六頁
本体一八〇〇円

重重
中国に残された朝鮮人日本軍「慰安婦」の物語
安世鴻 写真・文
A5判一七六頁
本体二五〇〇円

「慰安婦」バッシングを越えて
「河野談話」と日本の責任
「戦争と女性への暴力」リサーチ・アクションセンター 編
四六判二八〇頁
本体二二〇〇円

従軍慰安婦資料集
吉見義明 編集・解説
四六判六〇八頁
本体六五〇〇円

大月書店刊
価格税別